中外经典文库

章太炎文选

洪治纲 主编

上海大学出版社
·上海·

图书在版编目(CIP)数据

章太炎文选 / 洪治纲主编. —上海：上海大学出版社，2023.3
（中外经典文库）
ISBN 978-7-5671-4642-6

Ⅰ.①章… Ⅱ.①洪… Ⅲ.①章太炎(1869-1936)—文集 Ⅳ.①B259.21-53

中国国家版本馆 CIP 数据核字(2023)第 035951 号

统　筹　刘　强
责任编辑　贾素慧
封面设计　柯国富
技术编辑　金　鑫　钱宇坤

中外经典文库
章太炎文选
洪治纲　主编
上海大学出版社出版发行
（上海市上大路 99 号　邮政编码 200444）
（https://www.shupress.cn）发行热线 021-66135112
出版人　戴骏豪
＊
南京展望文化发展有限公司排版
上海华业装潢印刷厂有限公司印刷　各地新华书店经销
开本 890mm×1240mm　1/32　印张 9.5　字数 221 千字
2023 年 3 月第 1 版　2023 年 3 月第 1 次印刷
ISBN 978-7-5671-4642-6/B·141　定价 48.00 元

版权所有　侵权必究
如发现本书有印装质量问题请与印刷厂质量科联系
联系电话：021-56475919

目录
CONTENTS

小学略说 ······ 001
经学略说 ······ 032
诸子学略说 ······ 091
文学略说 ······ 108

原变 ······ 126
订孔 ······ 129
原墨 ······ 134
清儒 ······ 136
原教 ······ 144

原经 ······ 150
原学 ······ 162
原儒 ······ 165
原道 ······ 169
原名 ······ 179
辨性 ······ 186

儒术真论 ······ 199
尊荀 ······ 208
公言 ······ 210
天论 ······ 214
五无论 ······ 218
四惑论 ······ 232
信史 ······ 246
官制索隐 ······ 255
非黄 ······ 269
思乡原 ······ 274
说林 ······ 282

论六经皆史 ······ 287
论读经有利而无弊 ······ 288
国学之统宗 ······ 294

小学略说①

小学二字,说解歧异。汉儒指文字之学为小学。《汉书·艺文志》:"古者八岁入小学。"《周官·保氏》:"掌养国子,教之六书、九数。六书者,象形、象事、象意、象声、转注、假借也。"而宋人往往以洒扫、应对、进退为小学。段玉裁深通音训,幼时读朱子《小学》,其文集中尝言:"小学宜举全体,文字仅其一端。洒扫、应对、进退,未尝不可谓之小学。"按《大戴礼·保傅篇》:"古者八岁出就外舍,学小艺焉,履小节焉;束发而就大学,学大艺焉,履大节焉。"小艺指文字而言,小节指洒扫、应对、进退而言;大艺即《诗》《书》《礼》《乐》,大节乃大学之道也。由是言之,小学固宜该小艺、小节而称之。

保氏所教六书,即文字之学。九数则《汉书·律历志》所云:"数者,一十百千万是也。"学习书数,宜于髫龀;至于射御,非体力稍强不能习。故《内则》言:"十岁学书计,成童学射御。"《汉书·食货志》言:"八岁入小学,学六甲、五方、书计之事。"《内则》亦言六岁教之数与方名,郑注以东西释方名,盖即地理学与文字学矣。而苏

---

① 此文原载 1935 年 10 月《章氏国学讲习会讲演记录》1—2 期,由当时在讲习会任讲师的王乘六、诸祖耿先生记录,孙世扬先生校订。

林之注《汉书》，谓方名者四方之名，此殊不足为训。童蒙稚呆，岂有不教本国文字，而反先学外国文字哉？故师古以臣瓒之说为是也。

汉人所谓六艺，与《周礼·保氏》不同。汉儒以六经为六艺，《保氏》以礼、乐、射、御、书、数为六艺。六经者，大艺也；礼、乐、射、御、书、数者，小艺也。语似分歧，实无二致。古人先识文字，后究大学之道。后代则垂髫而讽六经；篆籀古文，反以当时罕习，致白首而不能通。盖字体递变，后人于真楷中认点画，自不暇再修旧文也。

是正文字之小学，括形声义三者而其义始全。古代撰次文字之书，于周为《史籀篇》，秦汉为《仓颉篇》，后复有《急就章》出。童蒙所课，弗外乎此。周兴嗣之《千字文》《隋书·经籍志》入小学类。古人对于文字，形声义三者，同一重视。宋人读音尚正，义亦不敢妄谈。明以后则不然。清初讲小学者，止知形而不知声义，偏而不全，不过为篆刻用耳。迨乾嘉诸儒，始究心音读训诂，但又误以《说文》《尔雅》为一类。段氏玉裁诋《汉志》入《尔雅》于《孝经》类，入《仓颉篇》于小学类，谓分类不当。殊不知字书有字必录，周秦之《史》《仓》，后来之《说文》，无一不然。至《尔雅》乃运用文字之学。《尔雅》功用在解释经典，经典所无之字，《尔雅》自亦不具。是故字书为体，《尔雅》为用。譬之算术，凡可计数，无一不包。测无步历，特运用之一途耳。清人混称天算，其误与混《尔雅》字书为一者相同。《尔雅》之后，有《方言》，有《广雅》，皆为训诂之书，文字亦多不具。故求文字之义，乃当参《尔雅》《方言》；论音读，更须参韵书，如此，文字之学乃备。

乾嘉以后，人人知习小学，识字胜于明人。或谓讲《说文》即讲篆文，此实谬误。王壬秋主讲四川尊经书院，学生持《说文》指字叩音，王谓尔曹喻义已足，何必读音？王氏不明反语，故为是言。依是言之，《说文》一书，止可以教聋哑学生耳。

今人喜据钟鼎驳《说文》。此风起于同、光间，至今约六七十年。夫《说文》所录，古文三百余。古文原不止此，今洛阳出土之三体石经，古文多出《说文》之外。于是诡谲者流，以为求古文于《说文》，不如求之钟鼎。然钟鼎刻文，究为何体，始终不能确知。《积古斋钟鼎款识》释文，探究来历，不知所出，于是诿之曰昔人。自清递推而上，至宋之欧阳修《集古录》。欧得铜器，不识其文，询之杨南仲、章友直。（杨工篆书，嘉祐石经为杨之手笔；章则当时书学博士也。）杨、章止识《说文》之古文，其他固不识也，欧强之使识，乃不得不妄称以应之。《集古录》成，宋人踵起者多，要皆以意测度，难逭妄断之讥。须知文字之学，口耳相受，不可间断。设数百年来，字无人识，后人断无能识之理。譬如"天地玄黄"，非经先生口授，何能明其音读？先生受之于师，师又受之于师，如此数千年，口耳相受，故能认识。或有难识之字，字书具在。但明反切，即知其音。若未注反切，如何能识之哉？今之学外国文者，必先认识字母，再求拼音，断无不教而识之理。宋人妄指某形为某字者，不几如不识字母而诵外国文乎？

宋人、清人，讲释钟鼎，病根相同，病态不同。宋人之病，在望气而知，如观油画，但求形似，不问笔画。清人知其不然，乃皮傅六书，曲为分剖，此则倒果为因，可谓巨谬。夫古人先识字形，继求字义，后乃据六书以分析之，非先以六书分析，再识字形也。未识字形，先以六书分析，则一字为甲为乙，何所施而不可？不但形声、会意之字，可以随意妄断，即象形之字，亦不妨指鹿为马。盖象形之字，并不纤悉工似，不过粗具轮廓，或举其一端而已。如八字略象人形之侧，其他固不及也。若本不认识，强指为象别形，何不可哉？倒果为因，则甲以为乙，乙以为丙，聚讼纷纷，所得皆妄。如只摹其笔意，赏其姿态，而阙其所不知，一如欧人观华剧然，但赏音调，不问字句,此中亦自有乐地,何必为扣槃、扪烛之举哉!

宋人持望气而知之态度以讲钟鼎,清人则强以六书分析之。然则以钟鼎而驳《说文》,其失不止偏闰夺正而已。尝谓钟鼎款识,不得阑入小学;若与法帖图象,并列艺苑,斯为得耳。"四库书"列入艺术一类,甚见精卓。其可勉强归入小学类者,惟有研究汉碑之书,如洪氏《隶释》《隶续》之类而已。文字之学,宜该形声义三者。专讲《说文》,尚嫌取形遗声;又何况邈不可知之钟鼎款识哉!盖文字之赖以传者,全在于形。论其根本,实先有义,后有声,然后有形,缘吾人先有意想,后有语言,最后乃有笔画也。(文字为语言代表,语言为意想之代表。)故不求声义而专讲字形,以资篆刻则可,谓通小学则不可。三者兼明,庶得谓之通小学耳。《说文》以形为主,《尔雅》《方言》以义为主,《广韵》之类以声为主。今人与唐宋人读音不同,又不得不分别古今。治小学者,既知今音,又宜明了古音。大徐《说文》,常言某字非声,此不明五代音与古音不同故也。欲治小学,不可不知声音通转之理。段注《说文》,每字下有古音在第几部字样,此即示人以古今音读之不同。音理通,而义之转变乃明。大徐《说文》,每字下注明孙愐反切,此唐宋音,而非汉人声读。但由此以窥古音,亦初学之阶梯也。要之,形为字之官体,声义为字之精神,必三者具而文字之学始具。

许君之言曰:"惟初太极,道立于一。"一之为字,属指事。盖人类思想,由简单以至繁复,苦结绳之不足致治,乃有点画以作识记,则六书次第,以指事居首为最合,指事之次为象形。《说文》之界说曰:"指事者,视而可识,察而见意,二二是也。""象形者,画成其物,随体诘屈,⊙D是也。"此皆独体之文,继后有形声、会意,则孳乳而为合体之字。故形声之界说曰:"以事为名,取譬相成,江河是也。"会意之界说曰:"比类合谊,以见指㧑,武信是也。"指事、象形在前,形声、会意在后,四者具而犹恐不足,则益之以转注,广之以假借,如是,则书契之道毕,宪象之理彰。

指事之异于象形者,形象一物,事晐众物。以 二 ⼀ 为例,二⼀ 所晐者多,而日月则仅表一物。二⼀ 二字,视之察之,可知其在上在下。此指事之最易明白者,故许君举以为例。

指事之字,除 二⼀ 外,计数之字,自一至十,古人皆以为指事。但 ⿱ 字从人从八,已属会意。四字象形,尚非指事,唯籀文作 ☰,确系指事。按:莽布六七八九作 丅 丌 丌 丌,或为最初之古文,极合于"察而见意"之例。若 七 九 两篆,殊不能"察而见意"也。

六书中之指事,后人多不了然。段氏《说文注》言指事者极少。王箓友《释例》《句读》,凡属指事之字,悉以为会意。要知两意相合,方得谓之会意。若一字而增损点画,于增损中见意义者,胥指事也。指事有独体、合体之别,二 ⼀ 一二,独体指事也,合体指事,例如下列诸字:

⽊,以木下一表根。⽊,以木上一表颠。⿃,象形兼指事,一以表天,下为鸟形,鸟飞上翔,不下来也。⿃,一以表地,上为鸟形,鸟飞从高,下至地也。此皆无形可象,故以一表之。又有屈曲其形以见意者,为 ⼤ 象人形,侧其左曰 夭,侧其右曰 㚔,交其两足则为 交,曲其右足则为 尣。夭 㚔 交 尣 均从大而略变者也,均指事也。更如屈木之颠曰 㞷,木之曲头,止不能上也。木中加一曰 朱,赤心木也。赤心不可象,以一识之也。牟,牛鸣也,从牛,乙象其声气从口出。芈,羊鸣也,从羊,象气上出。系豕足曰 豕,绊马足曰 馽。凡此皆不别造字,即于木、牛、羊、豕、马本字之上,加以标帜者也。

指事有减省笔画以见意者。如 ⼣,暮也,从月半见。冎,伐骨之残也,从半 冎;冎,义为剔肉置骨,冎 而得半,其残可知。⽊,木之余,断木之首以见意。⺕有相背之象。飛,上象鸟首,下为双翅,张其翅,以表飞翔之状,而迅疾之千,从飞而羽不见,疾飞则羽毛不能详审,故略去羽毛。今山水家画远鸟多作十字形,意亦同也。以上皆损笔见意之指事。又有以相反为指事者。如反正为乏,正乏即算术之正负,乏即负耳。反人为匕,相与比叙也。倒人为𠱾,变也,人死则化矣。反永为𠂢,永为水长,辰为分支,分支则水流长矣。屮象草出于地;倒屮为币,周也,川楚间有阴沉木者,山崩木倒,枝叶入地而仍生,岭南榕树亦反倒入地而生,此皆可见蒙密周匝之意。推予谓之予;倒予谓之幻,以骗术诈惑人而取其财,斯为幻矣。止象人足,反止为𣥂,蹈也。此皆以相反见意也。故指事有三例:一增一省一相反。今粤人减"有"字二画为"冇",音如毛,意为无有,此俗字之属于指事者也。

指事不兼会意,而会意有兼指事。盖虽为会意,仍有指事之意在。从从二人相背,𦥑从二臣相违,相背相违,亦有指事之意。两或颠倒而成䜺,悖也;两止相背而成舛,足刺舛也;亦兼指事之意。指事之例甚广,而段氏乃以为指事甚少,此亦未之思耳。但段氏犹知指事、会意,不容厕杂;而王箓友则直以指事为会意矣。要知会意之会,乃会合之会,非领会之会也。

造字之朔,象形居先,而指事更在象形之前。盖指事亦象形之类,惟象空阔之形,不若象形之表示个体耳。许君举日月二文为象形例,⊙象日中有黑子,⊅象日形之半,此乃独体象形,犬豖豕鳥木屮之类均是。至合体象形:果,⊕象果实,下从木;朵,𠂆象跗萼,下从木;𨺅象阡陌之状,而小篆作䏭;裘,古文作求,小篆加衣为裘,中象毛皮之形,皆合体象形也。㚅从女加冂冂为两乳形;兒从儿,象小儿头囟未合,亦合体象形也。自独体象形衍而为合体象形,亦有不得不然之势。否则无女之冂冂,无儿之囟,孰从而识其为母为儿乎？

象形之字，《说文》所录甚多，然犹不止此数，如钟鼎之8，即为《说文》所未录者。（钟鼎文字，原不可妄说，但连环之8，可由上下文义而知其决然为环，经昔人谨慎考定，当可置信。）

造字之初，不过指事、象形两例。指事尚有状词、动词之别，而象形多为名词。综《说文》所录，象形、指事，不过二三百字。虽先民言语简单，恐亦非此二三百字所能达意。于是有以声为训之法，如：马兼武义；火兼毁义；水有平准之义，而以水代准（古音水准相近）；齐有集中之义，斋戒之斋，即假齐以行。夫书契之作，所以济结绳之穷。若一字数义，仍不能收分理别异之功，同一马也，或作马义，或作武义；同一水也，或作水义，或作准义：依是则饰伪萌生，治丝而益棼矣。于是形声、会意之作乃起。

形声之声，有与字义无关者，如江之工、河之可，不过取工、可二音，与江、河相近。此乃纯粹形声，与字义毫无关系者也。劦部之恊勰協，皆有同心合力之意，则声而兼义矣。盖形声之字，大都以形为主，而声为客。而亦有以声为主者，《说文》中此类甚多，如某字从某，某亦声，此种字皆形声而兼会意者也。王荆公《字说》，凡形声悉认为会意，遂成古今之大谬。故理董文字，切不可迂曲诠释。一涉迂曲，未有不认形声为会意者。初造文字时，决不尔也。

许君举武、信为会意之例。夫人言为信，惟信乃得谓之人言，否则与鸡鸣犬吠何异？此易明者。止戈为武，解之者率本楚庄王禁暴戢兵之意，谓止人之戈。但《大雅》："履帝武敏。"《传》曰："武，迹也。"则足迹亦谓之武。按《牧誓》："不愆于六步、七步。""不愆于四伐、五伐。"步伐整齐，则军令森严，此则谓之武耳。余意止者步省，戈者伐省，取步伐之义，似较优长。但楚庄之说，亦不可废。若解止戈为不用干戈，则未免为不抵抗主义之信徒矣。

会意之字，《说文》所录甚少，五百四十部以形声字为最多。《说文》而后，字书所收，字日以多，自《玉篇》《类篇》以至《正字通》《康熙字典》，无不后来居上。《类篇》所收，有五万字。至《康熙字典》则俗体寝多于前矣。

后人造形声之字，尚无大谬，造会意则不免贻笑，若造象形、指事，必为通人所嗤。如"丢"，去上加一，示一去不返，即觉伧俗可笑。今人造牠、她二字，以牠为泛指一切，她则专指女人。实则自称曰我，称第三者曰他，区别已明，何必为此骈枝？依是而言，将书俄属男，写娥属女，而泛指之我，当别造一犉字以代之。若"我师败绩""伐我北鄙"等语，我悉改书为犉，不将笑绝冠缨耶？

转注之说，解者纷繁。或谓同部之字，笔画增损，而互为训释，斯为转注。实则未见其然。《说文》所载各字，皆隶属部首。亦有从部首省者：犛部有氂、有斄，氂与斄，非纯从犛，从犛省也；爨部有㸑、有䆦，但取爨之头而不全从爨也；画部有畫，寱部有寐，有寤，有癚，畫为画省，寤、寐、癚，皆非全部从寱。且氂，犛，牛尾也；斄，强曲毛也，与犛牛非同意相受。㸑所以支鬲；䆦，血祭：亦非同意。画，介也；畫，日之出入，与夜为介：意亦相歧。寐，卧也，虽与寱义较近，而寤则寐觉而有言，适与相反。谓生关系则可，谓同意相受则不可。不特此也，《说文》之字，固以部首为统属，亦有特别之字虽同在一部而不从部首者。乌部有焉、有舄，与部首全不相关，意亦不复相近；犛、爨、画、寱四部，尚可强谓与考老同例，此则截然不相关矣。准此，应言建类一首，同意不相受。而江声、曾国藩辈，坚主同部之说，何耶？

或谓建类一首者，头必相同，如禽头与兕头同是也。余谓以此说"一首"犹可，顾"同意相受"之义犹未明。且《说文》所载，虎足与人足同，燕尾与鱼尾同。如言禽头与兕头同为建类一首，则此复应言建类一尾或建类一足矣。况禽头与兕头同在《说文》象形中,字本无多,仅为象形之一种。故知此说琐屑,亦无当也。

戴东原谓:《说文》:"考,老也。""老,考也。"转相训释,即所谓"同意相受"。"建类一首"者,谓义必同耳。《尔雅》:"初、哉、首、基、肇、祖、元、胎、俶、落、权舆,始也。"此转注之例也。余谓此说太泛,亦未全合。《尔雅》十二字,虽均有始义,然造字之时,初为裁衣之始;哉(即才字)为草木之初。始义虽同,所指各异。首为生人之初,基为筑室初。虽后世混用,造字时亦各有各义,决不可混用也。若《尔雅》所释,同一训者,皆可谓同意相受,无乃太广泛矣乎?

于是许瀚出而补戴之阙,谓:戴氏言同训即转注,固当;然就文字而论,必也二义相同,又复同部,方得谓之转注,此说较戴氏为精,然意犹未尽。何以故?因五百四十部非必不可增损故,如乌舄焉三字,立乌部以统之,若归入鸟部,说从鸟省,亦何不可?况《说文》有瓠部,瓠部有瓢字,瓢从瓠省,实则瓠从瓜,瓢亦从瓜,均可归入瓜部,不必更立一部也。且古籀篆字形不同,有篆可入此部,而古籀可入彼部者,是究应入何部乎?鸥,小篆从隹;雕,籀文从鸟:应入鸟部乎?隹部乎?未易决也。转注通古籀篆而为言,非专指小篆。六书之名,先于《说文》,贯通古籀篆三,如同部云云,但依《说文》而言,则与古籀违戾。故许氏之说,虽精于戴,亦未可从也。

刘台拱不以小学名,而文集中《论六书》一文,识见甚卓。谓所谓转注者,不但义同,音亦相近。此语较戴氏为有范围。转注云者,当兼声讲,不仅以形义言。所谓"同意相受"者,义相近也。所谓"建类一首"者,同一语原之谓也。同一语原,出生二字,考与老,二字同训,声复叠韵。古来语言不齐,因地转变,此方称老,彼处曰考;此方造老,彼处造考,故有考老二文。造字之初,本各地同时并举,太史采集异文,各地兼收,欲通四方之语,故立转注一项。是可知转注之义,实与方言有关。《说文》同部之字,固有转注;异部之字,亦有转注,不得以同部为限也。

《说文》于义同、音同、部首同者,必联绵属缀,此许君之微意也。余著《国故论衡》,曾举四十余字作证。今略言之,艸部:蕫,蘴也;蘴,蕫也;蒋,苗也;苗,蒋也。交互为训,绵联相属,即示转注之意。所以分二字者,许君之书,非由己创,亦参考古书而成。蕫、蘴、蒋、苗,《尔雅》已分,故《说文》依之也。又如袒、裼、裸、裎:袒,许书作"但";裼,古音如髦。但、裼古双声,皆在透母。裸,但也;裎,但也。裎今舌上音,古人作舌头音,读如听,亦在透母。裸在今来母,于古亦双声。此皆各地读音不同,故生异文。由今论之,古人之文,转今为简。亦有繁于今者。《孟子》:"虽袒裼裸裎于我侧,尔焉能浼我哉?"实则但言"袒于我侧"可矣。又古人自称曰我、曰吾、曰卬、曰言,我、吾、卬、言,初造字时,实不相关,语言转变,遂皆成我义。低卬之卬,言语之言,岂为自称而造?因各地读音转变而假用耳。又,古人对人称尔,称女,称戎,称若,称而,《说文》尔作尒,既造尒为对人之称,其余皆因读音转变而孳生之字。女即借用男女之女,戎即借用戎狄之戎,若即借用择菜之若,而即借用须髯之而。古无弹舌音,女戎若而,皆入泥母。以今音准之,你音未变,戎读为奴、为侬,而读为奈,皆入泥母。今苏沪江浙一带,或称奈,或称你,或称奴,或称侬,则古今音无甚异也。又汪、潢、湖、汙四字,音转义同。小池为汙,《左传》:"周氏之汪。"汪训池,亦称为潢,今匣母,转而为汙潢。《汉书》:"盗弄陛下之兵于潢池中耳。"《左传》亦称潢汙行潦。汪今影母,音变为湖。汙湖阴声,无鼻音;汪潢阳声,有鼻音。阴阳对转,乃言语转变之枢纽。言与我,吾与卬,亦阴阳对转也。语言不同,一字变成多字。古来列国分立,字由各地自造,音亦彼此互异,前已言之。今南方一县之隔,音声即异,况古代分裂时哉！然音虽不同，而有通转之理。《周礼·大行人》："属瞽史谕书名，听声音。"瞽不能书，审音则准。史者史官，职主记载。"谕书名"者，汙潢彼此不同，谕以通彼此之意也。"听声音"者，听其异而知其同也。汪汙潢湖，声虽不同，而有转变之理，说明其理，在先解声音耳。如此，则四方之语可晓；否则，逾一地、越一国，非徒音不相同，字亦不能识矣。六书之有转注，义即在此。不然，袓裼裸裎、汪汙潢湖，彼此焉能通晓？下三字与上一字，音既相同，义亦不异。此所谓"建类一首、同意相受"也。古者方国不同，意犹相通。造字之初，非一人一地所专，各地各造，仓颉采而为之总裁。后之史籀、李斯，亦汇集各处之字，成其《史籀篇》《仓颉篇》。秦以后字书亦然，非仓颉、史籀、李斯之外，别无造字之人也。庶事日繁，文字遂多。《说文》之后，《玉篇》收二万字，《类篇》收五万字，皆各人各造而编书者汇集之。后人如此，古人亦然。许书九千字，岂叔重一人所造？亦采前人已造者耳。荀子云："好书者众矣，而仓颉独传者，一也。"斯明证矣。是故，转注在文字中乃重要之关键。使全国语言彼此相喻，不统一而自统一，转注之功也。今人称欧洲语同出罗马，而各国音亦小异。此亦有转注之理在。有转注尚有不相喻处，故孔子曰："吾犹及史之阙文也……今亡矣夫！"盖当时列国赴告，均用己国通用之字，彼此未能全喻，史官或有不识之字，则阙以存疑。周全盛时，虽诸侯分立，中央政府犹有史官可以通喻；及衰，列国依然自造文字，而史官不能喻。其初不喻者阙之，其后则指不识以为识。"今无矣夫"者，伤之也。华夏一统，中国语言，彼此犹有不同，幸有字书可以检查。是故，不但许君有功，即野王、温公辈，亦未始无功。又字有义有音，义为训诂，音为反切。韵书最古者推《广韵》，则陆法言辈亦何尝无功哉！古有谕书名、听音声之事，其书不传，后人采取其意而为音韵之书。为统一文字计，转注决不可少，音韵亦不得不讲也。

假借之与转注，正如算术中之正负数。有转注，文字乃多；有假借，文字乃少。一义可造多字，字即多，转注之谓也；本无其字，依声托事，如令、长是，假借之类也。令之本义为号令，发号令者谓之令，古之令尹、后之县令，皆称为令，此由本义而引申者。长本长短之长，引申而为长幼之长。成人较小孩为长，故可引申，再引申而为官长之长，以长者在幼者之上，亦犹官长在人民之上也。所谓假借，引申之谓耳。惑者不察，妄谓同声通用为假借。夫同声通用，别字之异名耳。例如前后之前，许书作歬，今乃作前。前，剪刀之剪也。汉以后，凡歬均作前。三体石经犹不作前。夫妄写别字，汉以后往往有之，则汉以前亦安见其必无？周公、孔子，偶或误书，后人尊而为之讳言，于是美其名曰假借。实则别字自别字，假借自假借，乌可混为一谈？六书中之假借，乃引申之义。如同声通用曰假借，则造拼音字足矣。夫中国语之特质为单音，外国语之特质为复音。如中土造拼音字，则此名与彼名同为一音，不易分辨，故拼音之字不适于华夏。仓颉为黄帝史官，黄帝恐亦如刘裕一流，难免不写别字耳。是故同声通用，非《说文》所谓假借。《说文》所谓假借，乃引申之义，非别字之谓也。否则，许君何不谓"本有其字，写成别字，假借是也"乎？"本无其字"者，有号令之令，无县令之令；有长短之长，无令长之长：故曰无也。造一令字，包命令、县令二义。造一长字，包长短、长幼、官长三义，此之谓假借。

外此，假借复有一例。唐、虞、夏、商、周五字，除夏与本义犹相近外，唐为大义，非地名；虞为驺虞义，非地名；商为商量义、周为周密义，均非地名。此亦本无其字，依声托事也。如别造一字，唐旁加邑为鄌，虞、商、周亦各加邑其旁，亦何不可？今则不然，但作唐、虞、商、周，非依声托事而何？此与令长意别，无引申之义，仅借作符号而已。

外此,复有一例。如重言之联语,双声之联语,叠韵之联语。凡与本义不相关者,皆是也。《尔雅》:"懋懋、慔慔,勉也。""仳仳、琐琐,小也。""悠悠、洋洋,思也。""烝烝、遂遂,作也。"此重言之联语有此义无此字,亦本无其字,依声托事之假借也。参差（双声之联语,参与不齐无关）、辗转（双声而兼叠韵。辗,《说文》作报。报与知恋反之转不相关）、诪张（双声,诪或作侜,与幻义不相关）,皆以双声为形容也。消摇（消者消耗、摇者摇动,皆无自在义）、须臾（须,颊毛也。臾,曳也。皆无顷刻义）,皆以叠韵为形容也。有看似有义,实则无义者。如抢攘,《说文》无抢,作枪；攘作𢷎：二字合而形容乱义。要之,联词或一有义,或均无义,皆本无其字,依声托事也,皆假借也。是故不但令长可为假借之例,唐、虞、商、周,懋懋、慔慔,参差、抢攘,均可作假借之例。由此可知假借之例有三：一引申、二符号、三重言双声叠韵之形容,皆本无其字,依声托事也。乌得以同声通用当之哉！（同声通用,治小学者亦不得不讲。惟同声通用乃小学之用,非六书造字之旨耳。）

引申、符号、形容,有此三者,文字可不必尽造,此文字之所以简而其用普也。要之,《说文》只九千字,《仓颉篇》殆不过三千字,周秦间文化已启,何以三千字已足？盖虽字仅三千,其用则不仅三千。一字包多义,斯不啻增加三四倍矣。

以故,转注、假借,就字关联而言；指事、象形、会意、形声,就字个体而言。虽一讲个体,一讲关联,要皆与造字有关。如戴氏所言,则与造字无关,乌得厕六书之列哉？余作此说,则六书事事不可少；而于造字原则,件件皆当,似较前人为胜。

造字之始于仓颉,一见于《世本》,再见于《荀子》,三见于《韩非子》,而《说文序》推至伏羲画卦者,盖初文之作,不无与卦画有关,如𬳵即坎卦是已。若汉人书坤作巛,《经典释文》亦然；宋人妄说坤为六断,实则坤与川古音相近,《巛》《巜》相衍,义或近是。《尔雅·释水》:"水中可居者曰州。"大地抟抟,水绕其旁,胥谓之州。故邹衍有大九州之说。释典有海中可居者四大洲之言。巛者巜之重也。气字作弋,与☰卦近似。天本积气,义亦相合。此☰卦与初文皆有关系。言造字而推至画卦,义盖在是。

《序》又言:"见鸟兽蹄迒之迹,知分理之可相别异,初造书契。"此义汉儒未有所阐。按《抱朴子》:八卦象鹰隼之翱。其言当有所受。《易·系》言:"古者庖牺氏之王天下也,仰则观象于天,俯则观法于地,观鸟兽之文与地之宜。"所谓鸟兽之文者,鹰隼之翱当居其一。鹰翱左右各三。象其全则为☰,去其身则为☳,此推至八卦之又一说也。

造字之后,经五帝三王之世,改易殊体,则文以寖多,字乃渐备。初文局于象形、指事,不给于用。《尧典》一篇,即非初文所可写定。自仓颉至史籀作大篆时,历年二千。其间字体,必甚复杂。史籀所以作大籀者,欲收整齐划一之功也。故为之厘定结体,增益点画,以期不致淆乱。今观籀文,笔画繁重,结体方正:本作山旁者,重之而作屾旁;本作巜旁者,重之而作𡿨旁。较钟鼎所作踦斜不整者,为有别矣。此史籀之苦心也。惜书成未尽颁行,即遇犬戎之祸。王畿之外,未收推行之效。故汉代发现之孔子壁中经,仍为古文。魏初邯郸淳亦以相传之古文书三体石经。(北宋苏望得三体石经,刻之于洛阳,见洪氏《隶续》,民十一洛阳出土石经存二千余字。)至周代所遗之钟鼎,无论属于西周或属于东周,亦大抵古文多而籀文少。此因周宣初元至幽王十一年,相去仅五十余年。史籀成书,仅行关中,未曾推行关外故也。秦兼天下,李斯奏同文字,罢其不与秦文合者,作《仓颉》等三篇。取史籀大篆,或颇省改,后世谓之小篆。今观《说文》所录重文,古文有三百余字,而籀文不及二百。此因小篆本合籀文。籀文繁重，李斯略为改省。大篆小篆，犹世言大写小写矣。

秦时发卒兴戍，官狱繁多，程邈作隶，以趣约易。施用日广，于是古文几绝。秦隶今不可见，顾蔼吉《隶辨》言秦隶之遗于今者，若秦量、秦权、秦诏版等。文虽无多，尚可见其大意。大概比篆书略加省改，而笔意仍为篆书。即西汉之吉金石刻，虽为隶体，亦多用篆笔书写，与后世之挑剔作势者不同。东汉时，相传有王次仲者，造作八分，于是隶法渐变，即今日所称之汉隶也。今所见之汉碑，多起于东汉中叶以后。东汉初年之《三公山碑》，尚带篆意；《石门颂》亦然；裴岑《纪功碑》虽隶而仍兼篆笔，盖为秦隶之遗。桓、灵时之碑刻，多作八分，蔡邕之熹平石经亦八分也。八分与隶书之别，在一有挑剔，一无挑剔，譬之颜、欧作楷，笔势稍异耳。《说文序》又言："汉兴有草书。"卫恒言："草书不知作者姓名。"今案：草书之传世者，以史游《急就篇》为最先，而赵壹亦谓起秦之末。但《论语》有"禆谌草创"之语；《屈原传》亦有"屈平属草稿未定"语。此所谓草，是否属稿之际，作字草率牵连，或未定之稿曰草稿，均不可知。东周乙亥鼎文，阮元以为草篆，后人颇以为非。余谓凡笔画本不相连，而忽牵连以书者，即可认为草书之起源。如二十并作廿，四十并作卌是矣。又古文㠭或作𦥑，㠭从此从㠯，可以六书解说。𦥑为嵩之上半，应作㠭，而今作𦥑，不能以六书解，或古人之所谓草乎？要之，此所谓草，与汉后从隶变者不同，必从大篆来也。

《说文序》言秦烧灭经书，古文由此绝。绝者不通行之谓，非真绝也。秦石刻之𠃊字，即古文及字，又秦碑戎字，亦系古文（小篆作𢧢）。而廿字秦碑中亦有之。盖秦时通行篆隶，古文易乱，不过施诸碑版，一如今世通行行楷，而篆盖墓碑，多镂刻篆文耳。

秦汉之际，识古文者犹多。鲁恭王坏孔子宅，得《尚书》《礼记》《春秋》《论语》《孝经》数十篇。《史记·儒林传》：孔氏有古文《尚书》,孔安国以今文读之,因以起其家。汉初传《尚书》者有伏生二十九篇,而孔壁所得多十六篇。夫汉景末年,去焚书时已七十年,若非时人多识古文,何能籀读知其多十六篇哉?可见汉初犹多识古文也。《礼经》五十六篇,亦壁中经,中有十七篇与高堂生所传相应;余三十九篇,两汉尚未亡佚。观郑康成注,常引逸《礼》,康成当有所受。知汉时识古文者多矣。又,《论语》亦壁中经,本系古文,而《鲁论》《齐论》,均自古文出,虽文字略异,而大旨相同。试问当时何以能识?无非景、武之间,仍有识古文者,孔安国得问之耳。又,北平侯张苍献《春秋左氏传》。张之献书,当在高后、文帝时,张以之传贾谊,贾作训诂,以授赵人贯公。贾由大中大夫出为太傅,在都不过一年,期时张为达官,传授之际,盖略诏大意而已,岂真以一十九万字,手指口授,字字课贾生哉!则贾之素识古文可知。又《封禅书》言:武帝有古铜器,李少君识之,谓齐桓公十年陈于伯寝。按之果然。《太史公自序》:"年十岁则诵古文。"凡此种种,均可见古文传授,秦以后未尝断绝。至汉景、武间,识古文者犹多也。且也,《老》《庄》《荀子》,无今古文之别,其书简帛者,为古文无疑。(作《吕览》时,尚无小篆。)秦焚书时,当亦藏之屋壁。迨发壁后,人多能读。不识古文,焉能为此?河间献王得古文先秦旧书《孟子》《老子》之属。《孟子》亦为古文书之,余可知矣。今人多以汉高、项王为不识字。其实不读书则有之,不识字则未然。项籍少时,学书不成,项梁教之兵法;沛公壮试为吏,皆非目不识丁者所能为。张良受太公兵法于黄石公;萧何引《逸周书》以对高祖;楚元王与申公受诗于浮丘伯;张耳、陈余雅好儒术;贾山之祖贾祛,故魏王时博士弟子,山受学于祛,涉猎书记,凡此皆能识古文之人。汉文时,得魏文侯乐人窦公,年百八十,其书即《周礼·大司乐》章。窦公目盲,其书盖未盲时所受,定系古文。然一献而人能识之,可证当时识者尚多。至东汉许君之时，识古文者渐少。盖汉以经术取士，经典一立学官，人人沿习时制，其书皆变古而为隶矣。若伏生之二十九篇，当初本为古文，其后辗转移写，遂成隶书。高堂生传《礼》，最初为篆为隶，盖不可知。《诗》则成诵于口，与焚书无关，故他书字形或有貤谬，而齐、鲁、毛、韩四家，并无因字体相近而致误者。《易》以卜筮独存，民间所传，自田何以至施、孟、梁丘，皆渐由古文而转变为隶，《左传》本系古文，当时学者鲜见，《公羊》初凭口受，至胡毋生始著竹帛，为隶书无疑。大抵当时利禄之途已开，士人识隶已足，无须进研古、籀。许君去汉武时已三百余年，历年既久，识古文者自渐寥落。而一二古文大师，得壁中经后，师弟相传，辗转录副以藏。以不立学官，故在民间自相传授，浸成专家。此三体石经之古文所由来也。夫认识文字，端在师弟相传。《说文》所录古文，不过三百余字，今三体石经尚有异体。缘壁经古文，结体凌乱，有不能以六书解者，许君不愿穿凿，因即屏去不录，如《穆天子传》八骏之名，今亦不能尽识也。

汉时通行载籍，沿用隶书，取其便于诵习，而授受弟子，则参用古文。《后汉书·贾逵传》：章帝令逵自选诸生高才者二十人，教以《左氏》，人与简纸经传各一通。盖简载古文，而纸则隶写。至郑康成犹然，康成《戒子书》云："所好群经率多腐败，不得于礼堂写定，传与其人。"所谓腐败者，古文本也。

马、郑《尚书》，字遵汉隶；而三体石经之古文，则邯郸淳自有所受。若今世所行之伪古文《尚书》，《正义》言为郑冲所作，由魏至晋，正三体石经成立之时，郑冲即依石经增改数篇，以传弟子。东晋元帝时，梅赜献之于朝。人见马、郑本皆隶书而此多古字，遽信以为真古文孔《传》，遂开数千年聚讼之端。今日本所谓足利本隶古定《尚书》，宋薛季宣《书古文训》，字形瑰怪，大体与石经相应。

敦煌石室所出《经典释文》残卷,亦与之相应。郭忠恕《汗简》,征引古文七十一家,中有古《尚书》,亦与足利本及《书古文训》相应。盖此二书乃东晋时之《尚书》,虽非孔壁之旧,而多存古字,亦足宝矣。

唐人不识古文,所作篆书,劣等字匠。唐高宗时之《碧落碑》,有真古文,亦有自造之字。北宋以还,钟鼎渐渐发现。宋人释钟鼎文者,大都如望气而知。清人则附会六书,强为解释。夫以钟鼎为古物,以资欣赏,无所不可;若欲以钟鼎刻镂,校订字书,则适得其反耳。至如今人哗传之龟甲文字,器无征信,语多矫诬。皇古占卜,蓍龟而外,不见其他。《淮南子》云:"牛蹄彘颅,亦骨也,而世弗灼;必问吉凶于龟者,以其历岁久矣。"可见古人稽疑,灵龟而外,不事骨卜。今乃兽骨龟厌,纷然杂陈,稽之典籍,何足信赖?要知骨卜一事,古唯夷貊用之,中土无有也。《庄子》言宋元君得大龟,七十二钻而无遗策。唐李华有《废卜论》,可见龟卜之法,唐代犹存。开元时孟诜作《食疗本草》,宋苏颂《图经》及《日华本草》,皆言已卜之龟,必有钻孔,名之曰漏天机。虽绝小之龟,亦可以钻十孔。钻孔多则谓之败龟板也。夫灼龟之典,载于《周礼》。凿孔以灼,因以观兆。无孔则空气不通,不能施燋,无以观兆。今所得者,累然成贯,而为孔甚少,不可灼卜。或者方士之流,伪作欺人。一如《河图》《洛书》之傅合《周易》乎?其文字约略与金文相似。盖造之者亦抚摹钟鼎而异其钩画耳。夫钟鼎文字,尚有半数可认,亦如二王之草书笺帖,十有六七可识。余则难以尽知,不妨阙疑存信。若彼龟甲文者,果可信耶?否耶?

贵州有《红崖碑》,摩崖巨刻,足壮观瞻。惟文字为苗为华,讫不可知。邹汉勋强为训释,真可谓器真而解之者妄。又如古人刀布,不可识者甚多,周景王大钱,上勒㒫、乚二文,解之者或谓宝货,或以为燕货。钱文类此者多,学者只可存而不论。大抵钟鼎文之可识者，十可七八，刀布则十得五六，至于龟甲，则矫诬之器、荒忽之文而已。

古昔器物，近代出土愈多，而作伪者则异其心理。大抵轻而易举者，为数必众。钟鼎重器，铸造非易，故伪者尚少；刀布之类，聚铜熔淬，亦非巨资不办。至于龟甲，则刚玉刻画，顷刻可成。出土日众，亦奚怪哉！

是故，居今而研文字，当以召陵正书为归；外此则求古文于三体石经，亦属信而有征。至于籀文，则有石鼓文在。如是而一轨于正，庶不至误入歧途矣。

语言不凭虚而起，文字附语言而作。象形象声，神旨攸寄；表德表业，因喻兼综。是则研讨文字，莫先审音。字音有韵有纽：发声曰纽，收声曰韵。兹先述韵学大概。韵分古音、今音，可区别为五期，悉以经籍韵文为准。自《尧典》《皋陶谟》，以至周秦汉初为一期；汉武以后至三国为一期；两晋南北朝又为一期；隋唐至宋亦为一期；元后至清更成一期。泛论古音，大概六朝以前多为古音。今兹所谓古音，则指两汉以前。泛论今音，可举元明清三代，今则以隋为今音。此何以故？因今之韵书俱以《广韵》为准，而言古音则当以《诗经》用韵为准故。

《广韵》之先为《切韵》。隋开皇初，陆法言与刘臻等八人共论音韵，略记纲纪，后定为《切韵》五卷。唐孙愐勒为《唐韵》，至宋陈彭年等又增修为《广韵》。古今音之源流分合，悉具于是。

泛论古音有吴才老之《韵补》，虽界限凌乱，而能由《广韵》以推《诗经》用韵分部，实由此起。至今音则每杂有方音。《广韵》二百六韵，即以平声五十七韵加入声三十四韵，亦有九十一韵。以音理论，口齿中能发者不过二十余韵，何以《广韵》多至此数？此因《广韵》虽以长安音为主，亦兼各处方音，且又以古今沿革分韵故也。

汉人用韵甚简，而六朝渐繁。即汉前人用韵亦比汉朝为繁。如孔子赞《易》，老子著《道德经》，皆协韵成文。至汉人之诗，用韵尚谨严，赋已不甚谨严；若焦氏《易林》，用韵亦复随意；他若《太史公自序》之叙目，及《汉书》之述赞，用韵更不严矣。宋郑庠分古音为六部，后人言郑之分部止合于汉人用韵，且亦仅合于《易林》、述赞之类，不合于赋，更不合于诗。

顾亭林之《唐韵正》《古音表》析为十部，律以汉诗用韵，未尽密合。江慎修改为十三部，虽较为繁密，仍嫌不足。戴东原《声类表》分平声十六韵，入声九韵。平声阴阳各半，而闭口韵有阳无阴，入声仅系假设，所以实得十有六韵。古音至戴氏渐臻完密。段懋堂《音韵表》分十七部，孔巽轩《诗声类》分十八部，王怀祖分二十一部，与郑氏之说相较，相差甚远。然王氏之二十一部，尚有可增可减之处。

自唐以来，以今音读古之辞赋，一有不谐，便谓"叶韵"。陆德明见《诗》"燕燕于飞"以南与音、心为韵，以为古人韵缓，不烦改字。要知音、心属侵，南属覃，晋人尚不分部，陆氏生于陈时，已不甚明古音，自叶韵之说出，而古人正音渐晦。借"叶"之一字，以该千百字之变，天下岂有此易简之理哉！清高宗作诗，至无韵可押，强以其字作他音协之。自古至今，他人断无敢如此妄作者。明陈第言，凡今所称协韵，皆即古之本音，非随意改读，辗转迁就，如母必读米，马必读姥，京必读疆，福必读偪之类。历考诸篇，悉截然不紊。且不独《诗经》为然，周秦人之韵文，无不皆然。且童谣及梦中歌谣，断不致有意为叶韵之事。若《左》昭二十五年传载《鹳鹆歌》，"野"读墅，"马"读姥；哀十七年传，卫侯梦浑良夫被发之呼，瓜音为姑是也。自此说出，而韵学大明。清人皆信古本音之说，惟张成孙不信之，谓古人与我相隔二千年，不能起而与之对语，吾人何由知其本音正读如此乎？然以反切定韵，最为有据。如"等"字一多肯切、一多改切，"莽"字一模朗切、一莫补切。"等"本与"待"相通借，多改切之"等"即出于待；莫补切之莽，古书中不乏其例，《离骚》莽与序、暮为韵，又莽何罗即马何罗(汉武帝时，马何罗与弟马通谋反伏诛。通之后为马援，援女为明德皇后，恶其先人叛逆，耻与同宗，改称之曰莽)，马，汉音读"姥"，莽、马同声，此古本音之极有凭证者也。

《集韵》所收古音，比《广韵》为多。《经典释文》所无之字音，《集韵》时有之。如天，一音他前切，一音铁因切。马，一音莫下切，一音满补切。下，一音胡雅切，一音后五切。在唐以前之韵书都无此音。意者丁度等撰《集韵》时，已于《诗经》《楚辞》中悟得此理，故本音之说，虽发自陈第，而《广韵》《集韵》已作骅骝之开道。是故求古韵，须知其音读原本如此，非随意改读，牵强迁就。《易》《诗》《老子》《楚辞》如此，后汉六朝之韵文亦如此。

唐杜、韩之诗，有意摹古，未必悉合《唐韵》。杜诗于入声韵每随意用之。韩则有意用古。其用韵或别有所本，亦未可知。古代韵书今仅存一《广韵》矣。魏晋六朝之韵书，如李登《声类》、吕静《韵集》，悉不可见。意者唐人摹古拟古诸作，乃就古人所用之韵而仿为之，必非《唐韵》亦如此也。自天宝以后，声音略有变动。白乐天用当时方音入诗，如《琵琶行》以住、部、妒、污、数、度、故、妇为韵，上去不分，非古非今。此音晚唐长安之音，妇、亩、富等字，皆转入语、虞、姥、御、遇、暮诸韵，观慧琳《一切经音义》可知。

《唐韵》分合，晚唐人已不甚知，宋人更不知之。宋人作诗，入声随意混用，词则常以方音协之。北宋人词，侵、覃与真、寒不混，而南宋人词则混用不分矣。须知侵、覃闭口音，以半摩字收之，真、寒不闭口，以半那字收之。今交、广人尚能分别。此其故，当系金元入据中原之后，胡人发音不准，华人渐与同化，而交、广僻在岭南,尚能保存古音。今江河之域,三山二音不分,两广人闻之,必嗤为讹音,而在唐时或已有此等读法。是故唐人有嘲人语"不正诗",以其因、阴混用,不分闭口不闭口也。

日人读我国之音,有吴音、汉音之别。吴音指金陵音,汉音指长安音。听其所读汉音,实与山西西部、陕西东部略近。吾人今读江与阳通,江西人读江为"龚",发声时口腔弯窿,与东音相近。阳韵日本汉音读阳若"遥",章读如"宵",张读如"敲",正与山、陕人方音相似,此盖唐人音读本如此也。

欲明音韵,今音当以《广韵》为主;古韵以《诗经》为主,其次则《易》赞、《楚辞》以及周秦人之韵文。顾亭林初欲明古音以读《诗经》,其结果反以《诗经》明古音。诗即歌曲,被之管弦,用韵自不能不正,故最为可据。陈第《毛诗考》未分部,顾氏分十部,仍以《广韵》之目为韵标。因《广韵》虽系一时之音,尚有酌古准今之功。有今韵合而古韵分者,《广韵》亦分之;有今韵分而古韵合者,《广韵》亦分之。如支脂之为一类,唐后不分,而六朝人分之。东冬钟江为一类,江韵古音与东冬钟相同,所以归为一类。然冬韵古音,昔人皆认为与东相近。孔巽轩则以为冬古音与东钟大殊,而与侵最近;严铁桥更谓冬即侵也,不应分为二类。要之,冬侵相近,其说是也。至于取《广韵》部目以标古韵,本无不合。亦有人不喜用《广韵》部目者,如张成孙《说文谐声谱》,以《诗》中先出之字建首是也。要知用一字标韵,原不过取其声势大概如此,今不用《广韵》标目而用他字,其所以为愈者何在?阮芸台元不知韵学,以为张氏之书,一扫千古之障,其实韵目只取其收声耳。戴东原深知此理,故《声类表》取喉音字标目,如东以翁、阳以央,则颇合音理矣。是故废《广韵》之谱而自立韵标,只有戴法可取。

戴氏不但明韵学,且明于音理。欲明韵学,当以《诗经》之用韵仔细比勘，视其今古分合之理。欲明音理，当知分韵虽如此之多，而彼此有衔接关系。古人用韵，并非各部绝不相通，于相通处可悟其衔接。吾人若细以口齿辨之，识其衔接之故，则可悟阴阳对转之理、弇侈旁通之法矣。对转之理，戴氏发明之，孔氏完成之。

前之顾氏，后之段氏，皆长于韵学，短于音理。江氏颇知音理，戴氏最深，孔氏继之。段氏于《诗经》、楚《骚》、周秦汉魏韵文中，发现支脂之三韵，古人分别甚严，而仍不识其所以分别之理，晚年询之江有诰，有得闻其故死而无憾之言。江虽于音理较深，亦未能阐明其故。盖音理之微，本非仓促所能豁然贯通也。如不知音理而妄谈韵学，则必如苗仙麓之读《关雎》鸠、洲、仇入《广韵》萧、豪韵矣。顾亭林音理不深，但不肯矫揉造作，是以不如苗病之多。如歌麻二字，古人读麻长音，读歌短音，当时争论甚多，顾不能决，此即不明音理故也。居今日而欲明音韵之学，已入门者，宜求音理；未入门者，先讲韵学。韵学之道，一从《诗经》入手，一从《广韵》入手。多识古韵，自能明其分合之故。至求音理，则非下痛切工夫不可。

今人字母之称，实不通之论也。西域文字以数十字辗转相拼，连读二音为一音，拼书二字为一字，故有字母之制。我国只有《说文》部首，可以称为字母，《唐韵》言纽以双声叠韵，此以二音譬况一音，与梵书之以十四字母贯一切音者大异。唐末五代时，神珙、守温辈依附《华严》《涅槃》作三十六字母。至宋沈括、郑樵诸人，始盛道之。然在唐宋以前，反语久已盛行。南北朝人好为体语，即以双声字相调侃。《洛阳伽蓝记》载李元谦过郭文远宅，见其门阀华美，乃曰："是谁第宅？"郭婢春风出曰："郭冠军家。"元谦曰："彼婢双声。"春风曰："儜奴慢骂。"元谦服婢之能。

盖双声之理从古已具也。

今之三十六字母排次亦不整齐,如喉音、牙音均可归喉,半齿、弹舌应归舌头,故当改为:

喉音	(深)(浅)	影见	晓溪	匣群	喻疑
舌音	(舌头)(舌上)	端透知	定彻澄	泥来	日娘
齿音	(正齿)(齿头)	照精	穿床清从	审心	禅邪
唇音	(重)(轻)	帮非	滂敷	并奉	明微

疑应读如皍而齐齿呼之,泥应读你平声,从音广东呼之最清。非、敷二纽,今人不易分别。江慎修言,非发声宜微开唇缝轻呼之,敷送气重呼之,使敷音为奉之清,则二母辨矣。如芳字为敷纽,敷方切。方字为非纽,府良切。微音惟江浙人呼之最为分明,粤人读入明纽,北音读入喻纽。知、彻、澄,南音往往混入照、穿、床,闽人读知如低,则舌上归于舌头矣。钱竹汀言古音无舌头舌上之分,知、彻、澄三纽,古音与端、透、定无异,则闽语尚得古音之遗。又轻唇之字,古读重唇。非、敷、奉古读入帮、滂、明,直至唐人犹然。钱氏发明此理,引证甚多。《广韵》每卷后附类隔更音和切。类隔者,谓切语上字与所切之字非同母同位同等也;音和则皆同。钱氏谓类隔之说不可信,今音舌上,古音皆舌头;今音轻唇,古音皆重唇也。且不独知、彻、澄古读入端、透、定,即娘、日二纽,古并归泥。泥今音读你之平声,尼读入娘母,而古读则尼与泥无异。仲尼之母

祷于尼丘,生而首上圩顶,因名曰丘,字曰仲尼。《尔雅·释丘》:"水潦所止:泥丘。"《说文》:"㞷,反顶受水丘也。从泥省,泥亦声。"汉碑仲尼有作仲泥者,《颜氏家训》言"仲尼居"三字,《三苍》尼旁益丘,可见古音尼、泥同读。娘,金人读之似良,混入来纽。而来、日古亦读入泥纽。如:戎陵今读日纽,古音如农。若,古读女六切。如,古读奴。尔,古读你。《诗·民劳》:"戎虽小子。"《笺》云:"戎犹汝也。"今江浙滨海之人。尚谓汝为戎。古人称人之词曰乃尔、戎、若,皆一声之转。仍,今在日纽,古人读仍与乃通。《尔雅》"仍孙"、《汉书·惠帝纪》"内外公孙、耳孙",师古曰:"仍、耳声相近,盖一号也。"仍从乃得声。则仍、耳古皆在泥纽矣。由是言之,知、彻、澄古归入端、透、定。非、敷、奉、微,古读如帮、滂、並、明。娘、日并归泥。是三十六纽减去其九,仅存二十有七耳。陈兰甫据《广韵》切语上字,以为喻、照、穿、床、审五纽,俱应分而为二。因加于、庄、初、神、山五纽,而明、微则不别,合成四十纽。但齿音加四而唇吻不能尽宣。喻分为于,同为撮口,纽音亦无大殊。陈说似未当也。然如江慎修视若神圣,以为不可增减,亦嫌未谛。如收声之纽多浊音,无清音,泥、娘、来、日皆是。然粘本读泥纽,今读娘纽而入清音,则多一纽矣。来纽浊音,今有拎字,则为来纽清音,则又多一纽。声音之道,本由简而繁,古人只能发浊音,而今人能发清音,则声纽自有可增者在。

清浊之分,本不甚难。坚清乾浊,见清健浊,洁清竭浊,检清俭浊,今人习言之阴阳平,即平声之清浊也。上去入亦皆可分清浊,惟黄河流域只能分平声清浊,上去入多发浊音,故有阴阳上去入之说,大约起于金元之间。南方上去入亦能各分清浊。上声较难,惟浙西人能分别较然。故言音韵者,常有五声、七声之辨,兹重定声纽清浊发送收列表于下:

影	晓	匣	喻	见	溪	群	疑	端
清	清	浊	浊	清	清	浊	浊	清
发声	送气	送气	收声	发声	送气	送气	收声	发声
透	定	泥	来	知	彻	澄	娘	日
清	浊	浊	浊	清	清	浊	浊	浊
送气	送气	收声	收声之余	发声	送气	送气	收声	收声之余
照	穿	床	审	禅	精	清	从	心
清	清	浊	清	浊	清	清	浊	清
发声	送气	送气	发声	送气	发声	送气	送气	发声
邪	帮	滂	並	明	非	敷	奉	微
浊	清	清	浊	浊	清	清	浊	浊
送气	发声	送气	送气	收声	发声	送气	送气	收声

音呼分等，有开合之分，《切韵指掌图》首列为图。图为宋人所作，世称司马温公所撰，似未必是。开合之音，各有洪细。开口洪音为开口，细音为齐齿。合口洪音为合口，细音为撮口。可举例以明之，如见纽见为齐齿，干为开口，观为合口，卷为撮口。音呼应以四等为则，今之讲等韵者，每谓开合各有四等，此则虚列等位，唇吻所不能宣，吾人所未敢深信也。

古人分韵，初无一定规则，有合撮为一类、开齐为一类者，有开齐合撮同归一类者，亦有开齐分为二类者。此在《广韵》中可细自求之。古韵歌与羁、姑与居同部，今韵歌、支、模、鱼各为一韵。论古韵昔人意见各有不同，段懋堂以为真与谆、侯与幽均宜异部，戴东原则以为可不分。实则分之固善，合之亦无不可。侯、幽二韵，《诗经》本不同用，真、谆之应分合，一时亦难论定。盖以开齐合撮分韵，古人亦未斠若画一也。

　　孙愐撰《唐韵》，已在天宝之末。其先唐玄宗自作《韵英》，分四百余韵，颁行学官。后其书不传。唐人据《韵英》而言者亦甚少。大概严格分别，或须四百余韵，或竟不止此数。据音理而论，确宜如此。今《广韵》二百六韵，多有不合音理者。然部居分合之故，作者未能详言，吾人亦不能专以分等之说细为推求。其大要则不可不知。

　　四声之说，起于齐、梁。而双声、叠韵，由来已久。至反切始于何时，载籍皆无确证。古人有读如、读若之例，即直音也。直音之道，有时而穷。盖九州风土，刚柔有殊，轻重清浊，发音不齐。更有字止一音，别无他读，非由面授，莫能矢口。于是反切之法，应运而起。《颜氏家训》以为反语始于孙叔然作《尔雅音义》，说殊未谛。盖《汉书音义》已载服虔、应劭反切。不过释经用反语，或始于叔然耳。反语之行，大约去孙不远。《家训》言汉末人独知反语，魏世大行。高贵乡公不解反语，以为怪异。王肃《周易音》据《经典释文》所录，用反语者十余条。肃与孙炎说经互相攻驳。假令叔然首创反语，肃肯承用之乎？服、应与郑康成同时，应行辈略后。康成注经只用读若之例，则反语尚未大行。顾亭林谓经传中早有反语，如不律为笔，蔽膝为韠，终葵为椎，蒺藜为茨。然此可谓反语之萌芽，不可谓其时已有反切之法。否则许氏撰《说文》，何不采用之乎？《说文》成于汉安帝时，服、应在灵帝时，去许已六七十年，此六七十年中，不知何人首创反语，可谓一大发明。今《说文》所录九千余字，吾人得以尽识，无非赖反切之流传耳。

远西文字表韵常用喉音，我国则不然。因当时创造之人未立一定规律，所以反切第二字随意用之。今欲明反切之道，须知上一字当与所切之字同纽，即所谓双声也；下一字当与所切之字同韵，即所谓叠韵也。定清浊在上一字，分等呼在下一字。如：东，德红切，东德双声，东红叠韵，东德均为清音，东红均为合口呼。学者能于三十六字纽发声不误，开齐合撮分别较然，则于音韵之道思过半矣。

学者有志治经，不可不明故训，则《尔雅》尚已。《尔雅》一书，《汉志》入《孝经》类，今入小学类。张晏曰："尔，近也；雅，正也。"《论语》："子所雅言。"孔安国亦训雅言为正言。《尔雅》者，厘正故训，纲维群籍之书也，昔人谓为周公所作，魏张揖上《广雅》表言：周公著《尔雅》一篇，"今俗所传三篇，或言仲尼所增，或言子夏所益，或言叔孙通所补，或言沛郡梁文所考。"朱文公不信《尔雅》，以为后人掇拾诸家传注而成。但《尔雅》之名见于《大戴礼·小辩篇》："鲁哀欲学小辩，孔子曰：小辩破言，小言破义，尔雅以观于古，足以辩言矣。夫弈固十棋之变，由不可既也，而况天下之言乎？"（哀公所欲学之小辩，恐即后来坚白同异之类。哀公与墨子相接，《墨子》经、说，即坚白同异之滥觞。《庄子·骈拇篇》："骈于辩者，累瓦结绳，窜句游心于坚白同异之间，而敝跬誉无用之言。非乎？而杨墨是已。"是杨朱亦持小辩。杨墨去鲁哀不及百年，则春秋之末已有存雄无术之风，殆与晋人之好清谈无异。）张揖又言：叔孙通撰置礼记，言不违古。则叔孙通自深于雅训。赵邠卿《孟子题辞》言："孝文皇帝欲广游学之路，《论语》《孝经》《孟子》《尔雅》皆置博士。"可见《尔雅》一书，在汉初早已传布。朱文公谓为掇拾传注而成，则试问鲁哀公时已有传注否乎？伏生在文帝时始作《尚书大传》，《大传》亦非训诂之书，《诗》齐鲁韩三家，初只鲁《诗》有申公训故。申公与楚元王同受《诗》于浮丘伯，是与叔孙通同时之人。张揖既称叔孙通补益《尔雅》，则掇拾之说何由成立哉！

谓《尔雅》成书之后代有增益，其义尚允。此如医家方书，葛洪撰《肘后方》，陶弘景广之为《百一方》。又如萧何定律，本于《法经》。陈群言李悝作《法经》六篇，萧何定加三篇。假令汉律而在，其科条名例，学者初不能辩其孰为悝作，孰为萧益。又如《九章算术》，周公所制，今所见者为张苍所删补，人亦孰从而分别此为原文，彼为后出乎？读《尔雅》者当作如是观。

《尔雅》中诠诂《诗经》者，容有后人增补。即如"郁陶，喜也"，乃释《孟子》。"卷施拔心不死"，则见于《离骚》。又如《释地》《释山》《释丘》《释水》诸篇，多杂后人之文。《释地》中九州与《禹贡》所记不同。其"从《释地》以下至九河，皆禹所名也"二语，或为周公故训耳。

以《尔雅》释经，最是《诗》《书》。毛《传》用《尔雅》者十得七八。《汉志》言：《尚书》古文，读应《尔雅》，则解诂《尚书》亦非用《尔雅》不可。然毛《传》有与《尔雅》立异处，如"履帝武敏。"武，迹也。敏，拇也。三家《诗》多从《尔雅》，毛则训敏为疾，意谓敏训拇，则必改为"履帝敏武"，于义方顺。又如"籧篨戚施"，《尔雅》以籧篨为口柔，戚施为面柔，夸毗为体柔；毛《传》则谓籧篨不能俯者，戚施不能仰者。此据《晋语》籧篨不可使俯、戚施不可使仰为训。义本不同，未可强合，而郑《笺》则曰："籧篨口柔，常观人颜色而为之辞，故不能俯也；戚施面柔，下人以色，故不能仰也。"强为傅合，遂致两伤。《经义述闻》云：岂有卫宣一人而兼此二疾者乎？然王氏父子亦未多见病人，固有鸡胸龟背之人，既不能俯、亦不能仰者。谓为身兼二疾，亦无不可。毛《传》又有改《尔雅》而义反弗如者，如《尔雅》："式微式微，微乎微者也。"毛训式为用，用微于义难通。又《尔雅》："岂弟，发也。"《载驱》："齐子岂弟"，毛训乐易，则与前章"齐子发夕"不相应矣。

古文《尚书》，读应《尔雅》。自史迁、马、郑以及伪孔，俱依《尔雅》作训。或以为依《尔雅》释《尚书》，当可谡然理解，而至今仍有不可解者，何也？此以《尔雅》一字数训，解者拘泥一训，遂致扞格难通也。如康有五训：安也、虚也、苛也、蛊也，又五达谓之康。《诗·宾之初筵》："酌彼康爵。"郑《笺》云："康，虚也。"《书·无逸》："文王卑服，即康功田功"，伪孔训为安人之功。不知此康字当取五达之训。康功田功即路功田功也。《西伯戡黎》："故天弃我，不与康食。"伪孔训为不有安食于天下。义虽可通，而一人不能安食，亦不至为天所弃。如解为糟糠之糠，则于义较长。故依《尔雅》解《尚书》当可十得七八，要在引用得当耳。然世之依《尔雅》作训者，多取《释诂》《释言》《释训》三篇，其余十六篇不甚置意，遂至五达之康一训，熟视无睹，迂回难通，职是故耳。

《经义述闻·春秋名字解诂》郑公孙侨字子产，既举《尔雅·释乐》之训，大管谓之簥，大籥谓之产；复言侨与产皆长大之意。实则侨借为簥而已。《离骚》："吾令蹇修以为理。"理即行理之理，使也。蹇修，王逸以为伏羲氏之臣，然《汉书·古今人表》中无蹇修之名，此殆王逸臆度之言。按：《尔雅·释乐》，徒鼓钟谓之修；徒鼓磬谓之蹇。以蹇修为理者，彼此不能相见，乃以钟鼓致意耳。司马相如以琴心挑之，即此意也。是知《尔雅》所释者广，故书雅训悉具于是，学者欲明训诂，不能不以《尔雅》为宗。《尔雅》所不具者，有《方言》《广雅》诸书足以补阙。《方言》成于西汉，故训尚多。《广雅》三国时人所作，多后起之训，不足以释经。《诗·商颂》"受小球大球""受小共大共"。毛《传》以球为玉，以共为法，深合古训。《经义述闻》以为解球为玉，与共殊义，应依《广雅》作训，拱、球、法也。改字解经，尊信《广雅》太过矣。要知训诂之道，须谨守家法，亦应兼顾事实。按《吕氏春秋》：夏之将亡，太史终古抱其图法奔商，汤之所受小共大共，即夏太史终古所抱之图法也。《书序》："汤伐三朡，俘厥宝玉，谊伯、仲伯作典宝。"即汤所受之大球小球也。古人视玉最重，玉者，所以班瑞于群后。《周礼·大宗伯》："以玉作六瑞，以等邦国。王执镇圭、公执桓圭、侯执信圭、伯执躬圭、子执谷璧、男执蒲璧。"一如后世之玺印，所以别天子、诸侯之等级也。汤受法受玉，而后可以发施政令，为下国缀旒。依《广雅》作训，于义未安。

宋人释经，不信《尔雅》，岂知古书训诂不可逞臆妄造。此如迻译西土文字，必依据原文，不差累黍，遇有未莹，则必勤检辞书，求其详审。若凿空悬解，望文生训，鲜不为通人所笑。《尔雅》："绳绳，戒也。"《诗·螽斯》："宜尔子孙绳绳兮。"毛《传》："绳绳，戒慎也。"朱文公以为绳有继续之义，即解为不绝貌。《尔雅》："缉熙，光也。"毛《传》："缉熙，光明也。"（"缉熙"《诗经》凡四见。）朱以缉纑之缉，因解为继续也。按：《敬之篇》"学有缉熙于光明"者，即言光明更光明。于与乎通，与微乎微之语意相同。又《书·盘庚》："今汝憸憸。"《说文》："憸，拒善自用之意也。"马、郑、王肃所解略同，蔡、沈乃解为聒聒多言。实则古训并无多言之意。是故，吾人释经，应有一定规则，解诂字义，先求《尔雅》《方言》有无此训。一如引律断狱，不能于刑律之外强科人罪。故说经而不守雅训，凿空悬解，谓之门外汉。

古人训诂之书，自《尔雅》而下，《方言》《说文》《广雅》以及毛《传》，汉儒训诂，可称完备。而今之讲汉学者，时复不满旧注，争欲补苴罅漏，则以一字数训，昔人运用尚有遗憾之故。此如士卒精良，而运筹者或千虑一失，后起之人，苟能调遣得法，即可制胜。又如用药，药性温凉，全载《本草》，用药者不能越《本草》之外，其成功与否，悉视运用如何而已。

训诂之学，善用之如李光弼入郭子仪军，壁垒一新；不善用之，如逢蒙学射，尽羿之道，于是杀羿。总之诠释旧文，不宜离已有之训诂，而臆造新解。至运用之方，全在于我。清儒之能昌明汉学、卓越前代者，不外乎此。

经学略说①

经之训常,乃后起之义。《韩非·内外储》首冠经名,其意殆如后之目录,并无常义。今人书册用纸,贯之以线。古代无纸,以青丝绳贯竹简为之。用绳贯穿,故谓之经。经者,今所谓线装书矣。《仪礼·聘礼》:"百名以上书于策,不及百名书于方。"《礼记·中庸》云:"文武之政,布在方策。"盖字少者书于方,字多者编简而书之。方不贯以绳,而简则贯以绳。以其用绳故曰编,以其用竹故曰篇。方,版牍也。古者师徒讲习,亦用方誊写。《尔雅》:"大版谓之业。"故曰肄业、受业矣。《管子》云:"修业不息版。"修业云者,修习其版上之所书也。竹简繁重,非别版书写,不易肄习。二尺四寸之简《后汉书·周磐传》:编二尺四寸简写《尧典》,据刘向校古文《尚书》,每简或二十五字,或二十二字,知一字约占简一寸。二十五自乘为六百二十五。令简策纵横皆二十四寸,仅得六百二十五字。《尚书》每篇字数无几,多者不及千余。《周礼》六篇,每篇少则二三千,多至五千。《仪礼·乡射》有六千字,《大射仪》有六千八百字。如横布《大射》《乡射》之简于地,占地须二丈四尺,合之今尺,一丈六尺,倘

---

① 此文原载 1935 年 10 月《章氏国学讲习会讲演记录》3—4 期,由当时在讲习会任讲师的王乘六、诸祖耿先生记录,孙世扬先生校订。

师徒十余人对面讲诵，便非一室所能容。由是可知讲授时决不用原书，必也移书于版，然后便捷。故称肄业、受业，而不曰肄策、受策也。帛，绢也，古时少用。《汉书·艺文志》六艺略、诸子略、诗赋略、兵书略，每书皆云篇；数术、方技，则皆称卷。数术、方技，乃秦汉时书，古代所无。六艺、诸子、诗赋、兵书，汉人亦有作。所以不称卷者，以刘向叙录，皆用竹简杀青缮写，数术、方技，或不用竹简也。惟图不称篇而称卷，盖帛书矣（《孙子兵法》皆附图）。由今观之，篇繁重而卷简便，然古代质厚，用简者多。《庄子》云："惠施多方，其书五车。"五车之书，如为帛书，乃可称多；如非帛书，而为竹简，则亦未可云多。秦皇衡石程书，一日须尽一石。如为简书，则一石之数太多，非一人一日之力所能尽。（古一石当今三十斤，如为帛书，准之于今，当亦有一二百本。）古称奏牍，牍即方版，故一日一石不为多耳。

周代《诗》《书》《礼》《乐》皆官书。《春秋》史官所掌，《易》藏太卜，亦官书。官书用二尺四寸之简书之。郑康成谓六经二尺四寸，《孝经》半之，《论语》又半之是也。《汉书》称律曰"三尺法"，又曰"二尺四寸之律"。律亦经类，故亦用二尺四寸之简。惟六经为周之官书，汉律乃汉之官书耳。寻常之书，非经又非律者，《论衡》谓之短书。此所谓短，非理之短，乃策之短也。西汉用竹简者尚多，东汉以后即不用。《后汉书》称董卓移都之乱，缣帛图书，大则连为帷盖，小乃制为縢囊，可知东汉官书已非竹简本矣。帛书可卷可舒，较之竹简，自然轻易，然犹不及今之用纸。纸之起源，人皆谓始于蔡伦，然《汉书·外戚传》已称赫蹄，则西汉时已有纸，但不通用耳。正惟古人之不用纸，作书不易；北地少竹，得之甚难；代以缣帛，价值又贵，故非熟读强记不为功也。竹简书之以漆，刘向校书可证；方版亦然。至于缣帛，则不可漆书，必当用墨。《庄子》云：宋元君将画图，众史舐笔和墨。则此所谓图，当是缣素。又《仪礼》

铭旌用帛。《论语》子张书绅。绅以帛为之,皆非用帛不能书。惟经典皆用漆书简,学生讲习,则用版以求方便耳。以上论经之形式及质料。

《庄子·天下篇》:"《诗》以道志,《书》以道事,《礼》以道行,《乐》以道和,《易》以道阴阳,《春秋》以道名分。"列举六经,而不称之曰"经"。然则六经之名,孰定之耶?曰:孔子耳。孔子之前,《诗》《书》《礼》《乐》已备。学校教授,即此四种。孔子教人,亦曰:"兴于《诗》,立于《礼》,成于《乐》。"又曰:"《诗》《书》执礼,皆雅言也。"可见《诗》《书》《礼》《乐》,乃周代通行之课本。至于《春秋》,国史秘密,非可公布,《易》为卜筮之书,事异恒常,非当务之急,故均不以教人。自孔子赞《周易》、修《春秋》,然后《易》与《春秋》同列六经。以是知六经之名,定于孔子也。

五礼著吉、凶、宾、军、嘉之称,今《仪礼》十七篇,只有吉、凶、宾、嘉,而不及军礼。不但十七篇无军礼,即《汉书》所谓五十六篇《古经》者亦无之。《艺文志》以《司马法》二百余篇入《礼》类(今残本不多),此军礼之遗,而不在六经之内。孔子曰:"军旅之事,未之学也。"盖孔子不喜言兵,故无取焉。又古律亦官书,汉以来有《汉律》。汉以前据《周礼》所称,五刑有二千五百条,《吕刑》则云三千条。当时必著简册,然孔子不编入六经,至今无只字之遗。盖律者,在官之人所当共知,不必以之教士。若谓古人尚德不尚刑,语涉迂阔,无有是处。且《周礼·地官》之属,州长、党正,有读法之举,是百姓均须知律。孔子不以入六经者,当以刑律代有改变,不可为典要故尔。

六经今存五经,《乐经》汉时已亡。其实,六经须作六类经书解,非六部之经书也。礼,今存《周礼》《仪礼》。或谓《周礼》与《礼》不同,名曰《周官》,疑非礼类。然《孝经》称"安上治民莫善于礼",

《左传》亦云"礼,经国家、定社稷、序人民、利后嗣"。由《孝经》《左传》之言观之,则《周官》之设官分职、体国经野,正是礼类。安得谓与礼不同哉?春秋时人引《逸周书》皆称《周书》,《艺文志》称《逸周书》乃孔子所删百篇之余。因为孔子所删,故不入六经。又《连山》《归藏》,汉时尚存(桓谭《新论》云:或藏兰台),与《周易》本为同类。以孔子不赞,故亦不入六经。实则《逸周书》与《书》为一类,三易同为一类,均宜称之曰经也。

今所传之十三经,其中《礼记》《左传》《公羊》《穀梁》,均传记也。《论语》《孝经》,《艺文志》以《诗》《书》《易》《礼》《春秋》同入六艺,实亦传记耳。《孟子》应入子部,《尔雅》乃当时释经之书,亦不与经同。严格论之,六经无十三部也。

史部本与六经同类。《艺文志》春秋家列《战国策》《太史公书》。太史公亦自言继续《春秋》。后人以史部太多,故别为一类。荀勖《中经簿》始立经、史、子、集四部,区经、史为二,后世仍之。然乙部有《皇览》。《皇览》者,当时之类书也,与史部不类。王俭仿《七略》作《七志》(《七略》本仅六种:一、六艺;二、诸子;三、诗赋;四、兵书;五、数术;六、方技),增图谱一门,称六艺略曰经典志,中分六艺、小学、史记、杂传四门,有心复古,颇见卓识。又有《汉志》不收而今亦归入经部者,纬书是也。纬书对经书而称,后人虽不信,犹不得不以入经部。独王俭以数术略改为阴阳志,而收入纬书,以纬书与阴阳家、形法家同列,不入经典,亦王氏之卓识也。自《隋书·经籍志》后,人皆依荀勖四部之目,以史多于经,为便宜计,不得不尔。明知纬书非经之比,无可奈何,亦录入经部,此皆权宜之计也。

兵书在《汉志》本与诸子分列。《孙子兵法》入兵书,不入诸子。《七志》亦分兵书曰军书,而阮孝绪《七录》(依王俭为七部,不分经、史、子、集)以子书、兵书合曰子兵,未免谬误。盖当代之兵书,应秘而不宣,古代之兵书,可人人省览。《孙子》十三篇,空论行军之理,与当时号令编制之法绝异,不似今参谋部之书,禁人窥览者也。是故当代之兵书,不得与子部并录。

向、歆校书之时,史部书少,故可归入《春秋》。其后史部渐多,非别立一类不可,亦犹《汉志》别立诗赋一类,不归入《诗经》类耳。后人侈言复古,如章实斋《校雠通义》,独断断于此,亦徒为高论而已。顾源流不得不明,纬与经本应分类,史与经本不应分,此乃治经之枢纽,不可不知者也。

汉人治经,有古文、今文二派。伏生时纬书未出,尚无怪诞之言。至东汉时,则今文家多附会纬书者矣。古文家言历史而不信纬书,史部入经,乃古文家之主张;纬书入经,则今文家之主张也。

古文家间引纬书,则非纯古文学,郑康成一流是也。王肃以贾、马之学,反对康成。贾虽不信纬书,然亦有附会处(《后汉书》可证),马则绝不附会矣。(马书今存者少。)

至三国时人治经,则与汉人途径相反。东汉今文说盛行之时,说经多采纬书,谓孔子为玄圣之子,称其述作曰为汉制法。今观孔林中所存汉碑,《史晨》《乙瑛》《韩敕》,皆录当时奏议文告,并用纬书之说。及黄初元年,封孔羡为宗圣侯,立碑庙堂,陈思王撰文,录文帝诏书,其中无一语引纬书者。非惟不引纬书,即今文家,亦所不采。以此知东汉与魏,治经之法,截然不同。今人皆谓汉代经学最盛,三国已衰,然魏文廓清谶纬之功,岂可少哉! 文帝虽好为文,似词章家一流,所作《典论》《隋志》归入儒家。纬书非儒家言,乃阴阳家言,故文帝诏书未引一语。岂可仅以词章家目之!

自汉武立五经博士,至东汉有十四博士。(五经本仅五博士,后分派众多,故有十四博士。)《易》则施、孟、梁丘、京,《书》则欧阳、大小夏侯,《诗》则齐、鲁、韩,《礼》则大小戴,《春秋》则严、颜(皆《公羊》家),皆今文家也。孔安国之古文《尚书》,后世不传。汉末,马、郑之书,不立学官。《毛诗》亦未立学官。古文《礼》传之者少。《春秋》则《左氏》亦未立学官。至三国时,古文《尚书》《毛诗》《左氏春秋》,皆立学官,此魏文帝之卓见也。汉熹平石经,隶书一字,是乃今文。魏正始时立三体石经,则用古文。当时古文《礼》不传,《尚书》《春秋》皆用古文。《易》用费氏,以费《易》为古文也。(传费《易》者,汉末最盛,皆未入学官。马、郑、荀爽、刘表、王弼皆费氏《易》。)《周礼》则本为古文。三国之学官,与汉末不同如此。故曰魏文廓清之功不可少也。

清人治经,以汉学为名。其实汉学有古文、今文之别。信今文则非,守古文即是。三国时渐知尊信古文。故魏、晋两代,说经之作,虽精到不及汉儒,论其大体,实后胜于前。故汉学二字,不足为治经之正轨。昔高邮王氏,称其父熟于汉学之门径,而不囿于汉学之藩篱。此但就训诂言耳。其实,论事迹、论义理,均当如是。魏、晋人说经之作,岂可废哉!以上论经典源流及古今文大概。

欲明今古文之分,须先明经典之来源。所谓孔子删《诗》《书》,定《礼》《乐》,赞《周易》,修《春秋》者,《汉书·艺文志》云:礼、乐,周衰俱坏,乐尤微眇,又为郑、卫所乱,故无遗法。又云:及周之衰,诸侯将逾法度,恶其害己,皆灭去其籍,自孔子时而不具。是孔子时《礼》《乐》已阙,惟《诗》《书》被删则俱有明证。《左传》:韩宣子适鲁,观书于太史氏,见《易象》与鲁《春秋》,曰:周礼尽在鲁矣。可见别国所传《易象》,与鲁不尽同。孔子所赞,盖鲁之《周易》也。《春秋》本鲁国之史,当时各国皆有春秋,而皆以副本藏于王室。故太史公谓孔子西观周室,论史记旧闻而修《春秋》,盖六经之来历如此。

《礼记·礼器》云:"经礼三百、曲礼三千。"郑康成注:经礼谓《周礼》,曲礼即《仪礼》。《中庸》云:"礼仪三百,威仪三千。"孔颖达疏：礼仪三百即《周礼》，威仪三千即《仪礼》。今《仪礼》十七篇，约五万六千字，均分之，每篇得三千三百字。汉时，高堂生传《士礼》十七篇，合淹中所得，凡五十六篇，较今《仪礼》三倍。若以平均三千三百字一篇计之，则五十六篇当有十七万字，恐孔子时经不过如此。以字数之多，故当时儒者不能尽学，孟子所谓"诸侯之礼，吾未之学也"。至于《周礼》是否经孔子论定，无明文可见。孟子谓"诸侯恶其害己也，而皆去其籍"，是七国时《周礼》已不常见，故孟子论封建与《周礼》不同。

太史公谓古诗三千余篇，孔子删为三百篇。或谓孔子前本仅三百篇，孔子自言"诗三百"是也。然《周礼》言九德、六诗之歌。九德者，《左传》所谓水、火、金、木、土、谷、正德、利用、厚生。九功之德皆可歌者，谓之九歌。六诗者，一曰风、二曰赋、三曰比、四曰兴、五曰雅、六曰颂。今《诗》但存风、雅、颂，而无赋、比、兴。盖不歌而诵谓之赋，例如后之《离骚》，篇幅冗长，宜于诵而不宜于歌，故孔子不取耳。九德、六诗合十五种，今《诗》仅存三种，已有三百篇之多，则十五种当有一千五百篇。《风》《雅》《颂》之逸篇为春秋时人所引者已不少，可见未删之前，太史公三千篇之说为不诬也。孔子所以删九德之歌者，盖水、火、金、木、土、谷，皆咏物之作，与道性情之旨不合，故删之也。季札观周乐，不及赋、比、兴，赋本不可歌，比、兴被删之故，则今不可知。墨子言诵诗三百、弦诗三百、歌诗三百、舞诗三百。夫可弦必可歌，舞虽有节奏，恐未可歌，诵则不歌也。由此可知，诗不仅三百，依墨子之言，亦有千二百矣。要之诗不但取其意义，又必取其音节，故可存者少耳。

《书》之篇数，据扬子《法言》称：昔之说《书》者序以百。《艺文志》亦云凡百篇。百篇者，孔子所删定者也。其后，伏生传二十九篇（据《书序》则分为三十四篇）。壁中得四十八篇。由今观之，书在孔子删定之前已有亡佚者。楚灵王之左史，通《三坟》《五典》《八索》《九丘》。今《三坟》不传，《五典》仅存其二。楚灵王时，孔子年已二十余，至删书时而仅著《尧典》《舜典》二篇，盖其余本已佚矣。若依百篇计之，虞、夏、商、周凡四代，如商、周各四十篇，虞、夏亦当有二十篇。今夏书最少，《禹贡》犹不能谓为夏书。真为夏书者，仅《甘誓》《五子之歌》《胤征》三篇而已。《胤征》之后，《左传》载魏绛述后羿、寒浞事，伍员述少康中兴事，皆《尚书》所无。魏绛在孔子前，而伍员与孔子同时，二子何以知之？必当时别有记载，而本文则已亡也。此亦未删而已佚之证也。至如周代封国必有命（如近代之册命），封康叔有《康诰》，而封伯禽、封唐叔，左氏皆载其篇名，《书序》则不录。且鲁为孔子父母之邦，无不知其封诰之理。所以不录者，殆以周封诸侯甚多，不得篇篇而登之，亦惟择其要者耳。否则，将如私家谱牒所录诰命，人且厌观之矣。《康诰》事涉重要，故录之，其余则不录，此删书之意也。

《逸周书》者，《艺文志》言，孔子所论百篇之余。今《逸周书》有目者七十一篇。由此可知，孔子于书，删去不少。虽自有深意，然删去之书，今仍在者，亦不妨视为经书。今观《逸周书》与《尚书》性质相同，价值亦略相等。正史之外，犹存别史（《史》《汉》无别史，《后汉书》外有袁宏《后汉记》，其中所载事实、奏议，有与《后汉书》不同者，可备参考。《三国志》外有鱼豢之《魏略》、王沈之《魏书》，不可谓只《三国志》可信，余即不可信也），安得皇古之书，可信如《逸周书》者，顾不重视乎？《诗》既删为三百篇，而删去之诗，如"巧笑倩兮、美目盼兮，素以为绚兮"一章，子夏犹以问孔子，孔子亦有"启予"之言。由此可见，逸诗仍有价值。逸书亦犹是矣。盖古书过多，或残缺，或不足重，人之目力有限，不能尽读，于是不得不删繁就简。故孔子删《诗》《书》，使人易于持诵，删余之书，仍自有其价值在也。崔东壁辈，以为经书以外均不足采，不知太史公三代本纪，固以《尚书》为本，《周本纪》即采《逸周书》《克殷解》《度邑解》，此其卓识过人，洵非其余诸儒所能及。

六经自秦火之后，《易》为卜筮，传者不绝。汉初北平侯张苍，献《春秋左氏传》，经传俱全。《诗》由口授，非秦火所能焚，汉初有齐、鲁、毛、韩四家。惟毛有六笙诗。（自秦焚书，至汉高祖破秦子婴，历时七年，人人熟习之歌，自当不亡。）礼则《仪礼》不易诵习，故高堂生仅传十七篇。（高堂生必读熟方能传也。）《周礼》在孟子时已不传，而荀子则多引之（荀子学博远过孟子，故能引之），然全书不可见。至汉河间献王乃得全书，犹缺《冬官》一篇，以《考工记》补之。《尚书》本百篇，伏生壁藏之，乱后求得二十九篇，至鲁恭王坏孔子宅，又得五十八篇，孔安国传之，谓之古文。此秦火后六经重出之大概也。

经今古文之别有二：一、文字之不同；二、典章制度与事实之不同。何谓文字之不同？譬如《尚书》，古文篇数多，今文篇数少，今古文所同有者，文字又各殊异，其后愈说愈歧。此非伏生之过，由欧阳、大小夏侯三家立于学官，博士抱残守缺，强不知以为知，故愈说而愈歧也。《古文尚书》孔安国传之太史公，太史公以之参考他书，以故，不但文字不同，事实亦不同矣。（今文家不肯参考他书，古文家不然，太史公采《逸周书》可证也。）何谓典章制度之不同？如《周礼》本无今文，一代典章制度，于是大备。可见七国以来传说之语，都可不信。如封建一事，《周礼》谓公五百里、侯四百里、伯三百里、子二百里、男百里。而孟子乃谓公侯皆方百里、伯七十里、子男五十里，与《周礼》不合。此当依《周礼》，不当依孟子，以孟子所称乃传闻之辞也。汉初人不知《周礼》，文帝时命博士撰《王制》，即用孟子之说，以未见《周礼》故。此典章制度之不同也。何谓事实之不同？如《春秋左传》为古文，《穀梁》《公羊》为今文。《穀梁》称申公所传，《公羊》称胡毋生所传。二家皆师弟问答之语。《公羊》至胡毋生始著竹帛，《穀梁》则著录不知在何时。今三传不但经文有异，即事实亦不同，例亦不同。刘歆以为左氏亲见夫子，好恶与圣人同；而公羊、穀梁在七十子之后。传闻之与亲见之，其详略不同。以故，若论事实，自当信《左氏》，不当信《公》《穀》也。《诗》无所谓今古文，口授至汉，书于竹帛，皆用当时习用之隶书。《毛诗》所以称古文者，以其所言事实与《左传》相应，典章制度与《周礼》相应故尔。《礼》，高堂生所传十七篇为今文；孔壁所得五十六篇为古文。古文、今文大义无殊，惟十七篇缺天子、诸侯之礼。于是，后苍推士礼致于天子。（五十六篇中有天子、诸侯之礼。）后人不得不讲《礼记》，即以此故。以十七篇未备，故须《礼记》补之。《礼记》中本有《仪礼》正篇，如《奔丧》，小戴所有；《投壶》，大小戴俱有。大小戴皆传自后苍，皆知十七篇不足，故采《投壶》《奔丧》二篇。二家之书，所以称《礼记》者，以其为七十子后学者所记，故谓之《礼记》。记，百三十一篇：大戴八十二篇，小戴四十九篇。今大戴存三十九篇，小戴四十九篇具在，合之得八十八篇。此八十八篇中，有并非采自百三十一篇之记者，如大戴有《孔子三朝记》七篇，《孔子三朝记》应入《论语》家（《艺文志》如此），《三朝记》之外，《孔子闲居》《仲尼燕居》《哀公问》等，不在《三朝记》中，则应入《家语》一类。要之，乃《论语》家言，非《礼》家言也。大戴采《曾子》十篇，《曾子》本儒家书。又《中庸》《缁衣》《表记》《坊记》四篇，在小戴记，皆子思作。子思书，《艺文志》录入儒家。若然，《孔子三朝记》以及曾子、子思所著，录入大小戴者，近三十篇。加以《月令》本属《吕氏春秋》（汉人称为《明堂月令》），亦不在百三十一篇中。又，《王制》一篇，汉文帝时博士所作。则八十八篇应去三十余篇，所余不及百三十一篇之半，恐犹有采他书者在。如言《礼记》不足据，则其中有百三十一篇之文在；如云可据，则其中有后人所作在。故《礼记》最难辨别，其中所记，是否为古代典章制度,乃成疑窦。若但据《礼记》以求之,未为得也。《易》未遭秦火,汉兴,田何数传至施、孟、梁丘三家。或脱去《无咎》《悔亡》,惟费氏不脱,与古文同。故后汉马融、荀爽、郑玄、刘表皆信费《易》。《易》专言理,惟变所适,不可为典要,故不可据以说《礼》。然汉人说《易》,往往与礼制相牵。如《五经异义》以"时乘六龙"谓天子驾六,此大谬也。又施、孟、梁丘之说,今无只字之存。施、孟与梁丘共事田生,孟喜自云:田生且死时,枕喜膝,独传喜。而梁丘曰:"田生绝于施雠手中,时喜归东海,安得此事!"是当时已起争端。今孟喜之《易》,尚存一鳞一爪。臆造之说,未足信赖。焦延寿自称尝从孟喜问《易》,传之京房,喜死,房以延寿《易》即孟氏学,而孟喜之徒不肯,曰:"非也。"然则焦氏、京氏之《易》,都为难信。虞氏四世传孟氏《易》,孟不可信,则虞说亦难信。此数家外,荀氏、郑氏传世最多,然《汉书》谓费本无书,以《彖》《象》《文言》释经,而荀氏据爻象承应阴阳变化之义解说经意,是否为费之正传,亦不可知。郑《易》较为简单,恐亦非费氏正传。今学《易》者多依王弼之注,弼本费《易》,以文字论,费《易》无脱文,当为可信。余谓论《易》,只可如此而已。

此外,《古论语》不可见,今所传者,古、齐、鲁杂糅。《孝经》但存今文。关于典章制度、事实之不同者,须依古文为准。至寻常修身之语,今古文无大差别,则《论语》《孝经》之类,不必问其为古文或今文也。

十四博士皆今文,三国时始信古文。古文所以引起许多纠纷者,孔壁所得五十八篇之书,亡于汉末,西晋郑冲伪造二十五篇,今之孔氏《尚书》,即郑冲伪造之本。其中马、郑所本有者,未加窜改;所无者,即出郑冲伪造。又分虞书为《尧典》《舜典》二篇,分《皋陶谟》为《益稷》。《大禹谟》《五子之歌》《胤征》已亡,则补作三篇。既是伪作，不足置信。至汉人传《易》，是否《易》之正本不可知，后则王弼一家为费氏书。宋陈希夷辈造先天八卦、河洛诸图，传之邵康节，此乃荒谬之说。东序河图，既无人见，孔子亦叹河不出图，则后世何由知其象也。先天八卦，以《说卦》方位本离南坎北者改为乾南坤北，则与观象、观法而造八卦之说不相应，此与《尚书》伪古文同不足信。(伪古文参考阎氏《古文尚书疏证》，河洛参考胡氏《易图明辨》。)至今日治《书》而信伪古文；言《易》而又河洛、先天，则所谓门外汉矣。然汉人以误传之说(今文家)亦甚多。清儒用功较深，亦未入说经正轨，凡以其掺杂今古文故也。近孙诒让专讲《周礼》，为纯古文家。惜此等著述，至清末方见萌芽，如群经皆如此疏释，斯可谓入正轨矣。

经之由来及今古文之大概既明，须进而分讲各经之源流。今先讲《易经》。

初造文字，取法兽蹄鸟迹；画卦亦然。《易·系辞》云："古者庖牺氏之王天下也，仰则观象于天，俯则观法于地，观鸟兽之文与地之宜，近取诸身，远取诸物，于是始作八卦。"今观乾、坤二卦：乾作☰，坤作☷。《抱朴子》云："八卦出于鹰隼之所被，六甲出于灵龟之所负。"盖鸟舒六翮，即成☰象，但取其翮而遗其身，即成☷象。于是或分或合，错而综之，则成八卦。此所以言观鸟兽之文也。抱朴之说，必有所受，然今无可考，施、孟、马、郑、荀爽皆未言之。

重卦出于何人，说者纷如。王弼以为伏羲，郑玄以为神农，孙盛以为夏禹，而太史公则以为文王。伏羲之说，由于《周礼》，太卜掌三易之法：一曰《连山》，二曰《归藏》，三曰《周易》。三易均六十四卦，杜子春谓《连山》，伏羲；《归藏》，黄帝。王弼据之，故云重卦出于伏羲。然伏羲作《连山》，黄帝作《归藏》，语无凭证，故郑玄不从之也。神农之说，由于《系辞》称"神农氏作，斫木为耜，揉木为耒,盖取诸《益》;日中为市,交易而退,盖取诸《噬嗑》"二语。以神农氏已有《益》《噬嗑》,故知重卦出于神农。然《系辞》所谓"盖取",皆想象之辞,乌可据为实事?夏禹之说,从郑玄之义蜕化而来。郑玄《易赞》及《易论》云:夏曰《连山》,殷曰《归藏》,周曰《周易》。孙盛取之,以为夏有《连山》,即兼山之艮,可见重卦始于夏禹。至文王之说,则太史公因"作《易》者其有忧患乎"一语而为是言。要之,上列诸说,虽不可确知其是非,以余观之,则重卦必不在夏禹之后,短中取长,则孙盛之说为可信耳。

至卦辞、爻辞之作,当是皆出文王。《系辞》云:"《易》之兴也,当文王与纣之事耶?"又云:"作《易》者,其有忧患乎?"太史公据此,谓"西伯拘而演《周易》"。故卦辞、爻辞并是文王被囚而作,或以为周公作爻辞,其说无据。如据韩宣子聘于鲁,见《易象》而称周公之德,以此知《易象》系于周公,故谓周公作爻辞。然韩宣子并及鲁之《春秋》,《春秋》岂周公作耶?如据"王用亨于岐山"及"箕子之明夷"及"东邻杀牛不如西邻之禴祭"诸文,以为岐山之王当是文王。文王被囚之时,犹未受命称王。箕子之被囚奴,在武王观兵之后,文王不宜预言明夷,东邻指纣,西邻指文王。纣尚南面,文王不宜自称己德,以此知爻辞非文王作,而为周公作。然《禹贡》"异翊及岐",是岐为名山,远在夏后之世。古帝王必祭山川,安知文王以前,竟无王者享于岐山乎?箕子二字,本又读为荄滋。(赵宾说。)且箕子被囚,在观兵以后,亦无实据。《彖》传"内文明而外柔顺,以蒙大难,文王以之;内难而能正其志,箕子以之",并未明言箕子之被囚奴,且不必被囚然后谓之明夷也。东邻、西邻,不过随意称说,安见东邻之必为纣、西邻之必为文王哉?据此三条,固不能谓爻辞必周公作矣。且《系辞》明言"殷之末世,周之盛德",而不及周公之时。孔颖达乃谓文王被囚,固为忧患;周公流言,亦属忧患。此附会之语矣。余谓：据《左传》，纣囚文王七年，七年之时甚久，卦辞、爻辞，不过五千余字，以七年之久，作五千余字，亦未为多，故应依太史公说，谓为文王作，则与《系辞》相应。

文王作《易》之时，在官卜筮之书有《连山》《归藏》，文王之《易》与之等列，未必视为独重。且《周易》亦不止一部。《艺文志》六艺略首列《周易》十二篇；数术略著龟家又有《周易》三十八卷。且《左传》所载筮辞，不与《周易》同者甚多。成季将生，筮得大有之乾曰："同复于父，敬如君所。"秦缪伐晋，筮遇蛊，曰："千乘三去，三去之余，获其雄狐。"皆今《周易》所无，解之者疑为《连山》《归藏》。然《左传》明言以《周易》筮之，则非《连山》《归藏》也。余谓此不足疑，三十八卷中或有此耳。今《周易》六十四卦、三百八十四爻，而焦延寿作《易林》，以六十四自乘，得四千九十六条。安知周代无《易林》一类之书，别存于《周易》之外乎？盖《连山》《归藏》《周易》，初同为卜筮之书；上下二篇之《周易》与三十八卷之《周易》，性质相同，亦无高下之分，至孔子赞《易》，乃专取文王所演者耳。

《易》何以称《易》，与夫《连山》《归藏》，何以称《连山》《归藏》，此颇费解。郑玄注《周礼》曰：《连山》似山出内气变也；《归藏》者，万物莫不归而藏于中也。皆无可奈何，强为之辞。盖此二名本不可解。周易二字，周为代名，不必深论；易之名，《连山》《归藏》《周易》之所共。《周礼》，太卜掌三易之法，《连山》《归藏》均称为《易》。然易之义不可解。郑玄谓易有三义：易简，一也；变易，二也；不易，三也。易简之说，颇近牵强，然古人说《易》，多以易简为言。《左传》：南蒯将叛，以《周易》占之，子服惠伯曰："《易》不可以占险。"则易有平易之意，且直读为易（去声）矣。易者变动不居，周流六虚，不可为典要，唯变所适，则变易之义，最为易之确诂，惟不易之义，恐为附会，既曰易，如何又谓之不易哉？又《系辞》云：生生之谓易。此义在变易、易简之外,然与字义不甚相关。故今日说《易》,但取变易、易简二义,至当时究何所取义而称之曰《易》,则不可知矣。

孔子赞《易》之前,人皆以《易》为卜筮之书。卜筮之书,后多有之。如东方朔《灵棋经》之类是。古人之视《周易》,亦如后人之视《灵棋经》耳。赞《易》之后,《易》之范围益大,而价值亦高。《系辞》曰:"夫《易》何为者也?夫《易》开物成务、冒天下之大道,如斯而已者也。"孔子之言如此。盖发展社会、创造事业,俱为《易》义所包矣。此孔子之独识也。文王作《易》,付之太卜一流。卜筮之徒,不知文王深意,至高子乃视为穷高极远,于是《周易》遂为六经之一。秦皇焚书,以《易》为卜筮之书,未之焚也。故自孔子传商瞿之后,直至田何,中间未尝断绝;不如《尚书》经孔子删定之后传授不明,至伏生,突然以传《书》著称;亦不如《诗经》删定之后,传授不明,至辕固生、韩婴等突然以传《诗》著称也——《鲁诗》虽云浮丘伯受于荀卿,而荀卿之前不可知;《毛诗》虽云传自子夏,然其事不见于《艺文志》,亦不见于《汉书·儒林传》。唯《易》之传授最为清楚:自商瞿一传至桥庇子庸,二传至馯臂子弓,三传至周丑子家,四传至孙虞子乘,五传而至田何。其历史明白如此,篇章亦未有阙脱。(《艺文志》:《周易》十二篇,施、孟、梁丘三家。)向来说经者,往往据此疑彼,惟《易》一无可疑。以秦本未焚,汉仍完整也。欧阳修经学疏浅,首疑《系辞》非孔子作,以为《系辞》中有子曰字,决非孔子自道。然《史记》自称太史公曰,太史公下腐刑时,已非太史令矣,而《报任少卿书》,犹自称太史公;即欧阳修作《秋声赋》亦自称欧阳子,安得谓《史记》非太史公作、《秋声赋》非欧阳修作哉?商瞿受《易》之时,或与孔子问答,退而题子曰字,事未可知,安得径谓非孔子作哉?欧阳修无谓之疑,犹不足怪,后人亦无尊信之者。近皮锡瑞经学颇有功夫，亦疑《易》非文王作，以为卦辞、爻辞皆孔子作，夫以卦辞、爻辞为孔子作，则《系辞》当非孔子作矣。然则《系辞》谁作之哉？皮氏于此未能明言。夫《易》自商瞿至田何，十二篇师师相传，并未有人增损。晋人发冢，得《周易》上下经，无十翼。此不足怪，或当时但录经文，不录十翼耳。《系辞》明言"易之兴也，其当殷之末世，周之盛德邪？当文王与纣之事邪？"如上下经为孔子作，则不得不推翻此二语。且田何所传，已有《系辞》，田何上去孔子，不及三百年，亦如今之去顾亭林耳。人纵疏于考证，必不至误认顾亭林书为唐宋人书也。又，文言二字，亦有异解。梁武帝谓文言者，文王之言也。今按："元者，善之长也；亨者，嘉之会也；利者，义之和也；贞者，事之干也。君子体仁，足以长人；嘉会足以合礼；利物足以和义；贞固足以干事"，此五十字为穆姜语，唯体仁作体信略异。穆姜在孔子前，故梁武帝谓为文王之言。然文王既作卦辞曰"元、亨、利、贞"，而又自作文言以解之，恐涉词费，由今思之，或文王以后，孔子以前说《易》者发为是言，而孔子采之耳。所以题曰文言者，盖解释文王之言。

《史记·孔子世家》："孔子晚而喜《易》，读《易》韦编三绝。"如孔子以前，但有六十四卦之名，亦何须数数披览、至于韦编三绝耶？必已有五千余字，孔子披览之勤，故韦编三绝也。陈希夷辈意欲超过孔子，创先天八卦之说，不知八卦成列由观象于天、观法于地而来，其方位见于《说卦》传（即陈希夷辈所谓后天八卦）。当时所观之天，为全世界共见之天，所观之地，则中国之地也。今以全地球言之，中国位东半球之东部，八卦方位，就中国所见而定。乾在西北者，中国之西北也；坤在西南者，中国之西南也。古人以北极标天，以昆仑标地。就中国之地而观之，北极在中国西北，故乾位西北。昆仑在中国西南，故坤位西南。正南之离为火，即赤道，正北之坎为水，即瀚海。观象、观法，以中国之地为本，故八卦方位如此，后之先天八卦，乾在南而坤在北，与天文、地理全不相应。作先天八卦者，但知乾为高明之象，以之标阳；坤为沉潜之象，以之标阴。遂谓坤应在北，乾应在南。不知仰观俯察，非言阴阳，乃言方位耳。《周礼》："圜丘祭天，方泽祭地。"郑玄注：祭天谓祭北极、祭地谓祭昆仑。人以北极昆仑，分标天地，于此可见先天八卦为无知妄作矣。

《汉书·五行志》刘歆曰："伏羲氏继天而王，受《河图》而则画之，八卦是也；禹治洪水，赐《洛书》，法而陈之，《洪范》是也。"然不知所谓《图》《书》者何物也。至宋刘牧以《乾凿度》九宫之法为《河图》，又以生数、就成数依五方图之，以为《洛书》，更有《洞极经》亦言《河图》《洛书》，则如刘牧之说而互易之，以五方者为图，九宫者为书。然郑氏、虞氏说《易》，并不以九宫、五方为图、书。桓谭《新论》曰："河图、洛书，但有朕兆而不可知。"是汉人虽说《河图》《洛书》，却未言图、书为何象，宋人说《易》，创为河洛及先天八卦图。朱晦庵《易本义》亦列此图。其实先天图书荒唐悠谬，要当以左道视之，等之天师一流可矣。

其余说《易》者，汉儒主象数，王弼入清谈。拘牵象数，固非至当；流入清谈，亦非了义。（《乾》《坤》二卦，以及《既济》《未济》，以清谈释之，说亦可通。然其他六十卦，恐非清谈所能了也。）《系辞》云："夫《易》开物成务，冒天下之道。"谓"冒天下之道"，则佛法自亦在内。李鼎祚《集解序》云："权舆三数，钤键九流。"详李氏此说，非但佛法在内，墨、道、名、法，均入《易》之范围矣。然李氏虽作此说，亦不能有所发明。孔颖达云："《易》理难穷。虽复玄之又玄，至于垂范作则，便是有而教有，若论住内、住外之空，就能、就所之说，斯乃义涉于释氏，非为教于孔门。"然《正义》依王、韩为说，往往杂以清谈。后之解者，因清谈而入佛法。虽为孔氏所不敢，然《易》理亦自包含佛法。论说经之正,则非不但佛法不可引用,即《老子》"玄之又玄"之语,亦不应取。如欲穷究《易》理,则不但应取老、庄,即佛亦不得不取。其他九流之说,固无妨并采之矣!

《礼记·经解》曰:"《易》之失,贼。"此至言也。尚清谈者,犹不致贼。如以施之人事,则必用机械之心;用机械之心太过,既不自觉为贼矣!盖作《易》者本有忧患,故曰"其辞危"。危者使平,易者使倾,若之何其不贼也。若蔡泽以亢龙说范雎,取范雎之位而代之,此真可谓贼矣。夫蔡泽犹浅言之耳。当文王被囚七年,使四友献宝,纣见宝而喜,曰:潜西伯者,乃崇侯虎也。则文王亦何尝讳贼哉!论其大者、远者,所谓"开物成务,冒天下之道"是矣。"冒天下之道"者,权舆三教也;"开物成务"者,钤键九流也。然不用权谋,则不能开物成务;不极玄妙,则不能冒天下之道。管辂谓善《易》者不言《易》。然则真传《易》者,正恐不肯轻道阴阳也。以上讲《周易》大概。

《尚书》分六段讲:一、命名;二、孔子删《书》;三、秦焚《书》;四、汉今古文之分;五、东晋古文;六、明清人说《尚书》者。

一、命名。周秦之《书》,但称曰《书》,无称《尚书》者。《尚书》之名,见于《史记·五帝本纪》、《三代世表》及《儒林》传。《儒林》传云:伏生以二十九篇"教于齐、鲁之间,学者由是颇能言《尚书》。"又云:"孔氏有古文《尚书》。"则今古文皆称《尚书》也。何以称之曰《尚书》?伪孔《尚书序》云:"以其上古之书,谓之《尚书》。"此言不始于伪孔,马融亦谓上古有虞氏之书,故曰《尚书》,而郑玄则以为孔子尊而命之曰《尚书》。然孔子既命之曰《尚书》,何以孔子之后,伏生之前,传记子书无言《尚书》者?恐《尚书》非孔子名之,汉人名之耳。何以汉人名之曰《尚书》?盖仅一书字不能成名,故为此累言尔。《书》包虞、夏、商、周四代文告,马融独称虞者,因《书》以《尧典》《舜典》开端,故据以为名,亦犹《仪礼》汉人称《士礼》耳。(《仪礼》不皆士礼,亦有诸侯、大夫礼,所以称《士礼》者,以其首篇为《士冠礼》也。)哀、平以后,纬书渐出,有所谓《中候》者。(汉儒谓孔子定《书》一百二十篇,百两篇为《尚书》,十八篇为《中候》。)"中候",官名。以中候对尚书,则以尚书为官名矣。(汉尚书令不过千石,分曹尚书六百石,位秩虽卑,权任实大。北军中候六百石,掌监五营。汉人以为文吏位小而权大者尚书,武臣位小而权大者中候,故以为匹。)此荒谬之说,不足具论。要之,《尚书》命名,以马融说为最当。

二、删书。孔子删《书》,以何为凭? 曰:以《书序》为凭。《书序》所有,皆孔子所录也。然何以知孔子删《书》而为百篇、焉知非本是百篇而孔子依次录耶? 曰:有《逸周书》在,可证《尚书》本不止百篇也。且《左传》载封伯禽、封唐叔皆有诰。今《书》无之,是必为孔子所删矣。至于《书》之有序,与《易》之有《序卦》同。《序卦》孔子所作,故汉人亦以《书序》为孔子作。他且勿论,但观《史记·孔子世家》曰:"孔子序《书传》,上纪唐、虞之际,下至秦缪,编次其事。"是太史公已以《书序》为孔子作矣(《夏本纪》多采《书序》之文)。《汉书·艺文志》本向、歆《七略》,亦曰:"《书》之所起远矣,至孔子纂焉,上断于尧,下讫于秦,凡百篇,而为之序。"是刘氏父子亦以《书序》为孔子作矣。汉人说经,于此并无异词。然古文《尚书》自当有序,今文则当无序,而今《熹平石经》残石,《书》亦有序,甚可疑也。或者今人伪造之耳。何以疑今文《尚书序》伪也? 刘歆欲立古文时,今文家诸博士不肯,谓《尚书》唯有二十八篇,不信本有百篇,如有《书序》,则不至以《尚书》为备矣。《书序》有数篇同序,亦有一篇一序者。《尧典》《舜典》,一篇一序也。《大禹谟》《皋陶》《弃稷》三篇同序也。数篇同序者,《书序》所习见,然扬子《法言》曰:昔之说《书》者序以百,而《酒诰》之篇俄空焉。盖《康诰》《酒诰》《梓材》三篇同序,而扬子以为仅《康诰》有序,《酒诰》无序,或者《尚书》真有无序之篇,以《酒诰》为无序,则《梓材》亦无序。今观《康诰》曰:"周公咸勤,乃洪大诰治。王若曰:'孟侯,朕其弟,小子封'。"王者,周公代王自称之词,故曰"孟侯,朕其弟"矣。《酒诰》称"(成)王若曰:'明大命于妹邦'",今文如此,古文马、郑、王本亦然。马融之意,以为成字后录者加之。然康叔始封而作《康诰》,与成王即政而作《酒诰》,年代相去甚久,不当并为一序。故扬子以为《酒诰》之篇俄空焉。不但《酒诰》之序俄空,即《梓材》亦不能确知为何人之语也。

汉时古文家皆以《书序》为孔子作,唐人作五经《正义》时,并无异词,宋初亦无异词。朱晦庵出,忽然生疑。蔡沈作《集传》,遂屏《书序》而不载。晦庵说经本多荒谬之言,于《诗》不信小序,于《尚书》亦不信有序。《后汉书》称卫宏作《诗序》。卫宏之序,是否即小序,今不可知,晦庵以此为疑,犹可说也。《书序》向来无疑之者,乃据《康诰》"王若曰:'孟侯、朕其弟'"一语而疑之,以为如王为成王,则不应称康叔为弟;如为周公,则周公不应称王,心拟武王,而《书序》明言"成王既伐管叔、蔡叔,以殷余民封康叔",知其事必在武康叛灭之后,决非武王时事。无可奈何,乃云《书序》伪造。不知古今殊世,后世一切官职,皆可代理,惟王不可代;古人视王亦如官吏,未尝不可代。生于后世,不能再见古人。如生民国,见内阁摄政,而布告署大总统令,则可释然于周公之事矣。《诗》是文言,必须有序,乃可知作诗之旨;《书》本叙事,似不必有序,然《尚书》有无头无尾之语,如《甘誓》"大战于甘,乃召六卿",未明言谁与谁大战;又称"王曰:'嗟六事之人,予誓告汝,有扈氏威侮五行,怠弃三正'",亦不明言王之为谁。如无《书序》,"启与有扈战于甘之野"一语,真似冥冥长夜,终古不晓矣。(孔子未作《书序》之前,王字当有异论,其后《墨子》所引《甘誓》以王为禹。)《商书序》称王必举其名,本文亦然。《周书》与《夏书》相似,王之为谁,皆不可知。《吕刑》穆王时作,本文但言王享国百年，序始明言穆王。如不读序，从何知为穆王哉？是故，《书》无序亦不可解。自虞、夏至孔子时，《书》虽未有序，亦必有目录之类，历古相传，故孔子得据以为去取。否则，孔子将何以删《书》也？《书序》文义古奥，不若《诗序》之平易，决非汉人所能伪造。自《史记》已录《书序》原文，太史公受古文于孔安国，安国得之壁中，则壁中《书》已有序矣。然自宋至明，读《尚书》者，皆不重《书序》，梅鹫首发伪古文之复，亦以《书序》为疑。习非胜是，虽贤者亦不能免。不有清儒，则《书序》之疑，至今仍如冥冥长夜尔。

孔子删《书》，传之何人，未见明文。《易》与《春秋》三传，为说不同，其传授源流皆可考。《诗》《书》《礼》则不可知（子夏传《诗》，未可信据）。盖《诗》《书》《礼》《乐》，古人以之教士，民间明习者众，孔子删《书》之时，习《书》者世多有之，故不必明言传于何人。《周易》《春秋》，特明言传授者，《易》本卜筮之书，《春秋》为国之大典，其事秘密，不以教士（此犹近代实录，不许示人），而孔子独以为教，故须明言为传授也。伏生《尚书》何从受之，不可知。孔壁古文既出，孔安国读之而能通。安国本受《尚书》于申公（此事在伏生之后），申公但有传《诗》、传《穀梁》之说，其传《尚书》事，不载本传，何所受学，亦不可知。盖七国时通《尚书》者尚多，故无须特为标榜耳。

孔子删《书》百篇之余为《逸周书》，今考《汉书·律历志》所引《武成》，与《逸周书·世俘解》词句相近。疑《世俘解》即《武成篇》。又《箕子》一篇，录入《逸周书》，今不可见，疑即今之《洪范》。逸书与百篇之书文字出入，并非篇篇不同。盖《尚书》过多，以之教士，恐人未能毕读，不得不加以删节，亦如后之作史者，不能将前人实录字字录之也。删《书》之故，不过如此。虽云《书》以道事，然以其为孔子所删，而谓篇篇皆是大经大法，可以为后世模楷，正未必然。即实论之，《尚书》不过片断之史料而已。

三、秦焚书。秦之焚书，《尚书》受厄最甚。揆秦之意，何尝不欲全灭六经。无如《诗》乃口诵，易于流传；《礼》在当时，已不甚行，不需严令焚之。故禁令独重《诗》《书》，而不及《礼》。（李斯奏言："有敢藏《诗》《书》百家语者，悉诣守、尉杂烧之；有敢偶语《诗》《书》，弃市"。）盖《诗》《书》所载，皆前代史迹，可作以古非今之资，《礼》《乐》，都不甚相关。《春秋》事迹最近，最为所忌，特以柱下史张苍藏《左传》，故全书无缺。《公羊传》如今之讲义，师弟问答，未著竹帛，无以烧之。《穀梁》与《公羊》相似，至申公乃有传授。《易》本卜筮，不禁。惟《尚书》文义古奥，不易熟读，故焚后传者少也。伏生所藏，究有若干篇，今不可知，所能读者，二十九篇耳。孔壁序虽百篇，所藏只五十八篇。知《书》在秦时，已不全读，如其全读，何不全数藏之？盖自荀卿隆礼仪而杀《诗》《书》，百篇之书，全读者已少，故壁中《书》止藏五十八篇也。此犹《诗》在汉初虽未缺，而治之者，或为《雅》，或为《颂》，鲜有理全经者。又《毛传》《鲁诗》，皆以《国风》《大、小雅》《颂》为四始，而《齐诗》以水、木、火、金为四始。其言卯、酉、午、戌、亥五际，亦但取《小雅》《大雅》而不及《颂》。盖杀《诗》《书》之影响如此。然则百篇之《书》，自孔壁已不具。近人好生异论，盖导原于郑樵。郑樵之意，以为秦之焚书，但焚民间之书，不焚博士官所藏。其实郑樵误读《史记》文句，故有此说。《史记》载李斯奏云："臣请：史官，非秦记皆烧之；非博士官所职，天下敢有藏《诗》《书》、百家语者，悉诣守尉杂烧之。"此文本应读："天下敢有藏《诗》、《书》、百家语非博士官所职者"，何以知之？以李斯之请烧书，本为反对博士淳于越，岂有民间不许藏《诗》《书》而博士反得藏之之理？《叔孙通传》："陈胜起山东，二世召博士诸生问曰：'楚戍卒攻蕲入陈，于公如何？'博士诸生三十余人前曰：'人臣无将，将即反，罪死无赦，愿陛下急发兵击之。'二世怒，作色，叔孙通前曰：'诸生言皆非也。明主在其上，法令具于下，人人奉职，四方辐辏，安敢有反者，此特群盗鼠窃狗盗耳。'二世喜曰：'善。'令御史案诸生言反者下吏，曰：'非所宜言。'"今案："人臣无将"二语，见《公羊传》，于时《公羊》尚未著竹帛，然犹以"非所宜言"得罪，假如称引《诗》《书》，其罪不更重哉！李斯明言："有敢偶语《诗》《书》者弃市。"如何博士而可藏《诗》《书》哉！（李斯虽奏偶语《诗》《书》者弃市，然其谏二世有曰："放弃《诗》《书》，极意声色，祖伊所以惧也。"此李斯前后相背处。）郑樵误读李斯奏语，乃为妄说，以归罪于项羽。近康有为之流，采郑说而发挥之，遂谓秦时六经本未烧尽，博士可藏《诗》《书》，伏生为秦博士，传《尚书》二十九篇，以《尚书》本只有二十九篇故（《新学伪经考》主意即此），二十九篇之外，皆刘歆所伪造。余谓《书序》本有《汤诰》，壁中亦有《汤诰》原文，载《殷本纪》中。如谓二十九篇之外，皆是刘歆所造，则太史公焉得先采之？于是崔适谓《史记》所载不合二十九篇者，皆后人所加。（《史记探源》如此说。）由此说推之，凡古书不合己说者，无一不可云伪造。即谓尧舜是孔子所伪造，孔子是汉人所伪造，秦皇焚书之案，亦汉人所伪造，迁、固之流，皆后人所伪造，何所不可！充类至尽，则凡非目见而在百年以外者，皆不可信。凡引经典以古非今者，不必焚其书而其书自废。呜呼！孰料秦火之后，更有灭学之祸什佰于秦火者耶？

　　四、汉今古文之分。汉人传《书》者，伏生为今文，孔安国为古文，此人人所共知。《史记·儒林传》云："伏生故为秦博士，孝文时，欲求能治《尚书》者，天下无有，乃闻伏生能治，欲召之，时伏生年九十余，老不能行，于是乃诏太常使掌故朝错往受之。秦时禁书，伏生壁藏之。其后，兵大起，流亡。汉定，伏生求其书，亡数十篇，独得二十九篇，即以教于齐鲁之间。"其叙《尚书》源流彰明如此，可知伏生所藏，原系古文，无所谓今文也，且所藏不止二十九篇,其余散失不可见耳。朝错本法吏,不习古文,伏生之徒张生、欧阳生辈,恐亦非卓绝之流,但能以隶书迻写而已,以故二十九篇变而为今文也。其后刘向以中古文校伏生之《书》,《酒诰》脱简一,《召诰》脱简二,文字异者七百有余。文字之异,或由于张生、欧阳生等传写有误,脱简则当由壁藏断烂,然据此可知郑樵、康有为辈以为秦火不焚博士之书之谬。如博士之书可以不焚,伏生何必壁藏之耶?

《儒林传》称伏生得二十九篇,而刘歆《移让太常博士》云:"《泰誓》后得,博士而赞之。"又,《论衡·正说篇》云:"孝宣皇帝时,河内女子发老屋,得逸《易》《礼》《尚书》各一篇,奏之。宣帝下示博士,然后,《易》《礼》《尚书》各益一篇。而《尚书》二十九篇始定。"然则,伏生所得本二十九篇乎?抑二十八篇乎?余谓太史公已明言二十九篇,则二十九篇当可信。今观《尚书大传》有引《泰誓》语,《周本纪》《齐世家》亦有之。武帝时董仲舒、司马相如、终军辈,均太初以前人,亦引《泰誓》,由此可知,伏生本有二十九篇,不待武帝末与宣帝时始为二十九篇也。意者,伏生所传之《泰誓》,或脱烂不全,至河内女子发屋,才得全本。今观汉、唐人所引,颇有出《尚书大传》外者,可见以河内女子本补之,《泰誓》始全也。马融辈以为《左传》《国语》《孟子》所引,皆非今之《泰誓》。《泰誓》称白鱼跃入王舟、火流为乌,语近神怪,以此疑今之《泰誓》。然如以今之《泰誓》为伏生所伪造,则非也。河内女子所得者,秦以前所藏,亦非伪造。以余观之,今之《泰誓》,盖当时解释《泰誓》者之言。《周语》有《泰誓故》,疑伏生所述,即《泰誓故》也。不得《泰誓》,以《泰誓故》补之,亦犹《考工记》之补冬官矣。然《泰誓》之文,确有可疑者。所称八百诸侯,不召自来、不期同时、不谋同辞,何其诞也?武王伐纣,如有征调,当先下令。不征调而自来,不令而同时俱至,事越常理,振古希闻。据《乐记》孔子与宾牟贾论大武之言曰:"久立于缀,以待诸侯之至也。"可见诸侯毕会,亦非易事。焉得八百诸侯,同时自来之事耶?此殆解释《泰誓》者张大其辞,以耸人听闻耳。据《牧誓》,武王伐纣,虽有友邦冢君,然誓曰:"逖矣,西土之人!"可知非西土之人,武王所不用也。又曰庸、蜀、羌、髳、微、卢、彭、濮人。庸、蜀、羌、髳、微、卢、彭、濮,均在周之南部,武王但用此南部之人,而不用诸侯之师者,以庸、蜀之师本在西方,亲加训练,而东方诸侯之师,非其训练者也。所以召东方诸侯者,不过壮声势、扬威武而已。(此条马融疑之,余亦以为可疑。)又,观兵之说,亦不可信。岂有诸侯既会,皆曰可伐,而武王必待天命,忽然还师之理乎?是故,伏生《泰誓》不可信。若以《泰誓故》视之,亦如《三国志注》采《魏略》《曹瞒传》之类,未始可不为参考之助也。《泰誓》亦有今古文之别。"流为乌",郑注:古文乌为雕。盖古文者河内女子所发,今文者伏生所传也。(此古文非孔壁所得。)伏生发藏之后,张生、欧阳生传之。据《史记·娄敬传》,高帝时,娄敬已引八百诸侯之语。又,《陆贾传》称陆生时时前称说《诗》《书》,可见汉初尚有人知《尚书》者。盖娄敬、陆贾早岁诵习而晚失其书,故《儒林传》云"孝文时求为《尚书》者,天下无有"。"无有"者,无其书耳。然《贾谊传》称谊年十八,以能诵《诗》属书闻于郡中。其时在文帝之前。《诗》本讽诵在口,《尚书》则必在篇籍矣。可知当时传《书》者不仅伏生一人,特伏生为秦博士,故著名尔。

《尚书》在景帝以前,流传者皆今文。武帝初,鲁恭王坏孔子宅,得古文《尚书》,孔安国献之。(据《史记》《汉书》及《说文序》所引,所得不止《尚书》一种。)孔安国何以能通古文《尚书》?以其本治《尚书》也。伏生传《书》之后,未得壁经之前,《史记》称鲁周霸、孔安国、洛阳贾嘉颇能言《尚书》事(孔安国、周霸,皆申公弟子。申公之治《尚书》于此可见。贾谊本诵《诗》《书》，故其孙嘉亦能治《尚书》），孔安国为博士，以书教授。倪宽初受业于欧阳生，后又受业于安国。所以然者，以欧阳生本与孔安国本不同耳。倪宽之徒，为欧阳高，大小夏侯。欧阳、大小夏侯三家本之倪宽，而倪宽本之孔安国。孔安国非本之伏生，则汉之所谓今文《尚书》者，名为伏生所传，实非伏生所传也。三家《尚书》亦有孔安国说，今谓三家悉本伏生，未尽当也。

今文《尚书》之名见称于世，始于三国，而非始于汉人。人皆据《史记·儒林传》"孔氏有古文《尚书》，而安国以今文读之"一语，谓孔安国以今文《尚书》翻译古文。此实不然。《汉书》称"孔安国以今文字读之"，谓以隶书读古文耳。孔安国所得者为五十八篇，较伏生二十九篇分为三十四篇者，实多二十四篇。二十四篇中《九共》九篇，故汉人通称为十六篇。孔安国既以今文字读之，而《史记》又谓《逸周书》得十余篇，《尚书》兹多于是。可知孔安国非以伏生之《书》读古文也。盖汉初人识古文者犹多，本不须伏生之《书》对勘也。

孔安国之《书》授都尉朝，都尉朝授胶东庸生，庸生授胡常，常授徐敖，敖授王璜、涂恽。自孔至王、涂凡五传。王、涂至王莽时，古文《尚书》立于学官。涂传东汉贾徽。太史公从孔安国问，《汉书》称迁书载《尧典》《禹贡》《洪范》《微子》《金縢》诸篇多古文说。然太史公所传者，不以伏生为限。故《汤诰》一篇，《殷本纪》载之。

哀帝时刘歆欲以古文《尚书》立学官，博士不肯。（博士抱残守缺，亦如今之教授已不能讲，不愿人讲也。）歆移书让之，王莽时，乃立于学官，莽败，说虽不传，《书》则具存。盖古文本为竹简，经莽乱而散失，其存者惟传抄本耳。东汉杜林，于西州（天水郡，今甘肃秦州）得漆书一篇，林宝爱之，以传卫宏、徐巡（杜林所得必为王莽乱后流传至天水郡者。其后，马、郑犹能知逸《书》篇数，郑玄、许慎亦能引之者，盖传写犹可见，而真本则已亡矣），后汉讲古文者自此始。(杜林非由孔安国直接传授,早岁学于张敞之孙张竦。林之好古文,盖渊源于张氏。)其后,马融、郑玄注《尚书》,但注伏生所有,不注伏生所无,于孔安国五十八篇不全治。马融受之何人不可知,惟贾逵受《书》于父徽,逵弟子许慎作《说文解字》。是故,《说文》所称古文《尚书》,当较马、郑为可信,然其中亦有异同。今欲求安国正传,惟《史记》耳。《汉书》云,迁书《尧典》五篇为古文说,然《五帝本纪》所载《尧典》与后人所说不同。所以然者,杜林所读与孔安国本不甚同也。《说文》"圛"下称"《尚书》曰:'圛圛升云,半有半无。'"据郑玄《注》称古文《尚书》以弟为圛,而《宋微子世家》引《洪范》"曰雨、曰济、曰涕",字作"涕"。是太史公承孔安国正传,孔安国作"涕",而东汉人读之为"圛",恐是承用今文,非古文也。自清以来,治《尚书》者皆以马、郑为宗,段玉裁作《古文尚书撰异》,以为马、郑是真古文,太史公是今文。不知太史公之治古文,《汉书》具有明文。以马、郑异读,故生异说耳。

古文家所读,时亦谓之古文。此义为余所摘发。治古文者,不可不知。盖古文家传经,必依原本抄写一通,马融本当犹近真,郑玄本则多改字。古文真本,今不可见,惟有三体石经,尚见一斑。三体石经为邯郸淳所书,淳师度尚,尚治古文《尚书》。邯郸淳之本,实由度尚而来。据卫恒《四体书势》称,魏世传古文者,惟邯郸淳一人。何以仅得邯郸淳一人,而郑玄之徒无有传者?盖郑玄晚年,书多腐敝,不得于礼堂写定,传与其人。故传古文者,仅一邯郸淳也。今观三体石经残石,上一字为古文,中一字为篆文,下一字为隶书。篆书往往与上一字古文不同。盖篆书即古文家所读之字矣。例始三体石经《无逸篇》"中宗之中",上一字为中,下一字为仲,此即古文家读"中,仲也"。考华山碑,亦称宣帝为中宗。欧阳修疑为好奇,实则汉人本读中为仲也。

今文为欧阳、大小夏侯为三家,传至三国而绝。然蔡邕熹平石经犹依今文。今欲研究今文,只可求之《汉书》《后汉书》及汉碑所引。然汉碑所引,恐亦有古文在。

五、东晋古文。今之《尚书》,乃东晋之伪古文（据《尚书正义》引《晋书》,定为郑冲所作）,以马、郑所有者分《尧典》为《舜典》（《舜典》《书序》中本有）,更分《皋陶谟》为《益稷》,又改作《泰誓》,此外又伪造二十五篇。不但伪造经,且伪造传。（亦称孔传。）自西晋开始伪造以后,更四十余年,至东晋梅赜始献之。字体以古文作隶书,名曰隶古定。人以其多古字,且与三体石经相近,遂信以为真孔氏之传,于是,众皆传之。甚至孔颖达作《尚书正义》,亦以马、郑为今文矣。

梅赜献书之时,缺《舜典》一篇,分《尧典》"慎徽五典"以下为《舜典》之首。至齐建武四年姚方兴献《舜典》,于"慎徽五典"之上加"曰若稽古,帝舜"等十二字,而梁武帝时为博士,议曰:"孔序称伏生误合五篇,皆文相承接,所以致误。"《舜典》首有"曰若稽古",伏生虽昏耄,何容合之？遂不行用。然其后江南皆信梅书,惟北朝犹用郑本耳。隋一天下,采南朝经说,乃纯用东晋古文,即姚方兴十二字本也。其后又不知如何增为二十八字,今注疏本是已。

东晋古文,又有今文、古文之分,以隶古定传授不易,故改用今文写之,传之者有范宁等。唐玄宗时,卫包以古文本改为今文,用隶书写之,唐石经即依是本,然《经典释文》犹未改也。（宋开宝初始改。）唐宋间亦多有引古文《尚书》者,如颜师古之《匡谬正俗》,玄应之《一切经音义》,郭忠恕之《汗简》,徐锴之《说文系传》皆是。宋仁宗时,宋次道得古文《尚书》,传至南宋,薛季宣据以作训,而段玉裁以为宋人假造,然以校《汗简》及足利本《尚书》,均符合。要之,真正古文,惟三体石经可据。东晋古文则以薛季宣本、敦煌本、足利本为可据耳。

六、明清人说《尚书》者。明正德时,梅鷟时攻东晋古文之伪。梅鷟之前,吴棫、朱熹,亦尝疑之,以为岂有古文反较今文易读之理?至梅鷟出,证据乃备。(梅鷟不信孔安国得古文《尚书》,以为东晋古文即成帝时张霸伪造之《百两篇》,然校《汉书》原文,可知其误。张霸之《百两篇》,分析众篇,略加首尾而已。东晋古文,非从二十九篇分出,自非张霸本也。此梅鷟之误。)清康熙时,阎若璩作《古文尚书疏证》,始知郑康成《尚书》为真本。阎氏谓《孟子》引父母使舜完廪一段为《舜典》之文,此说当确。惠栋《古文尚书考》,较阎氏为简要。其弟子江声(艮庭)作《尚书集注音疏》,于今文、古文不加分别。古文"钦明文思安安",今文作"钦明文塞宴宴",东晋古文犹作"钦明文思安安",江氏不信东晋古文,宁改为"文塞宴宴",于是王鸣盛(西庄)作《尚书后案》,一以郑康成为主,所不同者,概行驳斥,虽较江为可信,亦非治经之道。至孙星衍作《尚书今古文注疏》,古文采马、郑本,今文采两《汉书》所引,虽优于王之墨守,然其所疏释,于本文未能连贯。盖孙氏学力有余,而识见不足,故有此病。今人以为孙书完备,此亦短中取长耳。要之,清儒之治《尚书》者,均不足取也。今文家以陈寿祺、乔枞父子为优。凡汉人《书》说,皆入网罗,并不全篇下注,亦不问其上下文义合与不合。所考今文,尚无大谬。其后魏源(默深)作《书古微》,最为荒谬。魏源于陈氏父子之书,恐未全见,自以为采辑今文,其实亦不尽合。源本非经学专家,晚年始以治经为名,犹不足怪。近皮锡瑞所著,采陈氏书甚多。陈氏并无今古是否之论,其意在网罗散失而已。皮氏则以为今文皆是,古文皆非。其最荒谬者,《史记》明引《汤诰》(在伏生二十九篇之外),太史公亦明言"年十岁,诵古文",而皮氏以为此所谓古文,乃汉以前之书,非古文《尚书》也,此诚不知而妄作矣。古文残阙,三体石经存字无几,其他引马、郑之言,亦已无多,然犹有马、郑之绪余在。今日治《书》,且当依薛季宣《古文训》

及日本足利本古文,删去伪孔所造二十五篇,则本文已足。至训释一事,当以"古文《尚书》、读应《尔雅》"一言为准。以《尔雅》释《书》,十可得其七八,斯亦可矣。王引之《经义述闻》,解《尚书》者近百条;近孙诒让作《尚书骈枝》,亦有六七十条:义均明确,犹有不合处。余有《古文尚书拾遗》,自觉较江、王、孙三家略胜。然全书总未能通释,此有待后贤之研讨矣。

古人有言:"昔吾有先正,其言明且清。"训诂之道,虽有古今之异,然造语行文,无甚差池,古人决不至故作不可解之语。故今日治《书》,当先求通文理。如文理不通,而高谈微言大义,失之远矣。不但治经如此,读古书无不如此也。

《虞书》曰:"诗言志,歌永言,声依永,律和声。"先有志而后有诗。诗者,志之所发也。然有志亦可发为文。诗之异于文者,以其可歌也。所谓歌永言,即诗与文不同之处。永者,延长其音也。延长其音,而有高下洪纤之别,遂生宫、商、角、徵、羽之名。律者,所以定声音也。既须永言,又须依永,于是不得不有韵。(急语无收声,收声即有韵,前后句收声相同即韵也。)诗之有韵,即由歌永言来。

《虞书》载"元首明哉!股肱良哉!庶事康哉!""元首丛脞哉!股肱惰哉!万事堕哉!"二歌。可见尧、舜时已有诗。《尚书大传》有《卿云之歌》。汉初人语未必可信。《乐记》云:"舜作五弦之琴以歌南风。"今所传《南风歌》出王肃《家语》,他无所见,亦不可信。唐、虞之诗,要以二《典》所载为可信耳。郑康成《诗谱序》云:"有夏承之,篇章泯弃,靡有孑遗。"而今《尚书》载《五子之歌》,可知其为晋人伪造也。《诗谱序》又云:"降及商王,不风不雅。"此谓商但有《颂》,《风》《雅》不可见矣。《周礼·太师》:"教六诗:曰风、曰赋、曰比、曰兴、曰雅、曰颂。"赋、比、兴与风、雅、颂并列,则为诗体无疑。今《毛传》言兴者甚多,恐非赋、比、兴之兴耳。赋体后世盛行。

《毛传》以升高能赋为九能之一,谓之德音。周末屈原、荀卿俱有赋。赋既在风、雅、颂之外,比、兴当亦若是。惟孔子删诗,存风、雅、颂而去赋、比、兴。《郑志》答张逸问,赋、比、兴,吴札观诗已不歌。盖不歌而诵谓之赋。赋不可歌,与风、雅、颂异,故季札不得闻也(比、兴不知如何)。赋、比、兴之外,又有《九德之歌》,《左传》郄缺曰:九功之德,皆可歌也,谓之九歌。六府三事,谓之九功。水、火、金、木、土、谷,谓之六府;正德、利用、厚生谓之三事,合之为十五种。今《诗》仅存风、雅、颂三种。

《诗大序》:"风,风也","雅,正也","颂者,美盛德之形容,以其成功告于神明者也"。风有讽谕之义,雅之训正,读若《尔雅》之雅,然风、雅、颂之雅,恐本不训正。《说文》:"疋,古文以为《诗·大雅》字。"一曰,疋即今疏字。然则诗之称疋。纪事之谓,亦犹后世称杜工部诗曰诗史。故大雅、小雅无非纪事之诗,或谓雅即雅乌。孔子曰:"乌盱,呼也。"李斯《谏逐客书》:"击瓮叩缶,弹筝搏髀,而歌呼呜呜快耳者,真秦之声也。"杨恽《报孙会宗书》:"家本秦也,能为秦声","仰无抚缶而呼呜呜"。秦本周地,故大小雅皆以雅名。(所谓乌乌秦声者,即今之梆子腔也。)此亦可备一说。余意《说文》训疋为记,乃雅之正义,以其性质言也;雅、乌可为雅之别一义,以其声调言也。至正之一训,乃后起之义。盖以雅为正调,故释之曰正耳。

诗以四言为主,取其可歌,然亦有二言、三言以至九言者,惟不多见耳。今按:"肇禋",二言也;"洞酌彼行潦挹彼注兹",九言也。一言太短,不可以歌,故三百篇无一言之诗。然梁鸿《五噫》之歌曰:"陟彼北芒兮,噫!顾览帝京兮,噫!宫室崔嵬兮,噫!人之劬劳兮,噫!辽辽未央兮,噫!"则一言未始不可成句,或者三百篇中偶然无一言之句耳,非一言之句必不可歌也。

《诗经》而后,四言渐少。汉世五言盛行,唐则七言为多。八言、九言,偶一为之,三言惟汉《郊祀歌》用之。六言亦不多见。《汉书》所录汉之四言之作,有韦孟《谏诗》一首,《在邹诗》一首,韦玄成《自责诗》一首,《戒子孙诗》一首,西汉之作,传于世者,尽于此矣。魏武帝作《短歌》,犹用四言,虽格调有异《诗经》,然犹有霸气。至《文选》所录魏、晋间四言之作,语多迂腐。自是之后,四言衰歇,五言盛行。李白谓"兴寄深微,五言不如四言,七言尤其靡也",然所作《雪谗诗》讥刺杨妃,有乖敦厚之义,或故为大言以欺人耳。又杂言一体,《诗经》所有。汉乐府往往用之,唐人歌行亦用之。夫抒写性情,贵在自由,不宜过于拘束,如必句句字数相同,或不能发挥尽致。故杂言之作,未为不可。今人创新体诗,以杂言为主可也,但无韵终不成诗耳。(以上论《诗》之大概。)

太史公谓古诗三千余篇,盖合六诗、九德之歌言之。孔子删诗,仅取三百余篇。盖以古诗过多,不能全读,故删之尔,或必其余皆不足观也。或谓孔子删《诗》与昭明之作《文选》有异。余意不然,《文选》为总集,《诗经》亦总集,性质正复相似,所谓"自卫反鲁,然后乐正,《雅》《颂》各得其所",决非未正以前,《雅》入《颂》《颂》入《雅》也。《雅》主记事,篇幅舒长;《颂》主赞美,章节简短。但观形式,已易辨别。且其声调又不同,何至相乱,或次序颠倒、孔子更定之耳。

《风》《雅》有正、变(盛周为正,衰周为变),《颂》无正、变,因《风》《雅》有美有刺,《颂》则有美无刺也。《鲁语》闵马父之言曰:昔正考父校商之名颂十二篇于周太师,以《那》为首。今《商颂》仅存五篇,其余七篇,或孔子时而已佚矣。据今《商颂》,有商初所作,亦有武丁时所作,而《周颂》皆成王时诗,后则无有。《孟子》曰:"由汤至于武丁,贤圣之君六七作。"故颂声未息,周则成王以后无贤圣也。或以《鲁颂》为僭天子之礼。若然,孔子当屏而不录。孔子录之,将何以说？按《周官·籥章》：吹豳诗以逆暑迎寒，吹豳雅以乐田畯，吹豳颂以息老物。同为《七月》之诗，而风、雅、颂异名者，歌诗之时，其声调三变尔。《豳风》非天子之诗，而可称颂，则《鲁颂》称颂而孔子录之，无可怪也。今观《泮水》《閟宫》之属，体制近雅而不近颂，若以雅为称，则无可讥矣。

《史记·孔子世家》称"三百五篇，孔子皆弦歌之，以求合《韶》《武》《雅》《颂》之音"。然则，今之《诗经》在孔子时无一不可歌也。《汉书·礼乐志》云：河间献王献雅乐，天子下大乐官常存肄之。是其乐谱尚在。后则可歌者，惟《鹿鸣》《伐檀》等十二篇耳。近人以《鹿鸣》《伐檀》等谱一字一声，无抑扬高下之音，疑为唐人所作。然一字一声，不但《诗经》为然，宋词亦然。姜夔、张炎之谱可证也。一字之谱多声，始于元曲，古人未必如是，孔子曰："放郑声。"又曰："恶郑声之乱雅乐。"汉儒解郑声以为烦手踯躅之声。张仲景《伤寒论》云："实则谵语，虚则郑声。郑声者，重语也。"可见汉人皆读郑为郑重之郑。郑声即一字而谱多声之谓。唐人所重十二诗之谱，一字一声，正是雅乐，无可置疑。（以上论《诗》之可歌。）

《诗》以口诵，至秦未焚。汉兴有齐、鲁、毛、韩四家，齐、鲁、韩三家无笙诗，为三百五篇，毛有笙诗为三百十一篇。笙诗有其义而亡其辞，则四家篇数本相同也。（笙诗六篇，殆如今之乐曲，有声音节奏而无文词。）所不同者，《小雅·彼都人士》"狐裘黄黄，其容不改，出言有章，行归于周，万民所望"数句，三家所无，而毛独有，此其最著者也。其余文字虽有异同，不如《尚书》今古文之甚。以《诗》为口诵，故无形近之讹耳。

《鲁诗》出自浮丘伯，申公传之。鲁人所传，故曰《鲁诗》。《齐诗》传自辕固生，齐人所传，故曰《齐诗》。《韩诗》传自韩婴，据姓为称，故曰《韩诗》。齐、韩二家，当汉景帝时，在《鲁诗》之后。《毛诗》

者，毛公所传，故曰《毛诗》。相传毛公之学出自子夏，三国时吴徐整谓子夏授高行子，高行子授薛仓子，薛仓子授帛妙子，帛妙子授河间人大毛公，毛公为《诗故训传》于家，授赵人小毛公，小毛公为河间献王博士。而陆玑则谓子夏传曾申，申传魏人李克，李克传鲁人孟仲子，孟仲子传根牟子，根牟子传赵人孙卿子，孙卿子传鲁人大毛公。由徐整之说，则子夏五传而至大毛公；由陆玑之说，则子夏七传而至大毛公。所以参差者，二家之言，互有详略耳。（大毛公名亨，小毛公名苌，今之《诗传》乃大毛公所作，当称《毛亨诗传》，而世皆误以为毛苌，不可不正也。）

《毛诗·丝衣序》引高子曰："灵星之尸也。"《维天之命》传引孟仲子曰："大哉天命之无极，而美周之补也。"《閟宫》传引孟仲子曰："是禖宫也。"高子、孟仲子并见《孟子》七篇中。或疑高子即高行子。高行子为子夏弟子，不当与孟子同时，然赵岐注云：高子年长，或高叟即高行子矣。赵注又云：孟仲子，孟子之从昆弟，学于孟子者也。然则孟子长于《诗》《书》，故高子、孟仲子之说皆为毛公所引。

《汉书·艺文志》谓齐、鲁、韩三家，咸非《诗》之本义，与不得已，鲁最为近之。又云：毛公之学，自谓子夏所传。据此，知向、歆父子不信三家诗说。歆让太常博士，欲以《毛诗》立学官，而《七略》不称《毛诗》之优。今观四家之异同，其优劣可得而言，太史公言《关雎》之乱以为《风》始，《鹿鸣》为《小雅》始，《文王》为《大雅》始，《清庙》为《颂》始，其言与《诗大序》"《关雎》，风之始也"语同。《诗大序》但举《雅》《颂》之名，而不言《鹿鸣》为《小雅》始、《文王》为《大雅》始、《清庙》为《颂》始，但云"是谓四始，《诗》之至也"者，盖由"《关雎》，《风》之始也"一语，可以类推其余耳。郑康成云："始者，王道兴衰之所由。"余谓毛意同史公，史公所引，多本《鲁诗》，《毛诗》传至荀子，《鲁诗》亦传自荀子，此其所以符合也。

《齐诗》与《鲁》《毛》全异，萧望之、翼奉、匡衡同事后苍，治《齐诗》。翼奉有五际、六情之语，不及四始。诗纬《泛历枢》称四始有水、木、火、金之语。谓《大明》水始，《四牡》木始，《嘉鱼》火始，《鸿雁》金始，其言甚不可解，恐东汉人所造，非《齐诗》本义。匡衡上书称孔子论《诗》以《关雎》为始，此言与《毛传》相同，并无水、木、火、金之语。可知《泛历枢》为后人臆说也。衡奏议平正，奉则有怪诞之语，虽与衡同师，而别有发明矣。如以水、木、火、金说四始，则《齐诗》竟是神话。四始为《诗》之大义，而《齐诗》之说如此，以此知齐之不逮毛、鲁远也。然匡衡说《诗》，亦有胜于鲁、韩者。《鲁诗》说周道缺，诗人本之衽席，《关雎》作。《齐诗》亦谓周康王后佩玉晏鸣，《关雎》叹之。匡衡上书，乃谓《周南》《召南》，被贤圣之化深，故笃于行，而廉于色，此非以《关雎》为刺诗矣。盖《齐诗》由辕固数传而至后苍。苍本传《礼》。《乡饮酒礼》："合乐《周南·关雎》《葛覃》《卷耳》"。《燕礼》："歌乡乐《周南·关雎》《葛覃》《卷耳》"。《仪礼》，周公所定，已有《周南·关雎》，知《关雎》非康王时所作。匡衡师事后苍，故其说《诗》，长于鲁、韩也。

齐、鲁、韩三家诗序不传，而毛序全存。如《左传》隐三年："卫庄公娶于齐东宫得臣之妹，曰庄姜，美而无子，卫人所为赋《硕人》也。"闵二年："郑人恶高克，使帅师次于河上，久而弗召，师溃而归，高克奔陈，郑人为之赋《清人》。"文六年："秦伯任好卒，以子车氏之三子奄息、仲行、鍼虎为殉；皆秦之良也，国人哀之，为之赋《黄鸟》。"《毛序》所云，皆与《左传》符合，此毛之优于三家者也。又三家诗，皆有怪诞之语，毛则无有。即如"履帝武敏歆"，《尔雅》已有"敏，拇也"之训，而三家说皆谓姜嫄出野见巨人迹，践之身动如孕，而生后稷。《毛传》则以疾训敏，以帝为高辛氏之帝，从于帝而见于天,将事齐敏,不信感生之说。又如:"赫赫姜嫄,其德不回,上帝是依",若用感生之说,必谓上帝依姜嫄之身,降之精气,而《传》则谓上帝依其子孙。又如:"文王在上,于昭于天,文王陟降,在帝左右",《毛传》之前,《墨子·明鬼》已引此诗,谓若鬼神无有,则文王既死,岂能在帝之左右哉!而《毛传》则谓文王在民上,文王升接天、下接人,一扫向来神怪之说。盖自荀子作《天论》,谓圣人不求知天,神话于是摧破。《毛诗》为荀卿所传,即此可征。

《大序》,相传子夏所作,《小序》,毛公所作。郑康成之意,谓《小序》发端句,子夏作,其下则后人所益,或毛公作也。今按,《序》引高子曰:"灵星之尸也。"此语自当出子夏之后矣。《卫宏传》有"作诗序"语,故《释文》或云《小序》是东海卫敬仲所作。然卫宏先康成仅百年,如《小序》果为宏作,康成不容不知。由今思之,殆宏别为《毛诗序》,不与此同,而不传于后。或宏撰次诗序于每篇之首,亦通谓之作耳。汉人专说《毛诗》者,今存《郑笺》一种。马融《毛诗传》散佚已久,今可见者,惟《生民篇》《正义》所引言帝喾事为最详耳。(以上论三家诗与毛之不同。)

朱晦庵误解"郑声淫"一语,以为郑风皆淫,于是刺忽之诗,皆释为淫奔之作。陈止斋笑晦庵以彤管为行淫之具,城阙为偷期之所,今《集传》中无此语,盖晦庵自觉其非而删之矣。凡《小序》言刺者,晦庵一概目为淫人自道之词。自来淫人自道之词未尝无有,如六朝歌谣之类,恐未可以例《国风》。若郑风而为淫人自道之词,显背无邪之旨,孔子何以取之?昔昭明编辑《文选》,于六朝狎邪之诗,摈而不录。《高唐》《神女》《洛神》之属,别有托意,故录之(见《菿汉闲话》)。昭明作《陶渊明集序》,谓《闲情》一赋,白璧微瑕。昭明尚然,何况孔子?晦庵之言,亦无知而妄作尔。

自晦庵作《集传》,说《诗》之风大变。清陈启源作《毛诗稽古编》,反驳晦庵,其功不可没。(吕东莱作《读诗记》,不以晦庵为然。晦庵好胜,谓东莱为毛、郑之佞臣。)后之治《毛诗》者,桐城马瑞辰作《毛诗传笺通释》,泾县胡承珙作《毛诗后笺》,长洲陈奂作《诗毛氏传疏》。马氏并重《传》《笺》,胡氏从《传》而不甚从《笺》,陈氏则全依《毛传》。治三家诗者(《齐诗》亡于三国;《鲁诗》亡于永嘉之乱;《韩诗》唐代犹存,今但存《外传》而已。三家至宋全亡,如三家诗不亡,晦庵作《集传》当不至荒谬如此),王应麟后,清有陈寿祺、乔枞父子。乔枞好为牵附,谓《仪礼》引《诗》,皆《齐诗》说;又谓《尔雅》为《鲁诗》之学,恐皆未然。要之,陈氏父子,虽识见未足,然网罗放失之功,亦不可没。其后,魏源作《诗古微》,全主三家。三家无序,其说流传又少,合之不过三十篇,谓之《古微》,其实逞臆之谈耳。

今治《诗经》,不得不依《毛传》,以其序之完全无缺也。诗若无序,则作诗之本意已不明,更无可说。三家诗序存者无几,无从求其大义矣。戴东原作《毛郑诗考证》,东原长于训诂之学,而信服晦庵,故考证未能全备。东原之外,治诗者皆宗《毛传》,陈氏父子,不过网罗放失而已。

《孝经》曰:"安上治民,莫善于礼。"《左传》曰:"礼经国家、定社稷、序民人、利后嗣。"今按:《仪礼》与安上治民有关。《周礼》则经国家、定社稷之书也。《周礼》初出曰《周官经》,刘歆始改称《周礼》,然《七略》犹曰《周官》,《汉书·艺文志》仍之。马融训释之作,亦称《周官传》,至郑康成以《周礼》名之,合《仪礼》《小戴记》为三礼。三礼之名,自郑氏始,今若以《大戴礼》合之,当称四礼。称三礼者,沿郑氏注也。

贾公彦《序周礼废兴》引马融传,称刘歆末年,知周公致太平之迹具在《周官》,然当时今文家不肯置信。林硕以为黩乱不验之书,何休以为战国阴谋之书。今观《周礼》,知刘歆之言不谬。惟其书非一时一人之作,盖如历代会典,屡有增损。(《唐六典》以及明清之《会典》,皆拟《周礼》。《六典》全依《周官》,《会典》虽稍异,然行文多模仿之迹,此亦有关文体。不学《周礼》,则官制说不清楚。亦如后之律书必拟汉律也。)创始之功,首推周公,增损之笔,终于穆王耳。今《逸周书》有《职方篇》,为穆王时作,而其文见于《周礼·夏官》,知周公以后、穆王以前,《周礼》一书,时有修改。穆王以后,则未见修改之迹也。何以言之?曰:《周礼》司刑掌五刑之法,墨罪五百、劓罪五百、宫罪五百、刖罪五百、杀罪五百,合二千五百条;而穆王作《吕刑》称五刑之属三千,较《周礼》多五百条。《吕刑》别行,以此知穆王晚年,已不改《周礼》也。《左传》子革曰:"昔穆王欲肆其心,周行天下,将皆必有车辙马迹焉。"今《穆天子传》真伪未可知。然穆王好大喜功,观《职方氏》一篇可知也。《职方氏》言中国疆域,东西南北相距万里。方千里曰王畿,其外方五百里曰侯服,又其外方五百里曰甸服,又其外方五百里曰男服,又其外方五百里曰采服,又其外方五百里曰卫服,又其外方五百里曰蛮服(又称要服),又其外方五百里曰夷服,又其外方五百里曰镇服,又其外方五百里曰藩服。依此推算,自王城至藩服之边,东西南北均五千里,为方万里,积一万万方里。蛮服以内为九州,以外为蕃国。九州以内,方七千里,积四千九百万方里。非穆王之好大,何以至此。《康诰》曰:"周公初基作新大邑于东国洛,四方民大和会,侯、甸、男、邦、采、卫。"是周公作洛时,无所谓要服。《康王之诰》称庶、邦、侯、甸、男、卫,亦无要服。不特此也,汉人迷信《王制》,《王制》曰:"凡四海之内九州,州方千里。"郑注云:"大界方三千里,三三而九,方千里者九也。其一为县内,余八各立一州,此殷制也。"余谓夏制不可知,殷制则不止方三千里。《酒诰》曰:"自成汤咸至于帝乙,越在外服,侯、甸、男、卫、邦伯,罔敢湎于酒。"是周初之制与商制无甚差异,皆侯、甸、男、采、卫五等,无所谓要服也。要服本为蛮服，不在九州之内。穆王好大喜功，故《职方》之言如此。《大行人》朝贡一节，与《职方氏》相应，当亦穆王所改。若巾车掌公车之政令、革路以封四卫、木路以封蕃国。可见周初疆域，至卫服而止，无所谓要服，此穆王所未改者也。夷、镇、藩三服，地域渺茫，叛服不常，安知其必为五百里？要服去王城三千五百里，东西七千里，九州之大，恐无此数。今中国本部，最北为独石口，当北纬四十一度半；极南至于琼州，当北纬十八度。其中南北相去二十三度半，为里四千九百。周尺今不可知，若以汉尺作准，汉尺存者有虑虒尺，虑虒尺一尺，合清营造尺七寸四分，尺度虽古今不同，里法则古今不异。古之五服六千里，以七四比之，当四千四百四十里，与今四千七百里不甚相远。穆王加要服为七千里，以今尺计之，则为五千一百八十里，较今长三四百里，此由今中国本部，北至独石口，而古者陕西北部之河套亦隶境内（今属绥远）。河套之地，于汉为朔方、九原、定襄（朔方正傍黄河，周时"城比朔方"，此朔方与汉之朔方为近，非唐之朔方也），如并朔方计之，当有五千一百八十里。恐穆王时疆域亦未大于今日也。《汉书·地理志》："郡县北至朔方，南至交趾（九真日南即今安南）。"而云南北万三千三百六十八里。以今尺七四比之，有九千六百余里。自朔方以至日南，亦无此数。自此以后，言地域者，皆称南北万里、东西九千里。其实中国本部并无此数，此后世粗疏，更甚于《周礼》也。测量之不精，自周至明，相差不远，惟周人不甚夸大，汉以后夸大耳。

测量之法，古人未精，西晋裴秀作官图，盖尝测量矣。所以不准者，以不知北极出地之法也。唐贾耽作《华夷图》及关中、陇右、山南、九州等图；至宋，略改郡县之名，刘豫阜昌七年刻之西安，一曰《禹迹图》，一曰《华夷图》，今尚完好。贾耽之作，亦由测量而来，然亦未准者——不知北极出地之法，一也；未免夸大，二也。北极出地之法，周人自未之知，因其不夸大，故所言里数与今相差不远耳。(以上言职方与周初疆域不同，明《周礼》非周公一时之作，周公之后屡有修改。)

管仲治齐，略变《周礼》之法，《小匡篇》及《齐语》并载桓公问为政之道，管子称："昔吾先王昭王、穆王，世法文、武之远绩，以成其名。"《周礼》至穆王乃定，此亦一证。又，《周礼》萍氏掌国之水禁，几酒、谨酒，其法不甚严厉，其职殆如今卫生警察。如言《周礼》之作在周公时，则萍氏显违《酒诰》之文。《酒诰》曰："群饮，汝勿佚，尽执拘以归于周，予其杀！"不仅几酒、谨酒而已！此亦可见《周礼》之屡有修改，盖百余年中，不知修改若干次矣。

六官之制，古无异论。清金鹗作《求古录礼说》，言六官之制，实始于周。《曲礼》云："天子之五官，曰司徒、司马、司空、司士、司寇。"此与《周官》不同，当为殷制。又云：王者设官，所以代天官，故其制必法乎天。三光以法三公，五官以法五行。引《左传》云：五行之官，是谓五官。木正曰句芒，火正曰祝融，金正曰蓐收，水正曰玄冥，土正曰后土。明自少皞、颛顼以来皆五官。余谓少皞、颛顼之制，确为五官，前乎此则未可知。至商，恐已六官矣。《曲礼》之言，不知何据。郑注《礼记》，凡与《周礼》不合者，皆曰夏殷之制。其实五官是否确为殷制，不可知也。余谓，与其据《曲礼》，不如据《论语》。《论语》云："君薨，百官总己以听于冢宰三年。""何必高宗？古之人皆然。"此所谓冢宰，当如《周官》之冢宰，为六官之首。否则，百官何以听之？冢宰于《周礼》曰太宰。太宰之名，不见虞、夏之书，殆起于商。《说文》云："宰，罪人在屋下执事者；从宀从辛，辛，罪也。"具食之官，见于《左传》者曰宰夫，或曰膳宰。《汉书》有雍太宰，为五时具食之官。宰本罪人之称，庖人具食，事近奴隶，故以宰为名。然太宰、小宰，位秩俱隆，而貤被宰名，当自伊尹始。《吕览·本味篇》称伊尹说汤以至味，极论水火调剂之事，周举天下鱼肉菜果之美，而结之曰：天子成则至味具。《史记·殷本纪》亦谓伊尹欲干汤而无由，乃为有莘氏媵臣，负鼎俎以滋味说汤，至于王道。二家之说与《孟子》"伊尹以割烹要汤"符合。据《文选》李善注引《鲁连子》曰："伊尹负鼎佩刀以干汤，得意，故尊宰舍。"盖伊尹参与帷幄之谋，权势虽尊，本职则卑。后以其功高，而尊宰舍，故有太宰、冢宰之名耳。又《商颂》称伊尹为阿衡，《周书》曰保衡。保阿，女师也。阿，《说文》作妿，在女子曰保阿，在男子亦曰阿衡、保衡，其为媵同也。伊尹为媵臣，故尊保阿；伊尹为庖人，故尊宰舍。此说虽为孟子所不信，然其为实事至明。周因殷礼，故设太宰之官。今观太宰所属之官，与清之内务府不远。惟司会掌邦之六典、八法、八则之贰，以逆邦国都鄙官府之治；太府掌九贡、九赋、九功之贰，以受其货贿之入，为与国计有关。自余宫殿之官，如宫正之属；禁掖之官，如内宰之属；饮食之官，如膳夫之属；衣服之官，如司裘、掌皮之属，皆清内务府所掌也。周官三百六十，太宰所掌六十，位秩最崇，然治官之属，仅司会、大府为有关于国计者。以太宰本之殷制而来，其本职不过《周礼》膳夫、内宰二官。由饮食而兼司衣服，由禁掖而兼司宫殿。是故，周官太宰无所不掌，而属员仍冗官耳。后儒不明此理，谓周公防宦官用事，故立此制。不知宦官用事，必不在贵族执政之世、周公时贵族执政，断无防及刑余擅权之理也。(汉、唐、明三代，皆有刑余擅权之事，六朝则无。何则？贵族执政阶级严明，非刑余所得间也。)由此论之，天官冢宰，周袭殷制，后世未必可法。至春官宗伯主祭祀，非今之要职。地官司徒掌地方行政，兼司教育，如今内务、教育两部。夏官司马掌行军用兵，如今军政部。秋官司寇掌狱讼刑法，如今之司法部。皆立国要典，可资取法者也。(以上论六官之职。)

何以汉儒谓《周礼》为黩乱不验之书也？以汉初经师之说，与

《周礼》不同，故排弃之耳。《马融传》云："秦自孝公以下，用商君之法，其政酷烈，与《周官》相反，故始皇禁挟书，特疾恶，欲绝灭之，搜求焚烧之独悉，是以隐藏百年。孝武帝始除挟书之律，开献书之路，既出于山岩屋壁，复入于秘府。五家之儒，莫得见焉。"案：马谓秦烧《周礼》独悉，其言太过。秦所最恶者为《诗》《书》而不及《礼》。孟子曰："诸侯恶其害己也，而皆去其籍。"可见《周礼》自七国时已不甚传。虽以孟子之贤，犹未之见。故其言封建与《周礼》全异。(孟子言："公、侯皆方百里，伯七十里，子、男五十里。"《周礼》谓公五百里，侯四百里，伯三百里，子二百里，男百里。)汉初儒者未见《周礼》，而孟之说流传已久，故深信不疑。(景帝末年河间献王始得《周礼》，《周礼》未出时，汉儒言封建者皆宗孟子，文帝时作《王制》亦采《孟子》为说。)又以贾谊有众建诸侯之论，故虽见《周礼》，亦不敢明说。周之五百里，为今三百七十里，其封域不过江、浙之一道，川、云之一府。汉初王国之广，犹不止此。夏、商二代，封国狭小，故汤之始征，四方风靡，文王伐崇戡黎，为时亦暂。以四邻本非强大，故得指顾而定之也。《逸周书·世俘解》称武王翦商，灭国六百余(孟子言灭国五十)，若非小国寡民，安得数月之间灭国六百余乎？周公有鉴于此，故大封宗室，取其均势，以为藩屏。其弊至于诸侯争霸，互相争伐，而天子不能禁。以视武丁朝诸侯，有天下，如运诸掌，本末之势，迥乎不同。由此可知，商代封国尚无五百里之制也。贾谊患诸侯王尾大不掉，故不肯明征《周礼》。惟太史公《汉兴以来诸侯年表》云："封伯禽、康叔于鲁、卫，地各四百里。"《汉书·韩安国传》，王恢与安国论辩，称秦谬公都雍地，方三百里，并与《周礼》相应。盖史公但论史事，王恢不知忌讳，故直举之耳。然孟子之言亦未为无据。周之封建，有功者，视其功之高下以为等级，无功则封地狭小。滕、薛皆侯国。滕，周所封；薛，夏所封。考其地不出今薛县一县，犹不及孟子所言之百里。齐、鲁、卫、燕,亦皆侯国,而封域不止四百里。(齐,太公之后;鲁,周公之后;燕,召公之后。功业最高,故封地独大。卫包邶、鄘、卫三国,殷畿千里,皆为卫有。)盖于鲁、卫为褒有德,于齐、燕为尊勤劳。其地皆去周远,亦所以固吾圉也。以此知五百里、四百里之制,不过折衷言之,非不可斟酌损益也。明乎此义,则可知《周礼》非黩乱不验之书矣。至谓《周礼》为六国阴谋之书者,汉人信《孟子》,何休专讲《公羊》,故有此言耳。

后之论者,以王莽、王安石皆依《周礼》施政而败,故反对《周礼》。余谓二王致败之由在不知《周礼》本非事事可法,只可师其意,而不可袭其迹。西汉之末,家给人足,天下艾安。莽之变法,可谓庸人扰之。宋神宗时,国势虽衰,民犹安乐,安石乃以变风俗、立法度为急,而其法又主于聚敛,宜其败矣。宇文周时关陇残破,苏绰为六条诏书奏施行之:曰先治心,曰敦教化,曰尽地利,曰擢贤良,曰恤狱讼,曰均赋役。盖亦以《周礼》为本,终能斫雕为朴,变奢从俭。隋及唐初,胥蒙其福。贞观之治,基础于此。夫变法之道,乱世用之则治,治世用之则乱,况《周礼》不尽可为后世法乎?陈止斋、叶水心尊信《周礼》,当南宋残破之时而行《周礼》,或有可致治之理,然不可行之今日。何者?今外患虽烈,犹未成南宋之局,若再变法,正恐治丝而益棼耳。

《中庸》云:"礼仪三百,威仪三千。"《礼器》云:"经礼三百,曲礼三千。"礼仪、经礼谓《周礼》也。威仪、曲礼谓《仪礼》也。《仪礼》篇目不至有三千,故郑康成云:其中事仪三千。然《汉志》言礼自孔子时而不具,《杂记》言恤由之丧,哀公使孺悲之孔子学《士丧礼》,《士丧礼》于是乎书。然则在孔子时,《仪礼》早有亡失。三百三千云者,约举其大数云尔。

秦燔书后,汉兴高堂生传《士礼》十七篇,又于孔壁得《礼古经》五十六篇,其十七篇与高堂生所传同;《记》百三十一篇,七十子后学者所记。以古礼仅存五十六篇,故学者无不重视《礼记》。今五十六篇又散佚矣。汉儒说经,为《仪礼》作注者绝少。马融但注《丧服》一篇,至康成乃注全经。自汉末以逮西晋,注《丧服》者,无虑二三十家,而注全经者,仅王肃一人而已。

今人见《仪礼》仅存十七篇,以为《礼古经》五十六篇,除十七篇外,悉已散佚。此不然也。按:小戴记《投壶》《奔丧》二篇,郑《目录》云:实逸《曲礼》之正篇也。又,大戴记之《诸侯迁庙》《诸侯衅庙》《公冠》(《公冠》文简,是否全文,未可知,后附孝昭冠辞,文亦无多)三篇,皆当为逸礼之正篇。又郑注《内宰》,引《天子巡守礼》;注《司巫》《月令》,引《中霤礼》,其文虽少,亦《礼古经》之正篇,当在五十六卷之数。依是数之,则十七篇外,今可知者又有七篇,合之得二十四篇。《礼经》之文,平易可读,汉儒所以不注者,或以其繁琐太甚,或以通习者不多。(西汉习礼者有鲁国桓公,见刘歆《移让太常博士书》,其授受不可知。)盖汉人治经谨慎,非有师受,不敢妄说。康成但注十七篇者,亦以三十九篇先师未有讲说故耳。

礼书序次,大小戴及《别录》,彼此不同。其以《士冠》《士昏》《士相见》为次,则三家未有违异。郑氏次第,悉依《别录》。其经文有今古文之异者,郑于字从今者下注古文作某,从古者,下注今文作某。所谓今古文,非立说有异,不过文字之异耳。自汉以来,传《丧服》者独盛。(马融而后,三国蒋琬亦作《丧服要记》一卷。)小戴记论《丧服》者十余篇,大戴记亦有论丧服变除之言,见《通典》所引。古人三年之丧,未葬,服斩衰,居倚庐,寝苫枕块;既葬,齐衰,居垩室;小祥以后,衰裳练冠,居外寝;大祥则禫服素冠,出垩室,始居内寝。(《檀弓》言祥而缟,盖缟冠素纰也。素即白绢。《诗·桧风》:"素冠,刺不能三年也"。)禫服三月之后,则以墨经白纬为冠,得佩纷帨之属,寝有床,犹别内,始饮醴酒。逾月复吉,三年之礼乃成,此即所谓丧服变除。

盖古人居丧，兼居处饮食言之，非专系于冠服也。汉人居丧尚合古法，故能精讲《丧服》。韩昌黎自比孟子，而言《仪礼》行于今者盖寡，沿袭不同，复之无由，考于今，诚无所用之，夫《仪礼》在后代可用者诚少，然昏礼至今尚用纳采、问名、纳吉、纳征、请期、亲迎之名，丧礼亦尚有古人遗意，冠礼至唐已废，乡饮酒礼六朝至唐仍沿用之。昌黎疏于礼，故为此言耳。《丧服》一篇，自汉末以至六朝，讲究精密，《通典》录其论议，多至二三十卷。其中疑难，约有数端。出妻之子为母期，而嫁母之有服、无服，《仪礼》未有明文。或以为应视出母，或以为嫁由自绝，与被出有异。又为人后者，议论纷繁。《传》曰："为人后者孰后？后大宗也。"大宗不可以绝，故族人以支子后大宗。汉代王侯往往以无子国除，此不行古代后大宗之礼也。否则，王侯传国四五代，必有近支可承，何至无子国除？迨元始时，始令诸侯王、公、列侯、关内侯无子而有孙、若子、同产子者，皆得以为嗣。师古曰："子同产子者，谓养昆弟之子为子者。"如诸葛亮以兄子为子，皇甫谧出后其叔，此皆非后大宗，与《仪礼》之为人后者不相应。《唐律》于此亦称养子。《开元礼》有为人后者，实即养子也。后人误以养子为即俗称之螟蛉子，因疑《唐律》既许养子，何以又有不许养异姓男一条。不知《唐律》所称养子是养同宗于昭穆相当者也。《仪礼》：为人后者，为其父母降为齐衰不杖期，盖持重于大宗者，降其小宗也。然魏晋六朝人于三年之内不得嫁娶，即子女嫁娶亦所不许。曹公为子整与袁谭结婚，裴松之曰："绍死至此过周五月耳，谭虽出后其伯，不为绍服三年，而于再期之内以行吉礼，悖矣。"于此可见古人守礼之严。至今所谓养子者，魏时或为《四孤论》曰："遇兵饥馑有卖子者、有弃沟壑者、有生而父母亡复无缌麻亲其死必也者、有俗人以五月生子妨忌不举者。"有家无儿，收养教训成人，则对于公妪育养者应有服否，三国、两晋论议甚多，或以为宜服齐衰周,方之继父同居者,此议斟酌尽善,可补《仪礼》之阙。《仪礼》制于宗法时代,秦汉而后,宗法渐衰,自有可斟酌损益之处。《开元礼》亦有与《仪礼》不同者,《仪礼》父在为母齐衰期,武后时,改为父在为母齐衰三年;《仪礼》为祖父母齐衰不杖期,为曾祖父母齐衰三月,高祖之服则无有(或以为古人婚晚,玄孙不及见,高祖故无服,其说非是,恐高祖以上概括在曾祖之内),《开元礼》改为曾祖父母齐衰五月正服,为高祖父母齐衰三月加服。嫂叔本无服,盖推而远之也。唐太宗以同爨尚有缌麻之恩,增叔嫂小功五月义服。古人外亲之服皆缌,为外祖父母小功,以尊加也。为舅缌,从服也。母之姐妹曰从母,而舅不可称从父,故为从母小功,以名加也,此亦古人之执著。《开元礼》改为舅及从母小功正服。综此四条,悉当情理。六朝人天性独厚,守礼最笃,其视君臣之义,不若父子之恩,讲论《丧服》,多有精义。唐人议礼定服,亦尚有法,不似后世之枉戾失中也。服有降服、正服、义服。斩衰无降服,衰以缕之粗细为等,斩者不缉也。为父正服,为君义服;故为父斩衰三升,为君三升半,父子之恩固重于君臣之义也。魏太子会众宾百数十人,太子建议曰:"君父各有笃疾,有药一丸,可救一人,当救君耶?父耶?"众人纷纭,或父或君。邴原在座,不与此论。太子咨之于原,原悖然对曰:"父也!"南朝二百七十余年,国势虽不盛强,而维持人纪,为功特多。《丧服》一篇,师儒无不悉心探讨,以是团体固结,虽陵夷而不至澌灭。此所谓鲁秉周礼,未可取也。宋代理学家亦知讲求古礼,至明人而渐不能矣。今讲《仪礼》,自以《丧服》为最要。

《隋书·经籍志》云:"汉初,河间献王得仲尼弟子及后学者所记一百三十一篇献之,至刘向校书,检得一百三十篇,第而叙之,又得《明堂阴阳记》三十三篇、《孔子三朝记》七篇。《王氏史氏记》二十一篇、《乐记》二十三篇,凡五种,合二百十四篇。戴德删其烦重,合而记之,为八十五篇,谓之大戴记;而戴圣又删大戴之书为四十六篇,谓之小戴记。马融传小戴之学,又足《月令》一篇、《明堂位》一篇、《乐记》一篇,合四十九篇。"今大戴记存三十九篇,小戴记四十九篇。《投壶》《哀公问》两篇,二戴所同,合得八十六篇。大戴亡佚篇目,今不可考。钱晓徵以为小戴实止四十六篇,今《曲礼》《檀弓》《杂记》俱分上下,故为四十九篇;以小戴四十六,合大戴八十五,即古记之百三十一篇也。其说殊未谛。《乐记》二十三篇,本不在古记之数。今《乐记》断取十一篇为一篇,以入《礼记》。《月令》与《明堂位》同属《明堂阴阳记》,大戴《盛德篇》亦应属《明堂阴阳记》。古记百三十一篇之数,决不如钱氏所举也。

又二戴所录,有非礼家之言。如大戴之《千乘》《四代》《虞》,戴德《诰志》《小辨》《用兵》《少闲》七篇,采自《孔子三朝记》(唐人所引直称《三朝记》)。《汉志·儒家》:《子思》二十三篇;《曾子》十八篇。大戴录《曾子》《立事》以下十篇,而小戴之《中庸》《坊记》《表记》《缁衣》四篇,当为子思之书。又大戴《武王践阼》录自《太公阴谋》,《汉志》以太公入道家。此皆二戴所采诸子之文,凡二十二篇。又小戴《王制》,乃孝文帝令博士所作,大戴《公冠》后附孝昭冠辞,并非古记旧有,更去其属于《明堂阴阳记》及《乐记》者,删其复重《投壶》《哀公问》二篇,则二戴记中可说为古记之旧者,不及百三十一篇之半。又如通论之篇,若《儒行》《大学》等,是否在百三十一篇中,尚难言也。

《礼记》一书,杂糅今古文之说。《王制》一篇为今文家言,其言封建,采用《孟子》,言养老不知所据。惟《丧礼》《丧服》无今古文之异,《礼记》言此綦详。自明以来,读经所以应科举,以《丧礼》《丧服》不在程试范围,则删节不读。其实读《礼记》以《丧礼》《丧服》为最要。余如《儒行》《大学》《表记》《坊记》《缁衣》等篇,皆言寻常修已治人之道，亦无今古文之异。凡此，皆《礼记》之可信者。若言典章制度，则宜从古文不从今文，古文无谬误，今文多纰漏也。

三礼郑注之后，孔贾之疏已为尽善，清人以贾疏尚有未尽，胡培翚作《仪礼正义》，孙诒让作《周礼正义》。由今观之，新疏自比贾疏更精。《礼记》孔疏理晰而词富，清儒无以复加，朱彬作《训纂》，不过比于补注而已。大戴礼自北魏卢辩作注，历千余年，讹舛不可卒读，戴震校之，孔广森作《补注》，但阙佚已多耳。说礼者皆称三礼，而摒弃大戴不道。其实，大戴礼亦多精义，应与小戴并举，而称四礼。理学家最重小戴，以《大学》《中庸》并在其中故。独杨慈湖以为大戴多孔子遗言，所作《先圣大训》录大戴记特多。二戴记中《哀公问》《儒行》《仲尼燕居》《孔子闲居》《王言》诸篇，皆孔子一人之言。七十子后学者所记，《汉志》不入《论语》家，独《三朝记》入《论语》家，殆以《三朝》七篇，文理古奥，与余篇不同，或是孔子手作，或是孔子口说、弟子笔录者尔。

关于《春秋》者，余所著《春秋左氏疑义答问》大旨略具，今所讲者，补其未备而已。

问《春秋》起于何时，曰：晋之《乘》、楚之《梼杌》、鲁之《春秋》，皆在孔子之前。《周官》"外史，掌四方之志"，郑注云：谓若晋之《乘》、楚之《梼杌》、鲁之《春秋》。是《春秋》起于周，非始于古代也。《左传》："韩宣子适鲁，见《易象》与鲁《春秋》，曰：'周礼尽在鲁矣。吾乃今知周公之德与周之所以王也。'"孔疏云：鲁《春秋》遵周公之典以序时事，发凡言例，皆是周公制之。然韩宣子云周礼在鲁者，所以美周公之德耳，非谓《易象》《春秋》是周公所作也。《春秋》备纪年、时、月、日，《尚书》往往有年有月有日而无时（惟"秋大获"一句纪时，其余不见），其纪年月日又无定例。如《书序》："惟十有一年，武王伐殷。"此所谓十有一年者，以文王受命起数，非武王之纪元也。

纪年之法，苟且如此，即为未有《春秋》编年之法之故。今人以为古圣制礼作乐，必无不能纪年之理。其实，非惟周公未知纪年之法，即孔子亦何尝思及本纪、世家、列传哉！太史公《三代世表》谓"余读牒记，黄帝以来，皆有年数，稽其历谱牒终始五德之传，古文咸不同、乖异，夫子之弗论次其年月，岂虚哉！"可见史公所见周秦以前书不少，而纪年各不同。今观《竹书记年》（七国时书），自黄帝以来，亦皆有年数，而与王孙满所称"鼎迁于商，载祀六百"违异。此为古无纪年之作，后人据历推之。（战国时有六家历，《汉书·律历志》所云黄帝、颛顼、夏、殷、周及鲁历是也。《艺文志》春秋家有太古以来年纪二篇，当亦此类。）各家所推不同，故竹书所载与古语不符也。太史公不信谱牒，故于三代但作世表，共和以后，始著《十二诸侯年表》。《大戴礼·五帝德》称"宰予问于孔子曰：昔者，予闻诸荣伊令'黄帝三百年'，请问黄帝者人耶？抑非人耶？何以至于三百年乎？"如当时有纪年之书，宰予何为发此问哉？刘歆作《三统历》以说《春秋》，班氏以为推法密要。然周以前不可推，以古人历疏，往往有日无月，不能以月日推也。

《十二诸侯年表》，始于共和元年，余意《春秋》之作，即在共和之后。盖宣王即位，补记共和时事而有《春秋》也。观《十二诸侯年表》，诸侯卒与即位均书年，可见《春秋》编年之法即在此时发明者，于时厉王出奔，宣王未立，元年者，谁之元年乎？《春秋》以道名分，故书共和元年也。《墨子·明鬼》历举周之春秋、燕之春秋、宋之春秋、齐之春秋，而始于杜伯射宣王事。前乎此者，但征及《诗》《书》而已。可见宣王以前无《春秋》也。宣王中兴令主，不但武功昭著，即文化亦远迈前古。改古文为籀文，易纪事以编年，皆发明绝大者也。至列国之有春秋，则时有早晚，决非同时并作。《晋世家》记穆侯四年取齐女姜氏为夫人，当周宣王二十年，是晋于是始有春秋。

其余各国皆在宣王之后。鲁之《春秋》，始于隐公元年，当平王四十九年，上去共和元年历一百一十九年。其所以始于隐公者，汉儒罕言其故。杜元凯谓平王东周之始王，隐公让国之贤君，故托始于此。此殆未然。列国春秋，本非同时并作，鲁则隐公时始有春秋耳，非孔子有意托始于隐公也。后人以太史公世家首太伯，列传首夷、齐，推之《春秋》殆于鲁隐，其意正同。其实太史公或有此意，孔子则未必然。隐公但有让桓之言，而无其实事。云"使营搜裘，吾将老焉"者，不过寻常酬酢语耳，何尝真以国让哉！

周之史官有辛甲、尹佚。尹佚即史佚，其书二篇，《艺文志》入墨家。《吕氏春秋·当染篇》云："鲁惠公使宰让请郊庙之礼于天子，桓王(当作平王)使史角往，惠公止之。其后在于鲁，墨子学焉。"墨子之学，出于史角，由此可知史角即尹佚之后。鲁有《春秋》，殆自史角始矣。

《左传》所载五十凡例，杜氏以为周公之旧典。盖据传凡例谓之礼经，而谓此礼经为周公所制也。然时王之礼皆是礼经，岂必周公所制然后谓之礼经哉！余意五十凡例乃宣王始作春秋之时王朝特起之例。列国之史，其凡例由周室颁布抑列国自定，今不可知。要之，当时之礼即可谓之礼经，不必定是周公作也。

作史不得不有凡例，太史公、班孟坚之作有无凡例不可知。范蔚宗作《后汉书》则有之(《宋书·范晔传》云："班氏任情无例，吾杂传论，皆有精意。纪传例为举其大略耳")，惟今不可见。唐修《晋书》，非一人之作，不得不立凡例以齐一之。宋修《新唐书》，吕夏卿有《唐书直笔新例》一卷。(见《宋史·艺文志》。)《新唐书》本纪、志、表，皆欧阳修作；列传则宋祁作。二人分工，如出一手，凡例之效也。大抵一人之作，不愿以凡例自限，《春秋》本不定出一史官之手，无例则有前后错误之虞，故不得不立凡例。惟《左传》所举五十凡例，不知为周史所遗抑鲁史自定之耳。

自来论孔子修《春秋》之故者，孟子曰："邪说暴行又作，臣弑其君者有之，子弑其父者有之，孔子惧，作《春秋》。"《公羊传》曰："君子曷为《春秋》？拨乱世，反诸正，莫近诸《春秋》。"公羊之论较孟子为简赅。然《春秋》者，史也。即在盛世，亦不可无史。《尚书》纪事，略无年月，或颇有而多阙，仅为片断之史料。《春秋》始有编年之法，史法于是一变，故不可谓《春秋》之作专为拨乱反正也。宋儒以为《春秋》贵王贱霸，此意适与《春秋》相反。《春秋》详述齐桓、晋文之事，尚霸之意显然。孟子、公羊，同然一辞。虽孟子论人，好论人心，以五霸为假。然假与不假，《春秋》所不论也。贵王贱霸之说，三传俱无，汉人偶亦及之，宋儒乃极言之耳。三传事迹不同，褒贬亦不同，而大旨则相近。所谓绌周、王鲁、为汉制法者，公羊固无其语，汉儒傅会以干人主，意在求售，非《春秋》之旨也。要之，立国不可无史，《春秋》之作，凡为述行事以存国性。以此为说，无可非难。今文化之国皆有史，惟不如中土详备。印度玄学之深，科学亦优，而其史则不可考。又如西域三十六国，徒以《汉书》有此一传，尚可据以知其大概，彼三十六国无史，至今不能自明其种类。中国之大，固不至如三十六国之泯焉无闻，然使堕入印度则易。此史之所以可贵，而《春秋》之所以作也。

问鲁之《春秋》，孔子何为修之？曰：鲁之《春秋》，一国之史也。欲以一国之春秋，包举列国之春秋，其事不易。当时之史，惟周之春秋最备，以列国纪载皆须上之周室。（《史记·六国表》谓"秦既得志，烧天下《诗》《书》，诸侯史记尤甚，为其所刺讥也。《诗》《书》所以复见者，多藏人家，而史记独藏周室，以故灭。"可见七国时，列国之史犹藏周室。）孔子之作《春秋》，如欲包举列国之史，则非修周之春秋不为功。然周之《春秋》，孔子欲修之而不可得。鲁为父母之邦，故得修鲁之《春秋》耳。然鲁之

《春秋》,局于一国,其余列国之事,或赴告不全,甚或有所隐讳,不能得其实事;既鲁史载笔,亦未必无误。如此则其纪载未必可信,不信则无从褒贬,不足传之后世。以故,孔子不得不观书于周史也。既窥百国之书,贯穿考核,然后能笔削一经尔。

嘉庆时,袁蕙纕据《左传》从赴之言,以孔子未尝笔削。然此可以一言破之:鲁史以鲁为范围,不得逾越范围而窜易之,使同于王室之史。孔子之修《春秋》,殆如今大理院判案,不问当事者事实,但据下级法庭所叙,正其判断之合法与否而已。传曰:"非圣人谁能修之?"焉得谓孔子无治定旧史之事哉!乾隆时重修《明史》,一切依王鸿绪《明史稿》,略加论赞。孔子之修《春秋》,亦犹是也。所以必观书于周史者,《十二诸侯年表》云:"孔子西观周室,论史记旧闻,兴于鲁而次《春秋》。""七十子之徒口受其传指。为有所刺讥,褒讳挹损之文辞,不可以书见也。鲁君子左丘明,惧弟子人人异端,各安其意,失其真,故因孔子史记,具论其语,成《左氏春秋》。"据此可知,孔子观周与修《春秋》之关系浅,与作《左传》关系深,然自孔子感麟制作,以讫文成,为时亦当一年,更逾年而孔子卒。古之学者,三年而通一艺,《春秋》二百四十二年之事,以授弟子,恐非期月之间所能深通。今观仲尼弟子所著,如《曾子》十八篇,无一言及《春秋》者。太史公云:"春秋笔则笔,削则削,子夏之徒不能赞一辞。"信矣!盖《春秋》与《诗》《书》《礼》《乐》不同,《诗》《书》《礼》《乐》,自古以之教人;《春秋》,官史之宝书,非他人所素习。文成一年,微言遂绝,故以子夏之贤,曾无启予之效。而太史公又谓七十子咸受传指,人人异端,盖已过矣。诚令弟子人人异端,则《论语》应载其说,传文何其阙如?尝谓《春秋》既成,能通其传指者甚少,亦如《太史公书》惟杨恽为能祖述耳。左丘明身为鲁史,与孔子同观周室,孔子作经,不暇更为之传,既卒,而弟子又莫能继其志。于是具论其事而作传耳。

孟子曰:"《春秋》,天子之事也。是故,孔子曰:'知我者,其惟《春秋》乎!罪我者,其惟《春秋》乎!'"按,《说文》事从史之省声,史所以记事,可知事即史也。《春秋》天子之事者,犹云《春秋》天子之史记矣。后人解《孟子》,以为孔子匹夫而行天子为事,故曰罪我者其惟《春秋》,此大谬也。周史秘藏,孔子窥之,而又泄之于外,故有罪焉尔。向来国史实录,秘不示人。明清两代,作实录成,焚其稿本,弃其灰于太液池。以近例远,正复相似。岂徒国史秘密,其凡例当亦秘密,故又曰:"其义则丘窃取之矣。"义即凡例之谓。窃取其义者,犹云盗其凡例也。孟子之言至明白,而后人不了其义,遂有汉儒之妄说。夫司马子长身为史官,作史固其所也。班孟坚因其父业而修《汉书》,即有人告私改作国史者,而被收系狱。《后汉书》亦私家之作,然著述于易代之后,故不以私作为罪。《新五代史》亦私家之作,所以不为罪者,徒以宋世法律之宽耳。若庄廷𨰻私修《明史》,生前未蒙刑罪,死后乃至戮尸。国史之不可私作也如此。故孔子曰窃取、曰罪我矣。

孔子之修《春秋》,其意在保存史书,不修则独藏周室,修之则传诸其人。秦之燔书,周室之史一炬无存,至今日而犹得闻十二诸侯之事者,独赖孔子之修《春秋》耳。使孔子不修《春秋》,丘明不述《左传》,则今日之视春秋犹是洪荒之世已。(以上论孔子修《春秋》。)

《公羊传》云:"所见异辞,所闻异辞,所传闻异辞。"此语不然。公羊在野之人,不知国史,以事实为传闻,其实鲁有国史,非传闻也。董仲舒、何休更以所见之世为著太平,所闻之世为见升平,所传闻之世为起衰乱,分二百四十二年以为三世,然公羊本谓《春秋》拨乱世、反诸正,是指二百四十二年皆为乱世也。

僖公经二十八年:"天王狩于河阳。"《左传》称仲尼曰:"以臣召君,不可以训,故书曰:'天王狩于河阳。'"似传意以此为孔子所修。然《史记·晋世家》称孔子读史记,至文公曰:"诸侯无召王。'王狩河阳'者,《春秋》讳之也。"则知此乃晋史旧文,孔子据而录之耳。是故,杜氏以诸称"书""不书""先书""故书""不言""不称""书曰"之类皆是孔子新意,正未必然。惟《赵世家》云:"孔子闻赵简子不请晋君而执邯郸午、保晋阳,故书《春秋》曰:'赵鞅以晋阳叛。'"此当为孔子特笔。又,《左传》具论《春秋》非圣人不能修,盖以书齐豹曰盗、三叛人名为孔子特笔。外此,则孔子特笔治定者殆无几焉。《春秋》本史官旧文,前后史官意见不同,故褒贬不能一致。例如《史》《汉》二书,太史公所讥,往往为班孟坚所许,《春秋》之褒贬,当作如是观矣。宋人谓《春秋》本无褒贬(朱晦庵即如此说),则又不然。三传皆明言褒贬,不褒贬无以为惩劝,乱臣贼子何为而惧也。胡安国谓圣人以天自处,故王亦可贬。此又荒谬之说也。晋侯、齐侯,贬称曰人,略之而已,无妨于实事。如称齐伯、晋伯,则名实乖违,夫岂其可?如胡氏之言,孔子可任意褒贬,则充类至尽,必至如洪秀全所为。洪秀全自称天王,而贬秦始皇曰秦始侯,贬汉高祖曰汉高侯,可笑孰甚焉?余意褒贬二字,犹言详略,天子诸侯之爵位略而不书,有贬云乎哉!

《春秋》三传者,《左氏》《公羊》《穀梁》是也。《史记》称《左氏》曰春秋,称《公》《穀》曰传。清刘逢禄据是谓《左氏春秋》犹《晏子春秋》《吕氏春秋》也。刘歆等改左氏为传《春秋》之书。东汉以后,以讹传讹,冒曰《春秋左氏传》,不知春秋固为史书之通称,而传之名号亦广矣。孟子常称"于传有之",是凡经传无不可称传,孔子作《易》十翼,后人称曰《彖传》《象传》《文言传》《系辞传》是也。左氏之初称传与否,今莫能详。太史公云:"左丘明因孔子史记具论其语,成《左氏春秋》。"此谓丘明述传,本以说经。故桓谭《新论》《太平御览》引)云:"左氏传于经,犹衣之表里,相持而成。"焉得谓是《晏子》《吕览》之比?盖左氏之旨,在采集事实,以考同异、明义法,不以训故为事,本与其余释经之传不同。《春秋》不需训故,即《公》《穀》亦不重训故也。

《春秋》经十二公,何人所题?(三体石经今存文公篇题。)哀公经又何人所题?是当属左氏无疑。《汉志》:《春秋古经》十二篇、经十一卷。此因《公》《穀》合闵于庄,而《左氏》则庄、闵各卷,故《公》《穀》十一,而《古经》十二也。闵公历年不久,篇卷短少,故合之于庄,乃何休则以为"三年无改于父之道"。不以凿乎?

《汉志》:《春秋古经》十二篇,《左氏传》三十卷,是经、传别行。杜元凯作注,始合经传而释之。昔马融作《周官传》,就经为注。康成注《易》以十翼合之于经,皆所以便讽籀耳。《论衡·案书篇》云:"《春秋左氏传》者,盖出孔子壁中。"而《汉志》称孔壁所得止有《尚书》《礼记》《论语》《孝经》。《说文序》云:"鲁恭王坏孔子宅,而得《礼记》《尚书》《春秋》《论语》《孝经》,又北平侯张苍献《春秋左氏传》。"张苍所献者,是否经传合编,则不可知。今《左氏》经文已经后师用《公》《穀》校改,观三体石经与今本不同可知也。《儒林传》称贾谊为《左氏传训故》,是《左氏传》先恭王坏壁而出,《说文序》云张苍献之,是也。

唐赵匡云:丘明者,盖夫子以前贤人,如史佚、迟任之流,而刘歆以为《春秋左氏传》是丘明所为耳。按:昔人所以致疑于左氏者,以《左传》称鲁悼公之谥。鲁悼之卒,后于获麟五十年。又称赵襄子之谥,赵襄之卒,更在其后四年。如左氏与孔子同时,不至如此老寿。然考仲尼弟子,老寿者多。《史记·仲尼弟子列传》称子夏少孔子四十岁,《六国表》称魏文侯十八年受经子夏,时子夏一百一岁矣。至文侯二十五年,子夏一百有八,《魏世家》犹有受经艺之文。假令左氏之年与子夏相若，所举谥号在鲁元初年，其时不过八十余岁，未为笃老也。又《吕览·长利篇》载南宫括与鲁缪公论辛宽语。缪公之卒，上距元公之初五十余年，南宫得见缪公，则何疑于左氏之不逮元公也。刘向《别录》称左丘明授曾申，申授吴起，起授其子期，期授楚人铎椒，铎椒作抄撮八卷，授虞卿，虞卿作抄撮九卷，授荀卿，荀卿授张苍。按：《吕氏春秋·当染篇》《史记》列传，皆称吴起学于曾子(《檀弓》亦称曾申为曾子)；《说苑·建本篇》称魏武侯问元年于吴子，则起受《左氏春秋》于曾申可信。(起死在鲁缪公二十七年，去获麟已百岁。)《十二诸侯年表》云："铎椒为楚威王傅(威王元年去获麟一百四十二年)，为王不能尽观《春秋》，采取成败，卒四十章，为《铎氏微》。"微者，具体而微之谓，即抄撮是也。《左传》全文十七万字，合经文则十九万字，简编之繁重如此，观览不易，传布亦难矣。《汉志》云："《春秋》所贬损大人、当世君臣，有威权势力、其事实皆形于传，是以隐其书而不宣，所以免时难也。"抑亦未尽之论，恐《左氏》之不显，正为简编繁重之故，此铎椒所以作抄撮也。

《吕氏春秋》《韩非子》诸书多引《左氏》之文，其所见是否《左氏》全文抑仅见铎氏抄撮，今无可征。至《公》《穀》所举事实，与《左氏》有同有异。大概《公》《穀》本诸《铎氏》，其不同者，铎本所无耳。《别录》云：铎椒授虞卿，以其时考之，虞卿欲以信陵君之存邯郸为平原君请封(本传)，而铎椒为楚威王傅，自楚威王元年至信陵君救邯郸之岁，历八十三年，则卿不得亲受《春秋》于椒。《别录》所述，当有阙夺。又云：虞卿授荀卿，荀卿授张苍。虞卿相赵，荀卿赵人，自得见之。荀卿适楚而春申君以为兰陵令，春申君死而荀卿废(本传)。荀卿废后十八年秦并天下，时张苍为秦御史，主柱下方书。苍以汉景帝五年卒，年百有余岁(本传)，则为御史时已三四十矣，其得事荀卿自可信。荀卿之卒，史无明文。《盐铁论》称李斯为相,荀卿为之不食,是荀卿亦寿考人也。苍献《左传》而传之贾谊。今观贾谊《新书》征引《左氏》甚多,其传授分明如此。

桓谭《新论》云:《左氏》传世后百余年,鲁穀梁赤为《春秋》,残略多所遗失;又有齐人公羊高缘经文作传,弥离其本事。观《公羊》隐十一年传称"子沈子曰",何休云:沈子称子,冠氏上者,著其为师也。《穀梁·定元年传》直称沈子,则沈子当与穀梁为同辈,此公、穀后先之证也。柏举之役,《穀梁》称蔡昭公归乃用事乎汉,《公羊》则改为用事乎河。盖公羊齐人,知有河而不知有汉,不知自楚归蔡,无事渡河,此公羊不明地理之过也。(《史通》讥《公羊》记晋灵公使勇士贼赵盾,勇士见盾食鱼飱,叹以为俭,以为公羊生自齐邦,不详晋物,以东土所贱,谓西州亦然,遂目彼嘉馔呼为菲食,于物理全爽。)改一字而成巨谬,斯又《公羊》后出之证也。《穀梁》常引《尸子》之言,《汉志》云:"尸子名佼,鲁人,秦相商君师之,鞅死,佼逃入蜀。"穀梁有闻于尸佼,疑其亦得见《秦记》。《六国表》称《秦记》不载月日,穀梁闻尸佼之说,见《秦记》之文,故以鲁史之书月日为义例所在矣。殽之役,《穀梁》言"秦越千里之险,入虚国,进不能守,退败其师,徒乱人子女之教,无男女之别,秦之为狄,自殽之战始也"。范宁不能解,杨士勋疏云:"'乱人子女',谓入滑之时纵暴乱也。"按,《史记·扁鹊传》云:秦缪公梦之帝所,帝告以"晋国且大乱,其后将霸,霸者之子且令而国男女无别"。夫献公之乱、文公之霸,而襄公败秦师于殽,而归纵淫,与《穀梁》之言合符。盖《穀梁》得之《秦记》尔。《史记》商君传:"商君告赵良曰,始秦戎狄之教,父子无别,同室而居,今我更制其教,而为其男女之别。"此亦秦师败于殽而归纵淫之证也。至《穀梁》所记,亦有可笑者,如季孙行父秃、晋却克眇、卫孙良夫跛、曹公子手偻,同时而聘于齐,齐使秃者御秃者,使眇者御眇者,使跛者御跛者,使偻者御偻者。此真齐东野人之语,而《穀梁》信之。又如宋、卫、陈、郑灾,《穀梁》述子产之言曰:"是人也,同日为四国灾也。"岂以禆灶一人能同日为四国灾耶?

《穀梁》下笔矜慎,于事实不甚明了者,常出以怀疑之词,不敢武断。荀卿与申公皆传《穀梁》,大抵《穀梁》鲁学,有儒者之风,不甚重视王霸;公羊齐人,以《孟子》有"其事则齐桓、晋文"之言,故盛称齐桓,亦或过为偏护。何休更推演之,以为黜周、王鲁、为汉制法诸说,弥离《公羊》之本义矣。

《公羊》后师有"新周故宋"之说。《公羊》成十六年传:成周宣榭灾,"外灾不书,此何以书? 新周也。"夫丰镐为旧都,成周为新都。《康诰》曰:"周公初基作新大邑于东国洛。"《召诰》曰:"乃社于新邑。"《洛诰》曰:"王在新邑烝。"新周犹言新邑,周不可外,故书。义本坦易,无须曲解。故宋本非公羊家言,《穀梁》桓公二年传:"孔子,故宋也。"孟僖子称孔子圣人之后,而灭于宋。《穀梁》亦谓孔子旧是宋人。新周、故宋,截然二事,董、何辈合而一之,以为上黜杞,下新周而故宋,此义实《公》《穀》所无,由董、何读传文而立。至文家五等、质家三等之说,尤为傅会。《左氏》言:在礼,卿不会公、侯,会伯、子、男可也。《公羊》亦云:《春秋》,伯、子、男,一也。申之会,子产献伯、子、男会公之礼六。《鲁语》,叔孙穆子言诸侯有卿无军,伯、子、男有大夫无卿。据《周官》:上公九命、侯伯七命、子男五命,即谓公一等,侯伯一等,子男一等;至春秋时,则伯、子、男同等。此时王新制尔。若云素王改制,则子产、叔孙穆子皆在孔子修《春秋》以前,何以已有伯、子、男同班之说? 仲舒未见《左氏》,不知《公羊》之语所由来,乃谓孔子改五等以为三等,为汉制法。其实,汉代止有王、侯二等,非三等也。

公羊即不见《左氏传》,或曾见铎氏抄撮,故其说亦有通于《左氏》者。如"元年春,王正月",《左氏》云:"王周正月。"王周犹后世之称皇唐、皇宋。谓此乃王周之正月,所以别于夏、殷也。《公羊》云:"王者孰谓?谓文王也。曷为先言王而后言正月?王正月也。何言乎王正月?大一统也。"盖文王始称王、改正朔,故公羊以周正属之,其义与左氏不异。乃董仲舒演为通三统之说。如董说则夏建寅、商建丑,必将以二月为商正月,三月为夏正月,不得言王二月、王三月矣。

《公羊》本无神话,凡诸近神话者,皆《公羊》后师傅会而成。近人或谓始于董仲舒。案,《公羊》本以口授,至胡毋生乃著竹帛,当汉景帝时,则与仲舒同时也。何休解诂,一依胡毋生条例。盖妖妄之说,胡毋生已有之,不专出董氏也。《公羊》嫡传,汉初未有其人。(戴宏之说,全无征验。)《论衡·案书篇》云:"公羊高、穀梁置、胡毋氏皆传《春秋》,各门异户。"夫三人并列,可知胡毋生虽说《公羊》而亦自为一家之学。汉人传《尚书》者,小夏侯本受之大夏侯,后别立小夏侯一家。胡毋生之传《公羊》,亦其比矣。《别录》及《艺文志》但列公、谷、邹、夹四家,今谓应加胡毋氏为五家,庶几淄渑有辨。惜清儒未见及此,故其解释《公羊》总不能如晦之见明,如符之复合也。惟《公羊》得胡毋生而始著竹帛,使无胡毋生则《公羊》或竟中绝,然则胡毋生亦可谓《公羊》之功臣矣。

汉末钟繇不好《公羊》而好左氏,谓左氏为太官厨,《公羊》为卖饼家。自《公羊》本义为董、胡妄说所掩,而圣经等于神话,微言竟似预言,固与《推背图》《烧饼歌》无别矣。今治三传自应以《左氏》为主,《穀梁》可取者多,《公羊》颇有刻薄之语,可取者亦尚不少,如内诸夏、外夷狄之义,三传所同,而《公羊》独著明文。又讥世卿之意,《左》《穀》皆有之,而《公羊》于尹氏卒、崔氏出奔,特言世卿非礼。故读《公羊传》者,宜舍短取长,知其为万世制法,非为汉一代制法也。

诸子学略说[①]

所谓诸子学者，非专限于周、秦，后代诸家亦得列入，而必以周、秦为主。盖中国学说，其病多在汗漫。春秋以上，学说未兴。汉武以后，定一尊于孔子，虽欲放言高论，犹必以无碍孔氏为宗，强相援引，妄为皮傅，愈调和者愈失其本真，愈附会者愈违其解故。故中国之学，其失不在支离，而在汗漫。自宋以后，理学肇兴。明世推崇朱氏过于素王；阳明起而相抗，其言致良知也，犹云"朱子晚年定论"；孙奇逢辈遂以调和朱陆为能，此皆汗漫之失也。

惟周秦诸子，推迹古初，承受师法，各为独立，无援引攀附之事。虽同在一家者，犹且矜己自贵，不相通融。故荀子非十二子，子思、孟轲亦在其列。或云"子张氏之贱儒""子游氏之贱儒""子夏氏之贱儒"，诟詈嘲弄，无所假借。《韩非子·显学》篇云："世之显学，儒、墨也。儒之所至，孔丘也。墨之所至，墨翟也。自孔子之死也，有子张之儒，有子思之儒，有颜氏之儒，有孟氏之儒，有漆雕氏之儒，有仲良氏之儒，有孙氏之儒，有乐正氏之儒。自墨子之死也，有相里氏之墨，有相夫氏之墨，有邓陵氏之墨。故孔墨之后，儒分为八，墨离为三，取舍相反不同，而皆自为真。孔墨不可复生，将谁

---

① 此文原载1906年9、10月《国粹学报》丙午年8、9号。

使定世之学乎？"此可见当时学者,惟以师说为宗,小有异同,便不相附,非如后人之忌狭隘,喜宽容,恶门户,矜旷观也。盖观调和独立之殊,而知古今学者远不相及。佛家有言:何等名为所熏？"若法平等,无所违逆,能容习气,乃是所熏;此遮善染,势力强盛,无所容纳,故非所熏""若法自在,性非坚密,能受习气,乃是所熏。此遮心所及无为法,依他坚密,故非所熏。"(见《成唯识论》。)此可见古学之独立者,由其持论强盛,义证坚密,故不受外熏也。或曰:党同门而妒道真者,刘子骏之所恶,以此相责,得无失言？答曰:此说经与诸子之异也。说经之学,所谓疏证,惟是考其典章制度与其事迹而已,其是非且勿论也。欲考索者,则不得不博览传记。而汉世太常诸生,唯守一家之说,不知今之经典,古之官书,其用在考迹异同,而不在寻求义理。故孔子删定六经,与太史公、班孟坚辈初无高下。其书既为记事之书,其学惟为客观之学。党同妒真,则客观之学必不能就,此刘子骏所以移书匡正也。若诸子则不然。彼所学者,主观之学,要在寻求义理,不在考迹异同,既立一宗,则必自坚其说,一切载籍,可以供我之用,非束书不观也。虽异己者,亦必睹其文籍,知其义趣,惟往复辩论,不稍假借而已。是故言诸子,必以周秦为主。

古之学者,多出王官。世卿用事之时,百姓当家,则务农商畜牧,无所谓学问也。其欲学者,不得不给事官府为之胥徒,或乃供洒扫为仆役焉。故《曲礼》云:"宦学事师。"学字本或作御。所谓宦者,谓为其宦寺也;所谓御者,谓为其仆御也。故事师者,以洒扫进退为职,而后车从者,才比于执鞭拊马之徒。观春秋时,世卿皆称夫子。夫子者,犹今言老爷耳。孔子为鲁大夫,故其徒尊曰夫子,犹是主仆相对之称也。《说文》云:"仕,学也。"仕何以得训为学？所谓宦于大夫,犹今之学习行走尔。是故非仕无学,非学无仕,二者是一,而非二也。(学优则仕之言出于子夏,子夏为魏文侯师,当战国时,仕学分途久矣,非古义也。)秦丞相李斯议曰:"若欲有学法令,以吏为师。"亦犹行古之道也。惟其学在王官,官宿其业,传之子孙,故谓之畴人子弟。(见《史记·历书》。)畴者类也。《汉律》"年二十三傅之畴官,各从其父学",此之谓也。(近世阮元作《畴人传》,以畴人为明算之称,非是。)其后有儒家、墨家诸称。《荀子·大略》篇云:"此家言邪学所以恶儒者。"当时学术相传,在其弟子,而犹称为家者,亦仍古者畴官世业之名耳。《史记》称老聃为"柱下史",庄子称老聃为"征藏史",道家固出于史官矣。孔子问礼老聃,卒以删定六艺,而儒家亦自此萌芽。墨家先有史佚,为成王师,其后墨翟亦受学于史角。阴阳家者,其所掌为文史星历之事,则《左氏》所载瞽史之徒能知天道者是也。其他虽无征验,而大抵出于王官。是故《汉·艺文志》论之曰:儒家者流,盖出于司徒之官;道家者流,盖出于史官;阴阳家者流,盖出于羲和之官;法家者流,盖出于理官;名家者流,盖出于礼官;墨家者流,盖出于清庙之守;纵横家者流,盖出于行人之官;杂家者流,盖出于议官;农家者流,盖出于农稷之官;小说家者流,盖出于稗官。此诸子出于王官之证。惟其各为一官,守法奉职,故彼此不必相通。《庄子·天下》篇云"譬如耳目鼻口,皆有所明,不能相通"是也。亦有兼学二术者,如儒家多兼纵横,法家多兼名,此表里一体,互为经纬者也。若告子之兼学儒墨,则见讥于孟氏;而墨子亦谓告子为仁,譬犹跂以为长,隐以为广,其弟子请墨子弃之。(见《墨子·公孟》篇。)进退失据,两无所容,此可为调和者之戒矣。

今略论各家如左:

一论儒家。《周礼·太宰》言"儒以道得民",是儒之得称久矣。司徒之官,专主教化,所谓三物化民。三物者,六德、六行、六艺之谓。是故孔子博学多能,而教人以忠恕。虽然,有商订历史之孔子,则删定六经是也;有从事教育之孔子,则《论语》《孝经》是也。由前之道,其流为经师;由后之道,其流为儒家。《汉书》以周、秦、汉初诸经学家,录入《儒林传》中;以《论语》《孝经》诸书,录入《六艺略》中。此由汉世专重经术,而儒家之荀卿,又为《左氏》《穀梁》《毛诗》之祖,此所以不别经儒也。若在周秦,则固有别。且如儒家巨子李克、宁越、孟子、荀卿、鲁仲连辈,皆为当世显人;而《儒林传》所述传经之士,大都载籍无闻,莫详行事。盖儒生以致用为功,经师以求是为职。虽今文、古文所持有异,而在周秦之际,通经致用之说未兴,惟欲保残守缺,以贻子孙,顾于世事无与。故荀卿讥之曰:鄙夫"好其实,不恤其文,是以终身不免埤污庸俗。故《易》曰'括囊,无咎无誉',腐儒之谓也"。(见《非相》篇。)此云腐儒,即指当世之经师。由今论之,则犹愈于汉世经师言"取青紫如拾芥",较之战国儒家亦为少愈,以其淡于荣利云尔。儒家之病,在以富贵利禄为心。盖孔子当春秋之季,世卿秉政,贤路壅塞,故其作《春秋》也,以非世卿见志。(公羊家及左氏家张敞皆有此说。)其教弟子也,惟欲成就吏材,可使从政。而世卿既难猝去,故但欲假借事权,便其行事,是故终身志望,不敢妄希帝王,惟以王佐自拟。观荀卿《儒效》篇云:"大儒者,天子三公也(杨注:其才堪王者之佐也);小儒者,诸侯大夫士也;众人者,工、农、商贾也。"是则大儒之用,无过三公,其志亦云卑矣。孔子之讥丈人,谓之不仕无义。孟子、荀卿皆讥陈仲,一则以为无亲戚君臣上下,一则以为盗名不如盗货。(见《荀子·不苟》篇。)而荀子复述太公诛华士事(见《宥坐》篇),由其不臣天子,不友诸侯。(见《韩非子·外储说右上》。)是儒家之湛心荣利,较然可知。所以者何?苦心力学,约处穷身,心求得售,而后意歉。故曰:沽之哉,沽之哉!不沽则吾道穷矣。《艺文志》说儒家云:"辟者随时抑扬,违离道本,苟以哗众取宠。"不知哗众取宠,非始辟儒,即孔子固已如是。庄周述盗跖之言曰:"鲁国巧伪人孔丘,不耕而食,不织而衣,摇唇鼓舌,擅生是非,以迷天下之主,使天下学士不反其本,妄作孝弟,而侥幸于封侯富贵者也。"此犹曰道家诋毁之言也。而微生亩与孔子同时,已讥其佞,则儒者之真可见矣。孔子干七十二君,已开游说之端。其后儒家率多兼纵横者(见下)。其自为说曰:"无可无不可。"又曰:"可与立,未可与权。"又曰:"君子之中庸也,君子而时中。"孟子曰:"孔子圣之时者也。"荀子曰:"君子时诎则诎,时伸则伸也。"(见《仲尼》篇。)然则孔子之教,惟在趋时,其行义从时而变。故曰:"言不必信,行不必果。"如(《墨子·非儒下》篇)讥孔子曰:

> 孔某穷于陈蔡之间,藜羹不糁十日,子路为烹豚,孔丘不问肉之所由来而食。褫人衣以酤酒,孔丘不问酒之所由来而饮。哀公迎孔丘,席不端弗坐,割不正弗食。子路进请曰:"何其与陈、蔡反也?"孔丘曰:"来!吾语女。曩与女为苟生,今与女为苟义。"夫饥约,则不辞妄取以活身;赢饱,则伪行以自饰。污邪诈伪,孰大于此?

其诈伪既如此,及其对微生亩也,则又以"疾固"自文。此犹叔孙通对鲁两生曰"若真鄙儒,不知时变"也。所谓中庸,实无异于乡愿。彼以乡愿为贼而讥之。夫一乡皆称愿人,此犹没身里巷,不求仕宦者也。若夫"缝衣浅带,矫言伪行,以迷惑天下之主",则一国皆称愿人。所谓中庸者,是国愿也,有甚于乡愿者也。孔子讥乡愿,而不讥国愿,其湛心利禄,又可知也。君子时中、时伸、时诎,故道德不必求其是,理想亦不必求其是,惟期便于行事则可矣。用儒家之道德,故艰苦卓厉者绝无,而冒没奔竞者皆是。俗谚有云:"书中自有千钟粟。"此儒家必至之弊,贯于征辟、科举、学校之世,而无乎不遍者也。用儒家之理想,故宗旨多在可否之间,论议止于函胡之地。彼耶稣教、天方教崇奉一尊,其害在堵塞人之思想;而儒术之害,则在淆乱人之思想。此程、朱、陆、王诸家,所以有权而无实也。虽然,孔氏之功则有矣,变机祥神怪之说而务人事,变畴人世官之学而及平民,此其功亦复绝千古。二千年来,此事已属过去,独其热中竞进在耳。

次论道家。道家老子,本是史官,知成败祸福之事悉在人谋,故能排斥鬼神,为儒家之先导。(道家如老庄辈,皆无崇信鬼神之事,列子稍近神仙,亦非如汉世方士所为也。《老子》"谷神不死,是谓玄牝"等语,未知何指,道士依傍其说,推为教祖,实于老子无与。)亦以怵于利害,胆为之怯,故事事以卑弱自持。所云"无为权首,将受其咎","人皆取先,己独取后"者,实以表其胆怯之征。盖前世伊尹、太公之属(《汉·艺文志》道家有《伊尹》五十一篇、《太公》二百三十七篇),皆为辅佐,不为帝王。学老氏之术者,周时有范蠡,汉初有张良,其位置亦相类,皆惕然于权首之戒者也。孔子受学老聃,故儒家所希,只在王佐,可谓不背其师说矣。老子非特不敢为帝王,亦不敢为教主。故云:"'弱梁者不得其死',吾将以为教父。"大抵为教主者,无不强梁,如释迦以勇猛无畏为宗,尊曰大雄,亦曰调御;而耶稣、穆罕默德辈或称帝子,或言天使,遇事奋迅,有憨不畏死之风,此皆强梁之最也。老子胆怯,自知不堪此任,故云"人之所教,我亦教之",如是而已。然天下惟胆怯者权术亦多。盖力不能取,而以智取,此事势之必然也。老子云:"道法自然。"太史论老、庄诸子,以为归于自然。自然者,道家之第一义谛。由其博览史事,而知生存竞争,自然进化,故一切以放任为主。虽然,亦知放任之不可久也。群龙无首,必有以提倡之,又不敢以权首自居,是故去力任智,以诈取人,使彼乐于从我。故曰:"善为道者,非以明民,将以愚之。""弱之胜强,柔之胜刚,天下莫不知。"老氏学术,尽于此矣。虽然,老子以其权术授之孔子,而征藏故书,亦悉为孔子诈取。孔子之权术,乃有过于老子者。孔学本出于老,以儒道之形式有异，不欲崇奉以为本师（亦如二程之学，本出濂溪，其后反对佛老，故不称周先生，直称周茂叔而已。东原之学，本出婺源，其后反对朱子，故不称江先生，直称吾郡老儒江慎修而已），而惧老子发其覆也。于是说老子曰："乌鹊孺，鱼傅沫，细要者化，有弟而兄啼。"（见《庄子·天运》篇，意谓己述六经，学皆出于老子，吾书先成，子名将夺，无可如何也。）老子胆怯，不得不曲从其请。逢蒙杀羿之事，又其素所怵惕也。胸有不平，欲一举发，而孔氏之徒，遍布东夏，吾言朝出，首领可以夕断。于是西出函谷，知秦地之无儒，而孔氏之无如我何，则始著《道德经》以发其覆。藉令其书早出，则老子必不免于杀身，如少正卯在鲁，与孔子并，孔子之门"三盈三虚"（见《论衡·讲瑞》篇），犹以争名致戮，而况老子之陵驾其上者乎？呜呼！观其师徒之际，忌刻如此，则其心术可知。其流毒之中人，亦可知已。庄子晚出，其气独高，不惮抨弹前哲。愤奔走游说之风，故作《让王》以正之；恶智力取攻之事，故作《胠箧》以绝之。其术似与老子相同，其心乃与老子绝异。故《天下》篇历叙诸家，已与关尹、老聃裂分为二。其襃之以至极，尊之以博大真人者，以其自然之说，为己所取法也。其裂分为二者，不欲以老子之权术自污也。或谓子夏传田子方，田子方传庄子，是故庄子之学，本出儒家。其说非是。庄子所述，如庚桑楚、徐无鬼、则阳之徒多矣，岂独一田子方耶？以其推重子方，遂谓其学所出，必在于是，则徐无鬼亦庄子之师耶？南郭子綦之说，为庄子所亟称，彼亦庄子师耶？

次论墨家。墨家者，古宗教家，与孔、老绝殊者也。儒家公孟言"无鬼神"（见《墨子·公孟》篇），道家老子言"以道莅天下，其鬼不神"，是故儒道皆无宗教。儒家后有董仲舒，明求雨禳灾之术，似为宗教。道家则由方士妄托为近世之道教，皆非其本旨也。惟墨家出于清庙之守，故有《明鬼》三篇，而论道必归于天志，此乃所谓宗教矣。兼爱、尚同之说，为孟子所非；非乐、节葬之义，为荀卿所驳。

其实墨之异儒者,并不止此。盖非命之说,为墨家所独胜。儒家、道家皆言有命。其善于持论者,神怪妖诬之事,一切可以摧陷廓清,惟命则不能破。如《论衡》有《命禄》《气寿》《幸遇》《命义》等篇是也。其《命义》篇举儒、墨对辩之言曰:

> 墨家之论,以为人死无命;儒家之议,以为人死有命。言有命者,见子夏言"死生有命,富贵在天"。言无命者,闻历阳之都,一宿沉而为湖;秦将白起坑赵降卒于长平之下,四十万众同时皆死;春秋之时,败绩之军,死者蔽草,尸且万数;饥馑之岁,饿者满道;温气疫疠,千户灭门。如必有命,何其秦、齐同也?言有命者曰:夫天下之大,人民之众,一历阳之都,一长平之坑,同命俱死,未可怪也。命当溺死,故相聚于历阳;命当压死,故相积于长平。犹高祖初起,相工入丰、沛之邦,多封侯之人矣;未必老少男女俱贵而有相也。卓踬时见,往往皆然。而历阳之都,男女俱没,长平之坑,老少并陷,万数之中,必有长命未当死之人;遭时衰微,兵革并起,不得终其寿。人命有长短,时有盛衰,衰则疾病,被灾蒙祸之验也。宋卫陈郑,同日并灾,四国之人,必有禄盛未当衰之人,然而俱灾,国祸临之也。故国命胜人命,寿命胜禄命。

凡言禄命,而能成理者,以此为胜。虽然,命者孰为之乎?命字之本,固谓天命。儒者既斥鬼神,则天命亦无可立。若谓自然之数,数由谁设?更不得其征矣。然墨子之非命,亦仅持之有故,未能言之成理也。特以有命之说,使人偷惰,故欲绝其端耳。其《非命》下篇曰:"今天下之君子之为文学出言谈也,非将勤能其颊舌,而利其唇吻也,中实将欲其国家邑里万民刑政者也。今王公大臣,若信有命而致行之,则必怠乎听狱治政矣,卿大夫必怠乎治官府矣,农夫必怠乎耕稼树艺矣,妇人必怠乎纺绩织纴矣。"是故非命者,不必求其原理,特谓于事有害而已。夫儒家不信鬼神,而言有命,墨家尊信鬼神,而言无命,此似自相剌缪者。不知墨子之非命,正以成立宗教。彼之尊天右鬼者,谓其能福善祸淫耳。若言有命,则天鬼为无权矣。卒之盗跖寿终,伯夷饿夭,墨子之说,其不应者甚多,此其宗教所以不能传久也。又凡建立宗教者,必以音乐庄严之具感触人心,使之不厌,而墨子贵俭非乐,故其教不能逾二百岁(秦汉已无墨者)。虽然,墨子之学诚有不逮孔、老者,其道德则非孔、老所敢窥视也。

次论阴阳家。阴阳家亦属宗教,而与墨子有殊观。《墨子·贵义》篇云:"子墨子北之齐,遇日者。日者曰:'帝以今日杀黑龙于北方,而先生之色黑,不可以北。'子墨子不听,遂北,至淄水,不遂,而返焉。日者曰:'我谓先生不可以北。'子墨子曰:'南人不得北,北人不得南,其色有黑者有白者,何故皆不遂也?且帝以甲乙杀青龙于东方,以丙丁杀赤龙于南方,以庚辛杀白龙于西方,以壬癸杀黑龙于北方,以戊己杀黄龙于中方。若用子之言,则是禁天下之行者也。'"盖墨家言宗教,以善恶为祸福之标准;阴阳家言宗教,以趋避为祸福之标准,此其所以异也。或疑《七略》以阴阳家录入诸子,而数术自为一略,二者何以相异?答曰:以今论之,实无所异,但其理有浅深耳。盖数术诸家皆繁碎占验之辞,而阴阳家则自有理论,如《邹子》四十九篇,《邹子终始》五十六篇,《邹奭子》十二篇。观《史记·孟荀列传》所述,邹衍之说,穷高极深,非专术家之事矣。《南公》三十六篇,即言"楚虽三户,亡秦必楚"者,是为预言之图谶,亦与常占有异。如扬雄之《太玄》、司马光之《潜虚》、邵雍之《皇极经世》、黄道周之《三易洞玑》,皆应在阴阳家,而不应在儒家六艺家。此与蓍龟形法之属,高下固殊绝矣。

次论纵横家。纵横家之得名,因于从人横人。以六国抗秦为从，以秦制六国为横。其名实不通于异时异处。《汉志》所录，汉有《蒯子》五篇，《邹阳》七篇。蒯劝韩信以三分天下，鼎足而居；邹阳仕梁，值吴楚昌狂之世，其书入于纵横家，亦其所也。其他《秦零陵令信》一篇，《主父偃》二十八篇，《徐乐》一篇，《庄安》一篇，《待诏金马聊苍》一篇。身仕王朝，复何纵横之有？然则纵横者，游说之异名，非独外交专对之事也。儒家者流，热中趋利，故未有不兼纵横者。如《墨子·非儒》下篇记孔子事，足以明之：

> 孔丘之齐，见景公。景公欲封之以尼溪。晏子曰："不可。"于是厚其礼，留其封，数见而不问其道。孔乃恚怒于景公与晏子，乃树鸱夷子皮于田常之门，告南郭惠子以所欲为。归于鲁。有顷间，齐将伐鲁，告子贡曰："赐乎！举大事于今之时矣。"乃遣子贡之齐，因南郭惠子以见田常，劝之伐吴，以教高、国、鲍、晏，使毋得害田常之乱。

《越绝书·内传·陈成恒》篇亦记此事云："子贡一出，存鲁、乱齐、破吴、强晋、霸越。"是则田常弑君，实孔子为之主谋。沐浴请讨之事，明知哀公不听，特借此以自文。此为诈谖之尤矣。便辞利口，覆邦乱家，非孔子、子贡为之倡耶？《庄子·胠箧》云："田成子一旦杀齐君而盗其国，所盗者岂独其国耶？并举其圣知之法而盗之。故窃钩者诛，窃国者为诸侯，诸侯之门，而仁义存焉。"此即切齿腐心于孔子之事也。自尔以来，儒家不兼纵横，则不能取富贵。余观《汉志》儒家所列，有《鲁仲连子》十四篇，《平原君》七篇，《陆贾》二十三篇，《刘敬》三篇，《终军》八篇，《吾丘寿王》六篇，《庄助》四篇。此外则有郦生，汉初谒者，称为大儒，而其人皆善纵横之术。其关于外交者，则鲁仲连说辛垣衍，郦生说田横，陆贾、终军、严助谕南越是也。其关于内事者，则刘敬请都关中是也。吾丘寿王在武帝前，智略辐凑，传中不言其事。寿王既与主父偃、徐乐、庄助同传,其行事实相似。而平原君朱建者,则为辟阳侯审食其事,游说嬖人,其所为愈卑鄙矣。纵横之术,不用于国家,则用于私人。而持书求荐者,又其末流。曹丘通谒于季布,楼护传食于五侯。降及唐世,韩愈以儒者得名,亦数数腾言当道,求为援手。乃知儒与纵横,相为表里,犹手足之相支,毛革之相附也。宋儒稍能自重。降及晚明,何心隐辈又以此术自豪。及满洲而称理学者,无不习捭阖、知避就矣。孔子称"达者,察言观色,虑以下人","闻者,色取行违,居之不疑"。由今观之,则闻者与纵横稍远,而达者与纵横最近,达固无以愈于闻也。程朱末流,惟是闻者;陆王末流,惟是达者。至于今日,所谓名臣大儒,则闻达兼之矣。若夫纵人横人之事,则秦皇一统而后,业已灭绝。故《隋书·经籍志》中,惟存《鬼谷》三卷,而梁元帝所著《补阙子》与《湘东鸿烈》二书,不知其何所指也。

次论法家。法家者,略有二种:其一为术,其一为法。《韩非子·定法篇》曰:"申不害言术,而公孙鞅为法。术者,因任而授官,循名而责实,操杀生之柄,课群臣之能者也,此人主之所执也。法者,宪令著于官府,刑罚必于民心,赏存乎慎法,而罚加乎奸令者也,此臣之所师也。"然为术者,则与道家相近;为法者,则与道家相反。《庄子·天下》篇说慎到之术曰:"椎柏辁断,与物宛转","推而后行,曳而后往,若飘风之还,若羽之旋,若磨石之隧,全而无非,动静无过,未尝有罪。"此老子所谓"圣人无常心,以百姓为心"也。此为术者与道家相近也。老子言:"民不畏死,奈何以死惧之?"太史公《酷吏列传》亦引"法令滋章,盗贼多有"之说,而云"法令者,治之具,而非制治清浊之源"。此为法者与道家相反也。亦兼任术法者,则管子、韩非是也。《汉志》《管子》列于道家,其《心术》《白心》《内业》诸篇,皆其术也;《任法》《法禁》《重令》诸篇,皆其法也。韩非亦然。《解老》《喻老》本为道家学说。少尝学于荀卿,荀卿隆礼义而杀《诗》《书》，经礼三百，固周之大法也。韩非合此二家，以成一家之说，亦与管子相类。(惟《管子·幼官》诸篇，尚兼阴阳，而韩非无此者，则以时代不同也。)后此者惟诸葛亮专任法律，与商君为同类。故先主遗诏，令其子读《商君书》(见裴松之《三国志注》引《诸葛亮集》)，知其君臣相合也。其后周之苏绰、唐之宋璟，庶几承其风烈。然凡法家必与儒家、纵横家反对。惟荀卿以儒家大师，而法家韩、李为其弟子，则以荀卿本意，在杀《诗》《书》，固与他儒有别。韩非以法家而作《说难》，由其急于存韩，故不得不兼纵横耳。其余则与儒家、纵横家，未有不反唇相稽者。《商君·外内》篇曰："奚谓淫道？为辩知者贵，游宦者任，文学私名显之谓也。"此兼拒儒与纵横之说也。《靳令》篇曰："六虱：曰礼乐，曰《诗》《书》，曰修善，曰孝弟，曰诚信，曰贞廉，曰仁义，曰非兵，曰羞战。"此专拒儒家之说也。韩非《诡使》篇曰："守度奉量之士，欲以忠婴上而不得见；巧言利辞，行奸轨以幸偷世者数御。"《六反》篇曰："游居厚养，牟食之民也，而世尊之曰有能之士；曲语牟知，伪诈之民也，而世尊之曰辩智之士。"此拒纵横家之说也。《五蠹》篇曰："儒以文乱法，侠以武犯禁。"《显学》篇曰："藏书策，习谈论，聚徒役，服文学而议说，世主必从而礼之。""国平则养儒侠，难至则用介士，所养者非所用，所用者非所养，此所以乱也。"此拒儒家之说也。《五蠹》篇曰："明主之国，无书简之文，以法为教；无先王之语，以吏为师。"此拒一切学者之说也。至汉公孙弘、董仲舒辈，本是经师，其时经师与儒已无分别。弘习文法吏事，而缘饰以儒术；仲舒为《春秋决狱》二百三十二事，以应廷尉张汤之问。儒家、法家，于此稍合。自是以后，则法家专与纵横家为敌。严助、伍被，皆纵横家，汉武欲薄其罪，张汤争而诛之。主父偃亦纵横家，汉武欲勿诛，公孙弘争而诛之。而边通学短长之术，亦卒潜杀张汤。诸葛治蜀，赏信必罚。彭羕、李严，皆纵横之魁桀，故兼诛而严流。其于儒者，则稍稍优容之。盖时诎则诎，能俯首帖耳于法家之下也。然儒家、法家、纵横家，皆以仕宦荣利为心。惟法家执守稍严，临事有效。儒家于招选茂异之世，则习为纵横，于综核名实之世，则毗于法律。纵横是其本真，法律非所素学。由是儒者自耻无用，则援引法家以为已有。南宋以后，尊诸葛为圣贤，亦可闵已。然至今日，则儒、法、纵横，殆将合而为一也。

次论名家。名家之说，关于礼制者，则所谓"刑名从商，爵名从周，文名从礼"也。关于人事百物者，则所谓"散名之加于万物者，则从诸夏之成俗曲期"也。《庄子·天下》篇云："《春秋》以道名分。"非特褒贬损益而已。《穀梁传》曰："陨石于宋，五。先陨而后石，何也？陨而后石也。于宋，四竟之内曰宋。后数，散辞也，耳治也。""六鹢退飞过宋都。先数，聚辞也，目治也。"石鹢且犹尽其辞，而况于人乎？说曰："陨石，记闻也，闻其磌然，视之则石，察之则五。""六鹢退飞，记见也，视之则六，察之则鹢，徐而察之则退飞。"是关于散名者也。凡正名者，亦非一家之术。儒、道、墨、法必兼是学，然后能立能破。故儒有《荀子·正名》，墨有《经说》上下，皆名家之真谛，散在余子者也。若惠施、公孙龙辈，专以名家著闻，而苟为铄析者多，其术反同诡辩。故先举儒家《荀子·正名》之说，以征名号。其说曰：

何缘而以同异？曰：缘天官。凡同类同情者，其天官之意物也同，故比方之疑似而通。是所以共其约名以相期也。形体、色理，以目异；声音清浊、调竽奇声，以耳异；甘、苦、咸、淡、辛、酸、奇味，以口异；香、臭、芬、郁、腥、臊、洒、酸、奇臭，以鼻异；疾、养、沧、热、滑、铍、轻、重，以形体异；说、故、喜、怒、哀、乐、爱、恶、欲，以心异。心有征知。征知，则缘耳而知声可也，缘目而知形可也。然则征知必将待天官之当簿其类，然后可也。五官簿之而不知，心征之而无说，则人莫不然谓之不知，此所缘而以同异也。然后随而命之：同则同之，异则异之。单足以喻则单；单不足以喻则兼；单与兼无所相避则共，虽共不为害矣。……故万物虽众，有时而欲遍举之，故谓之物。物也者，大共名也。推而共之，共则有共，至于无共然后止。有时而欲偏举之，故谓之鸟兽。鸟兽者，大别名也。推而别之，别则又别，至于无别然后止。……物有同状而异所者，有异状而同所者，可别也。状同而为异所者，虽可合，谓之二实。状变而实无别而为异者，谓之化。有化而无别，谓之一实。此事之所以稽实定数也。此制名之枢要也。

按此说同异何缘？曰缘天官。中土书籍少言缘者，故当征之佛书。大凡一念所起，必有四缘：一曰因缘，识种是也；二曰所缘缘，尘境是也；三曰增上缘，助伴是也；四曰等无间缘，前念是也。缘者是攀附义。此云缘天官者，五官缘境，彼境是所缘缘，心缘五官见分，五官见分是增上缘，故曰"缘耳而知声可也，缘目而知形可也"。五官非心不能感境，故同时有五俱意识为五官作增上缘。心非五官，不能征知，故复借五官见分为心作增上缘。五官感觉，惟是现量，故曰"五官簿之而不知"。心能知觉，兼有非量、比量。初知觉时，犹未安立名言，故曰"心征之而无说"。征而无说，人谓其不知，于是名字生焉。大抵起心分位，必更五级：其一曰作意，此能警心令起；二曰触，此能令根（即五官）、境、识三，和合为一；三曰受，此能领纳顺违俱非境相；四曰想，此能取境分齐；五曰思，此能取境本因。作意与触，今称动向，受者今称感觉，想者今称知觉，思者今称考察。初起名字，惟由想成，所谓口呼意呼者也。继起名字，多由思成，所谓考呼者也。凡诸别名，起于取像，故由想位口呼而成。凡诸共名，起于概念，故由思位考呼而成。同状异所，如两马同状,而所据方分各异。异状同所,如壮老异状,而所据方分是同。不能以同状异所者谓为一物;亦不能以异状同所者谓为二物。然佛家说六种言论,有云众法聚集言论者,谓于色、香、味、触等事和合差别,建立宅、舍、瓶、衣、车、乘、军、林、树等种种言论。有云非常言论者,或由加行,谓于金段等起诸加行,造环钏等异庄严具,金段言舍,环钏言生;或由转变,谓饮食等于转变时,饮食言舍,便秽言生。(见《瑜伽师地论》。)然则同状异所者,物虽异而名可同,聚集万人,则谓之师矣。异状同所者,物虽同而名可异,如卵变为鸡,则谓之鸡矣。《荀子》未言及此,亦其鉴有未周也。次举《墨经》以解因明。其说曰:"故,所得而后成也。"(《经上》。)"小故,有之不必然,无之必不然。体也,若有端。大故,有之必无然。若见之成见也。体,若二之一,尺之端也。"(《经说上》。)《荀子》惟论制名,不及因名之术,要待《墨子》而后明之。何谓因明?谓以此因明彼宗旨。佛家因明之法,宗、因、喻三,分为三支。于喻之中,又有同喻异喻。同喻异喻之上,各有合离之言词,名曰喻体。即此喻语,名曰喻依。如云声是无常(宗),所作性故(因)。凡所作者皆是无常,同喻如瓶;凡非无常者皆非所作,异喻如太空(喻)。《墨子》之"故",即彼之"因",必得此因,而后成宗。故曰:"故,所得而后成也。"小故,大故,皆简因喻过误之言。云何小故?谓以此大为小之"因"。盖凡"因"较宗之"后陈",其量必减。如以所作成无常,而无常之中,有多分非所作者,若海市、电光,无常起灭,岂必皆是所作?然凡所作者,则无一不是无常。是故无常量宽,所作量狭。今此同喻合词,若云凡无常者,皆是所作,则有"倒合"之过。故曰:"有之不必然。"谓有无常者,不必皆是所作也。然于异喻离词,若云凡非无常者皆非所作,则为无过。故曰:"无之必不然。"谓无无常者,必不是所作也。以体喻宽量,以端喻狭量,故云:"体也,若有端。"云何大故?

谓以此大为彼大之因。如云声是无常，不遍性故。不遍之与无常，了不相关，其量亦无宽狭。既不相关，必不能以不遍之因，成无常之宗。故曰："有之必无然。"二者同量，若见与见，若尺之前端后端。故曰："若见之成见也。""体，若二之一，尺之端也。"近人或谓印度三支，即是欧洲三段。所云宗者，当彼断按；所云因者，当彼小前提；所云同喻之喻体者，当彼大前提。特其排列逆顺，彼此相反，则由自悟、悟他之不同耳。然欧洲无异喻，而印度有异喻者，则以防其倒合。倒合则有减量换位之失，是故示以离法，而此弊为之消弭。村上专精据此以为因明法式长于欧洲。乃《墨子》于小故一条，已能知此，是亦难能可贵矣。若鸡三足狗非犬之类，诡辩繁辞，今姑勿论。

次论杂家。杂家者，兼儒墨，合名法，见王治之无不贯。此本出于议官，彼此异论，非以调和为能事也。《吕氏春秋》《淮南》内篇，由数人集合而成，言各异指，固无所害。及以一人为之，则漫羡无所归心，此《汉志》所以讥为荡者也。《韩非子·显学》篇曰："墨者之葬也，冬日冬服，夏日夏服，桐棺三寸，服丧三月，世主以为俭而礼。儒者破家而葬，服丧三年，大毁扶杖，世主以为孝而礼之。夫是墨子之俭，将非孔子之侈也；是孔子之孝，将非墨子之戾也。今孝戾俭侈，俱在儒墨，而上兼礼之。漆雕之议，不色挠，不目逃，行曲则违于臧获，行直则怒于诸侯，世主以为廉而礼之。宋荣子之议，设不斗争，取不随仇，不羞囹圄，见侮不辱，世主以为宽而礼之。夫是漆雕之廉，将非宋荣之恕也；是宋荣之宽，将非漆雕之暴也。今宽廉恕暴，俱在二子，人主兼而礼之。自愚诬之学、杂反之辞争，而人主俱听之。故海内之士，言无定术，行无常议。夫冰炭不同器而久，寒暑不兼时而至，杂反之学不两立而治。今兼听杂学，缪行同异之举，安得无乱乎？"韩非说虽如是，然欲一国议论如合符节，此固必不可得者。学术进行，亦借互相驳难，又不必偏废也。至以一人之言，而矛盾自陷，俯仰异趋，则学术自此衰矣。东汉以来，此风最盛。章氏《文史通义》，谓近人著作"无专门可归者，率以儒家、杂家为蛇龙之菹"，信不诬也。

次论农家。农家诸书，世无传者。《氾胜之书》时见他书征引，与贾思勰之《齐民要术》、王桢之《农书》，义趣不异。若农家止于如此，则不妨归之方技，与医经、经方同列。然观《汉志》所述云："鄙者为之，以为无所事圣王，欲使君臣并耕，悖上下之序。"则许行所谓神农之言，犹有存者。韩非《显学》篇云："今世之学士语治者，多曰：'与贫穷地，以实无资。'"是即近世均地主义。斯所以自成一家欤。

次论小说家。周秦、西汉之小说，似与近世不同。如《周考》七十六篇、《青史子》五十七篇、《臣寿周纪》七篇、《虞初周说》九百四十三篇，与近世杂史相类。比于《西京杂记》《四朝闻见录》等，盖差胜矣。贾谊尝引《青史》，必非谬悠之说可知。如《伊尹说》二十七篇，《鬻子说》十九篇，《宋子》十八篇，《待诏臣安成未央术》一篇，则其言又兼黄老。《庄子·天下》篇举宋钘、尹文之术列为一家，荀卿亦与宋子相难。今《尹文》入名家，而《宋子》只入小说，此又不可解者。以意揣之，"宋子上说下教，强聒不舍"（见《庄子·天下》篇），盖有意于社会道德者。所列黄老诸家，宜亦同此。街谈巷议，所以有益于民俗也。《笑林》以后，此指渐衰，非刍荛之议矣。

上来所述诸子凡得十家，而《汉志》称九流者，彼云九家可观，盖小说特为附录而已。就此十家论之，儒、道本同源而异流，与杂家、纵横家合为一类；墨家、阴阳家为一类；农家、小说家为一类；法家、名家各自独立，特有其相通者。

文学略说①

文学分三项论之:一论著作之文与独行之文有别;二论骈体、散体各有所施,不可是丹非素;三论周秦以来文章之盛衰。

一、著作之文与独行之文。著作之文云者,一书首尾各篇互有关系者也;独行之文云者,一书每篇各自独立,不生关系者也。准是论文,则《周易》《春秋》《周官》《仪礼》、诸子,著作之文也(《仪礼》虽分十七篇而互有关系);《诗》《书》,独行之文也。孔子删诗,如后世之总集,惟商初、周初诸篇偶有关系,然各篇不相接者多,与《春秋》编年者异撰,或同时并列三篇,或旷数百年而仅存一篇。自尧至秦,一千七百年中,商书残缺;夏书则于后羿、寒浞之事,一无记载。盖书本各人各作,不相系联。孔子删而集之,亦犹夫诗矣。后人文集,多独行之文;惟正史为著作之文耳。以故著作之文,以史类为主;而周末诸子,说理者为后起,老、墨、庄、申、韩、孟、荀是也;惟《吕览》是独行之文编集而为著作者也。著作之盛,周末为最。顾独在诸子,史部不能与抗。至汉,《太史公》继《春秋》而作,史部始盛。此后子书,西汉有陆贾《新语》(真伪不可知)、贾谊《新书》、董仲舒《春秋繁露》(后人归入经部)、桓宽《盐铁论》(集当时郡国贤良商论盐铁榷沽

---

① 此文原载1935年11月《章氏星期讲演会》第9期。

事)、扬雄《法言》；东汉有王充《论衡》、王符《潜夫论》、仲长统《昌言》(全书不可见)、荀悦《申鉴》、徐干《中论》。持较周秦诸子，说理固不逮，文笔亦渐逊矣。然魏文帝论文，不数宴游之作，而独称徐干为不朽者，盖犹视著作之文尊于独行者也。

著作之文，本有史部、子部二类。王充谓："司马子长累积篇第，文以万数；然而因成前纪，无胸中之造。扬子云作《太玄经》，造于助思，极窈冥之深，非庶几之才，不能成也。"(《论衡·超奇》篇。)此为抑扬太过。《史记》虽袭前文，其为去取，亦甚难矣。充又数称桓君山，谓说论之徒，君山为甲。今桓谭书不可见，惟《群书治要》略载数篇，亦无甚高深处。而充称为素丞相者，盖王、桓气味相投，能破坏不能建立，此即邱光庭《兼明书》之发端也。(东汉人皆信阴阳五行，王充独破之，故蔡中郎得其书，秘之账中。中郎长于碑版，能为独行之文而不能著作者。)至于三国，《典论》全书不可见。刘劭《人物志》论官人之法，行文精炼，汉人所不能为，《隋志》入之名家，以其书品评人物，综核名实，于名家为近也。其论英雄，谓"张良英而不雄，韩信雄而不英。体分不同，以多为目，故英雄异名，皆偏至之材，人臣之任也。故英可为相，雄可为将。若一人之身兼有英雄，则能长世，高祖、项羽是也。然英之分以多于雄，而英不可以少也。英分少则智者去之，故项羽气力盖世，明能合变，而不能听采奇异；有一范增不用，是以陈平之徒，皆亡归高祖。英分多故群雄服之，英才归之，两得其用，故能吞秦破楚，宅有天下。然则英雄多少，能自胜之数也。徒英而不雄，则雄才不服也；徒雄而不英，则智者不归也。故雄能得雄，不能得英；英能得英，不能得雄。故一人之身兼有英雄，乃能役英与雄。能役英与雄，故能成大业也"。语似突梯，而颇合当时情理。晋世重清谈，宜多著作之文；然而无有者，盖清谈务简，异于论哲学也。乐广擅清言，而不著书。《世说新语》云："客问乐令旨不至者，乐亦不复剖析文句，直以麈尾柄确几曰：'至不？'客曰：'至。'乐因又举麈尾曰：'若至者，那得去？'于是客乃悟服。广辞约而旨达、皆此类。"故无长篇大论。其时子书有《抱朴子》等（《抱朴子》外篇论儒术，内篇论炼丹），颜之推讥之，以为"魏晋以来，所著诸子，理重事复，递相模学，犹屋下架屋、床上施床耳"。《颜氏家训》言处世之方，不及高深之理。精于小学，故有《音辞篇》；信奉释氏，故有《归心篇》。其书与今敦煌石室所出《太公家教》类似。之推文学之士，多学问语。太公不知何人，或为隋唐间老农。学问有深浅，故文笔异雅俗耳。李习之谓《太公家教》与《文中子》为一类，不知《文中子》夸饰礼乐，而《家教》则否，余故谓是《家训》之类也。唐人子部绝少。后理学家用禅宗语录体著书，亦入子部，其文字鄙俚，故顾亭林讥之曰："夫子之文章，不可得而闻矣。"

史部之书，范晔《后汉书》、陈寿《三国志》，皆一手所作。《宋书》《齐书》《梁书》《陈书》亦然。《隋书》，魏征等撰。本纪、列传，出颜师古、孔颖达手（自来经学家作史，惟孔颖达一人）；《天文》《律历》《五行》三志，出李淳风手。《新唐书》，宋祁撰列传，欧阳修撰志，虽出两人，文笔不甚相远。《晋书》出多人之手。《旧唐书》，号称刘昫撰，昫实总裁而已。《旧五代史》，薛居正撰，恐亦非一人之作。欧阳修《新五代史》，固出一手，然见闻不广，遗漏太多。辽、金、元三史，皆杂凑而成，惟《东都事略》乃王偁一人之作。《明史》本万斯同所作，但有列传，无本纪、表、志。余弟子朱逖先在北京购得稿本，体裁工整，而纸色如新，未敢决然置信。然文笔简练，殆非季野不能为。王鸿绪《横云山人明史稿》，纪、表、志、传具备，而删去万历以后列传。乾隆时重修《明史》，则又出多人之手矣。编年史如《汉纪》《后汉纪》《十六国春秋》，皆一手所作。（《十六国春秋》，真伪不可知。）《通鉴》一书，周、秦、两汉为刘奉世所纂，六朝为刘恕所纂，隋唐为范祖禹所纂,虽出众手,而温公自加刊正。"臣光曰"云云,皆温公自撰,亦可称一手所成者也。大抵事出一手者为著作之文(史部、子部应分言之),反之则非著作之文。宋人称《新五代史》可方驾《史记》,《史记》安可几及?以后世史部独修者少,故特重视之耳。

《左》《国》《史》《汉》中之奏议书札,皆独行之文也。西汉以前,文集未著。《楚辞》一类,为辞章之总集。汉人独行之文,皆有为而作,或为奏议,或为书札,鲜有以论为名者。其析理论事,仅延笃《仁孝先后论》一篇耳,其文能分析而未臻玄妙,徒以《解嘲》《非有先生论》之属皆是设论,非论之正,故不得不以延笃之论为论之首也。魏晋六朝,崇尚清谈。裴頠《崇有》,范缜《神灭》,斯为杰构。清谈者宗师老子,以无为贵,故裴頠作论以破其说。《宏明集》所收,多扬玄虚之旨,范缜远承公孟(太史公云:学者多言无鬼神),近宗阮瞻,昌论无鬼,谓形之于神,犹刀之于利,未闻刀去而利存,安有人亡而神在?是仍以清谈破佛法也。此种析理精微之作,唐以后不可见。近世曾涤笙言古文之法,无施不可,独短于说理。(方望溪有"文以载道"之言,曾氏作此说,是所见过望溪已。)夫著作之文,原可以说理。古人之书,《庄子》奇诡,《孟》《荀》平易,皆能说理。韩非《解老》《喻老》,说理亦未尝不明。降格以求,犹有《崇有》《神灭》之作,何尝短于说理哉?后人为文,不由此道,故不能说理耳。然而宗派不同、门户各别,彼所谓古文,非吾所谓古文也。彼所谓古文者,上攀秦汉,下法唐宋,中间不取魏晋六朝。秦汉高文,本非说理之作,相如、子云,一代宗工,皆不能说理。韩、柳为文,虽云根柢经、子,实则但摹相如、子云耳。持韩较柳,柳犹可以说理,韩尤非其伦矣。(柳遭废黜,不能著成一书,年为之限,深可惜也。)盖理有事理、名理之别。事理之文,唐宋人尚能命笔;名理之文,惟晚周与六朝人能为之。古文家既不敢上规周秦,又不愿下取六朝,宜其不能说理矣。要之，文各有体。法律条文，自古至今，其体不变。汉律、唐律，如出一辙。算术说解，自《九章》而下，亦别自成派。良以非此文体，无以说明其理故也，律算如此，事理、名理亦然。上之周秦诸子，下之魏晋六朝，舍此文体不用，而求析理之精、论事之辨，固已难矣。然则古人之文，各类齐备，后世所学，仅取一端。是故，非古文之法独短于说理，乃唐宋八家下逮归、方之作，独短于说理耳。

史部之文，班马最卓。后世学步，无人能及。传之于碑，文体攸殊。传钝叙事，碑兼文质。而宋人造碑，宛然列传。昌黎以二千余字作《董晋行状》，其他碑志，不及千字，宋人所作神道墓志，渐有长者。子由作《东坡墓志》，字近七千，而散漫冗碎，不能收束。晦庵作《韩魏公志》，文成四万，亦不能收束。持较《史》《汉》千余字之《李斯列传》，七八千字之《项羽本纪》，皆收束得住，不可同年而语矣。后人无作长篇之力量，则不能不学韩、柳之短篇，以求收束得住，所谓起伏照应之法。凡为作长篇，不易收束而设也。(此法宋人罕言，明人乃常言尔。)是故即论单篇独行之作，亦古今人不相及矣。

后世史须官修，不许私撰。学成班马，技等屠龙。惟子书无妨私作，然自宋至今，载笔之士，率留意独行之文，不尚著作。理学之士，创为语录，有意子部，而文采不足。余皆单篇孤行，未有巨制，岂不以屠龙之技为不足学耶？今吴江有宝带桥，绵亘半里，列洞七十，传为胡元时造；福建泉州有万安桥，长及二里，传为蔡襄所造。此皆绝技，后人更无传者。何者？师不以传之弟子，弟子亦不愿受之于师，以学而无所可用也。著作之文，每况愈下，亦犹此矣。

二、骈文、散文各有体要。骈文、散文，各有短长。言宜单者，不能使之偶；语合偶者，不能使之单。《周礼》《仪礼》，同出周公，而《周礼》为偶，《仪礼》则单。盖设官分职，种别类殊，不偶则头绪不清；入门上阶，一人所独，为偶则语必冗繁。又《文言》《春秋》，同出孔子，《文言》为偶，《春秋》则单。以阴阳刚柔，非偶不优；年经月纬，非单莫属也。同是一人之作，而不同若此，则所谓辞尚体要矣。

骈散之分，实始于唐，古无是也。晋宋两代，骈已盛行。然属对自然，不尚工切。晋人作文，好为迅速。《兰亭序》醉后之作，文不加点，即其例也。昭明《文选》则以沉思翰藻为主，《兰亭》速成，乖于沉思，文采不艳，又异翰藻，是故屏而弗录。然魏晋佳论，譬如渊海，华美精辨，各自擅场。但取华美，而弃精辨，一偏之见，岂为允当，顾《文选》所收对偶之文，犹未极其工切也。

降及隋唐，镂金错采，清顺之气，于焉衰歇，所以然者，北入南学（如温子升辈是），得其皮毛，循流忘返，以至斯极。于是初唐四杰廓清之功，不可没也。（颜师古作《等慈寺塔记铭》，有意为文，即不能工；杨盈川作《王子安文集序》，以为当时之文，皆糅之金玉龙凤，乱之青黄朱紫，子安始革此弊。）降及中叶，李义山始专力于对仗，为宋人四六之先导。王子安"落霞""孤鹜"二语，本写当时眼前景物，而宋人横谓"落霞"飞蛾之号，以对"孤鹜"，乃为甚工（宋人笔记中多此语），其可笑有如此者。骈文本非宋人所工，徒以当时表奏皆用四六，故上下风行耳。欧阳永叔以四六得第，虽宗韩柳，不非骈体。（永叔举进士，试《左氏失之诬论》有"石言于晋，神降于莘；内蛇斗而外蛇伤，新鬼大而故鬼小"语，颇以自矜。）东坡虽亦作四六，而常讥骈体。平心论之，宋人四六实有可议处也。清乾隆时，作骈体者规摹燕许，斐然可观。李申耆选《骈体文钞》（申耆，姚姬传之弟子，肄业钟山书院，反对师说，乃作是书），取《过秦论》《报任少卿书》，一切以为骈体，则何以异于桐城耶？阮芸台妄谓古人有文有辞，辞即散体、文即骈体，举孔子《文言》以证文必骈体，不悟《系辞》称辞，亦骈体也。刘申叔文本不工，而雅信阮说。余弟子黄季刚初亦以阮说为是，在北京时，与桐城姚仲实争，姚自以老耄，不肯置辩。或语季刚：呵斥桐城，非姚所惧；诋以末流，自然心服。其后白话盛行，两派之争,泯于无形。由今观之,骈散二者本难偏废。头绪纷繁者,当用骈;叙事者,止宜用散;议论者,骈散各有所宜。不知当时何以各执一偏,如此其固也。

邹阳,纵横家也。观其上书(《邹阳》七篇,《汉志》入纵横家。《史记》,邹阳与鲁仲连同传。周孔之作不论,论汉人之作,相如、子云之文非有为而作,故特数邹阳),行文以骈。而文气之盛,异于后之四六。是故谓骈体气弱,未为笃论。宋子京《笔记》谓作史不应有骈语;刘子玄亦云:史文用骈,似箫笛杂鼙鼓、脂粉饰壮士。此谓叙事不宜用骈也。不仅宋子京、刘子玄如此,六朝人作史,亦无用骈语者。唐诏令皆用骈体,而欧阳永叔撰《新唐书》,一切削去,此则太过。夫诏令以骈而不可录;罪人供状,词旨鄙俚,莫此为甚,何为而可录耶?后人不愿为散体者,谓散体短于说理,不知《崇有》《神灭》之作,亦非易为。若夫桐城派导源震川(尧峰亦然),阳湖略变其法,而大旨则同。震川之文,好摇曳生姿,一言可了者,故作冗长之语。曾涤笙讥之曰:"神乎、味乎?徒辞费耳。"此谓震川未脱八股气息也。至于散之讥骈,谓近俳优,此亦未当。玉溪而后,雕绘满眼,弊固然矣。若《文选》所录,固无襞积拥肿之病也。今以口说衡之,历举数事,不得不骈;单述一理,非散不可。二者并用,乃达神旨。以故,骈散之争,实属无谓。若立意为骈,或有心作散,比于削趾适履,可无须尔。

骈散合一之说,汪容甫倡之,李申耆和之。然晋人为文,如天马行空,绝无依傍,随笔写去,使人难分段落。今观容甫之文,句句锻炼,何尝有天马行空之致;容甫讥呵望溪,而湘绮并诮汪、方。湘绮之文,才高于汪,取法魏晋,兼宗两汉。盖深知明七子之弊,专学西汉,有所不逮;但取晋宋,又不甘心。故其文上取东汉,下取魏晋,而自成湘绮之文也。若论骈散合一,汪、李尚非其至,湘绮乃成就耳。然湘绮列传碑版,摹拟《史记》,袭其成语,往往有失检之处。

如《邹汉勋传》云："如邹汉勋者，又何以称焉？"此袭用《史记·伯夷列传》语而有误也。夫许由、卞随、务光之事，太史疑其非实，故作此问。若邹汉勋者，又何疑焉？

三、周秦以来文章之盛。论历代文学，当自周始。孔子曰："郁郁乎文哉，吾从周。"周初之文，厥维经典，不能论其优劣。春秋而后，始有优劣可言。春秋时文体未备，综其所作，记事、叙言多而单篇论说少。七国时文体完具，但无碑版一体。钟鼎虽与碑版相近，然其文不可索解。故正式碑版，断自秦后起也。（任昉《文章缘起》，其书真伪不可知，所论亦未可信据。）概而论之，文章大体备于七国；若其细碎，则在六朝。六朝之后，亦有新体，如墓志，本为不许立碑者设；后世碑与墓志并用，其在六朝，墓志不为正式文章也。又如寿序，宋以前犹未著。然论文学之盛衰，固不拘于文体之损益。

自唐以来，论文皆以气为主。气之盛衰，不可强为。大抵见理清、感情重，自然气盛。周秦之作，未有不深于理者，故篇篇有气。论感情，亦古人重于后人。《颜氏家训》谓："别易会难，古人所重；江南饯送，下泣言离。"梁武帝送弟王子侯出为东郡，云："我年已老，与汝分张，甚以恻怆。"数行泪下。非独爱别离如此，即杯酒失意，白刃相仇，亦惟深于感情者为然。何者？爱深者恨亦深，二者成正比例也。今以《诗经》观之，好贤如《缁衣》，恶恶如《巷伯》，皆可谓甚真。至于《楚辞·离骚》之忠怨，《国殇》之严杀，皆各尽其致。汉人叙战争者，如《项羽本纪》《李陵列传》，有如目睹，非徒其事迹之奇也，乃其文亦极描写之能事矣。此在后世文人为之，虽有意描写，亦不能几及。何也？其情不至也。大抵抒情之作，往往宜于小说。然自唐以降，小说家但能叙鬼怪，而不能叙战争攻杀。此由实情所无，想象亦有所不逮。惟有男女之情，今古不变，后世小说，类能道之。然人之爱情，岂仅限于男女？君臣、父子、兄弟、朋友,无不有爱情焉。而后世小说之能事,则尽于述男女而已。

汉人之文,后世以为高,然说理之作实寡。魏晋渐有说理之作,但不能上比周秦。今人真欲上拟周秦两汉,恐贻举鼎绝膑之诮。明七子李空同辈,高谈秦汉,其实邯郸学步耳。后七子如李沧溟文,非其至者,而诗尚佳;王凤洲文胜于沧溟,颇能叙战争及奇伟之迹,此亦由于情感激发尔。如杨椒山之事,人人愤慨,故凤洲所作行状,有声有色。顾持较《史》《汉》,犹不能及。以《史》《汉》文出无心,凤洲则有意摹拟,着力与不着力,自有间也。

抒情说理之作如此,其非抒情亦非说理如《七发》之类者亦然(《七发》亦赋类)。《七发》气势浩汗,无堆垛之迹,拟作者《七启》《七命》即大有径庭。相如、子云之赋,往往用同偏旁数字堆垛以成一句,然堆垛而不觉其重。何也?有气行乎其间,自然骨力开张也。降及东汉,气骨即有不逮。然《两都》《两京》以及《三都》,犹粗具规模,后此则无能为之者矣。此类文字,不关情之深、理之邃,以余度之,殆与体气有关。汉人之强健,恐什佰于今人,故其词气之盛,亦非后世所及。今人发古墓,往往见古人尸骨大于今人,此一证也。武梁祠画像,其面貌虽不可细辨,然鼻准隆起,有如犹太、回回人,此又一证也。汉世尚武之风未替,文人为将帅者,往往而有。又汉行征兵制,而其时歌谣,无道行军之苦者。唐代即不然,杜诗《兵车行》《石壕吏》之属可证也。由此可见,唐人之体气已不逮汉人,此又一证也。以汉人坚强好勇,故发为文章,举重若轻,任意堆垛而不见堆垛之迹,此真古今人不相及矣。不特文章为然,见于道德者亦然。道德非尽出于礼,亦生于情。情即有关于气体。体气强则情重,德行则厚;体气弱,情亦薄。德行亦衰。孔子曰:"仁者必有勇。"知无勇不能行仁也。《吕氏春秋·慎大览》称孔子之劲,举国门之关,而不肯以力闻。《史记·仲尼弟子传》云:子路性鄙,少孔子九岁,好勇力,志伉直,冠雄鸡,佩豭豚,陵暴孔子。孔子设礼诱之,乃儒服委质,因门人请为弟子。今观孝堂山石刻子路像,奋袖抽剑,雄鸡之冠,与《史记》所言符合。知孔子之服之路,非仅用礼,亦能以力胜矣。后世理学家不取粗暴之徒,殆亦为无孔子之力故耳。(澹台灭明之斩蛟,亦好勇之征也。)夫并生一时代者,体格之殊,当不甚远。孔子、墨子,时代相接。孔子之勇如此,则墨子之以自苦为极,若救宋之役,百舍重茧而不息,亦可信矣。自两汉以迄六朝,文气日以衰微者,其故可思也。《世说新语》记王子猷、子敬俱坐一室,上忽发火,子猷遽走避,不惶取屐;子敬神色恬然,徐唤左右,扶凭而出,不异平常。尔时膏粱子弟,染于游惰如此,体气之弱可知矣。有唐国势,虽不逮两汉,犹胜于六朝。故燕许大手笔,文虽骈体,气骨特健,自此一变而为韩柳之散文。宋代尚文,讳言武事,欧、曾、王、苏之作,气骨已劣于韩、柳。余常谓文不论骈散,要以气骨为主。曾涤笙倡阴阳刚柔之说,合于东人所谓壮美、优美者。以历代之作程之:周、秦、两汉之文刚,魏、晋南朝之文柔;唐代武功犹著,故其文虽不及两汉,犹有两汉遗风;宋代国势已弱,故欧、苏、曾、王之文,近于六朝;南宋及元,中国既微,文不成文;洪武肇兴,驱逐胡虏,国势虽不如汉唐,优于赵宋实远。其异于汉唐者,汉唐自然强盛,明则有勉强之处耳。明人鉴于宋人外交之卑屈,故特自尊大。凡外夷入贡,表章须一律写华文,朝鲜、安南文化之国,许其称臣……天使册封,不可径入其国城,须特建天桥,逾城而入;贡使之入中国者,官秩虽高,见典史不可不用手本,不可不称大人。外夷称中国曰天朝者,即始于此。诸如此类,即可见明代国势之盛,出于勉强。国势如此,国人体气恐亦类此。其见于文事者,台阁体不足为代表,归震川闲情冷韵之作,亦不足为代表,所可代表者,为前后七子之作。彼等强学秦汉,力不足以赴之,譬如举鼎绝膑,不自觉其面红耳赤也。归震川生长昆山，王凤洲生长太仓，籍贯同隶苏州，而气味差池。震川与凤洲争名，二人皆自谓学司马子长，然凤洲专取《史记》描摹之笔及浓重之处，震川则以为《史记》佳处在闲情冷韵。盖苏州人好作冷语，震川之文，苏州人之文也。震川殆知秦汉不易学，而又不甘自谓不逮秦汉，故专摹《史记》之冷语欤？由此遂启桐城派之先河。桐城派不皆效法震川，顾其主平淡、不主浓重则同。姚姬传学问之博，胜于方望溪，而文之气魄则更小，谋篇过六七百字者甚罕。梅伯言修饰更精，而气体尤不逮矣。曾涤笙以为学梅伯言而以为未足，颇有粗枝大叶之作，气体近于阳刚。此其故关于国势、体力。……绿营兵丁大抵羸劣，营汛武职官俸薄，往往出为贾竖，自谋生活，其权力犹不如今之警察，故汉人皆以当兵为耻。夫不习戎事，则体力弱；及其为文，自然疲苶矣。曾涤笙自办团练，以平洪杨之乱，国势既变，湘军亦俨然一世之雄，故其文风骨遒上，得阳刚之气为多。虽继起无人，然并世有王湘绮，亦可云近于阳刚矣。湘绮与涤笙路径不同，涤笙自桐城入而不为八家所囿；湘绮虽不明言依附七子，其路径实与七子相同，其所为诗，宛然七子作也。惟明人见小欲速，文章之士，不讲其他学问。昌黎云：作文宜略识字。七子不能，故虽高谈秦汉，终不能逮。湘绮可谓识字者矣，故其文优于七子也。由上所论，历代文章之盛衰，本之国势及风俗，其彰彰可见者也。

  文之变迁，不必依骈散为论，然综观尚武之世，作者多散文；尚文之世，作者多骈文。秦汉尚武，故为散文，骈句罕见。东汉崇儒术，渐有骈句。魏晋南朝，纯乎尚文，故骈俪盛行。唐代尚武，散体复兴。(唐人散体，非始于韩柳。韩柳之前，有独孤及、梁肃、萧颖士、元结辈，其文渐趋于散。惟魄力不厚。至昌黎乃渐厚耳。譬之山岭脉络，来至独孤、萧、梁，至韩柳乃结成高峰也。)宋不尚武，故其文通行四六。作散文者，仅欧、曾、王、苏数人而已。(姚姬传云:论文章,虽朱子亦未为是。大抵南宋之文,为后世场屋之祖。吕东莱、陈止斋、叶水心,学问虽胜,文则不工。《东莱博议》,纯乎场屋之文。陈止斋、叶水心之作,当时所谓对策八面锋,亦仅可应试而已。)余波及于明清。桐城一派,上接秦汉、下承韩柳固不足,以继北宋之轨则有余,胜于南宋之作远矣。

唐宋以来之散文,导源于独孤及、萧颖士辈,是固然矣。然其前犹可推溯,人皆不措意耳。《文中子》书,虽不可信,要不失为初唐人手笔。其书述其季弟王绩(字无功,号东皋子),作《五斗先生传》(见《事君》篇),其文今不可见。以意度之,殆拟陶渊明之《五柳先生传》。其可见者,《醉乡记》《负苓者传》,皆散漫而不用力,于陶氏为近,不可不推为唐代散文之发端。又马、周所作章奏,摹拟贾太傅《治安策》,于散体中为有骨力。唐人视周为策士一流,不与文学之士同科,实亦散文之滥觞也。大凡文品与当时国势不符者,文虽工而人不之重。燕许庙堂之文,当时重之,而陆宣公论事明白之作,见重于后世者,当时反不推崇。萧颖士之文,平易自然。元结始为谲怪,独孤及、梁肃变其本而加之厉。至昌黎始明言词必己出,凡古人已用之语,必摒弃不取,而别铸新词。昌黎然、柳州亦然,皇甫湜、孙樵,无不皆然。风气既成,宜乎宣公奏议之不见崇矣。然造词之风,实非始于昌黎。《唐阙史》云:"左将军吐突承璀(昌黎同时人)方承恩顾,及将败之岁,有妖生所居。先是,承璀尝华一室,红梁粉壁,为谨诏敕藏机务之所。一日,晨启其户,有毛生地,高二尺许,承璀大恶之,且恐事泄,乃躬执箕帚,芟除以瘞,虽防口甚固,而娓娓有知者。承璀尤不欲达于班列。一日,命其甥尝所亲附者曰:'姑为我微行省闼之间,伺其丛谈,有言者否。'甥禀教敛躬而往,至省寺,即词诘守卫,辄不许进。方出安上门,逢二秀士,自贡院回,笑相谓曰:'东广坤毳可以为异矣。'甥驰告曰:'醋大知之久矣(原

注：中官谓南班，无贵贱皆呼醋大)，且易其名呼矣。'谓左军为东广、地毛为坤毳矣。"易左军地毛曰东广坤毳，则与称龙门曰虬户无异，以言之者无碍，闻之者立悟。知唐人好以僻字易常名，乃其素习。故樊宗师作《绛守居园池记》，而昌黎称为文从字顺也。今观其文，代东方以丙、西方以庚，亦东广坤毳之类。昌黎称之者，以其语语生造，合于己意也。盖造词为当时风尚，而昌黎则其杰出者耳。

欧阳永叔号称宗师韩柳，其实与韩柳异辙。惟以不重四六为学韩柳耳。永叔《题绛守居园池记》，诋呵樊氏，不遗余力，可知其与昌黎异趣矣。宋子京与永叔同时，皆以学昌黎为名，而子京喜造词，今《新唐书》在，人以涩体称之，可证也。夫自作单篇，未尝不可造词；作史则不当专务生造。子京之文，有盛名于时，及永叔之文行，趋之者皆崇自然；于是子京之文不复见称道。故知文品不合于时代，虽工亦不行也。

唐末迄于五代，文之衰弊已极。北宋初年，柳河东(开)、穆伯长(修)，稍为杰出。河东文实不工，伯长才力薄弱，而故为诘屈聱牙。于时王禹偁所作，实较柳穆为胜，惟才力亦薄弱耳。禹偁激赏丁谓、孙何，《宋史·丁谓传》云：谓与何同袖文谒禹偁，禹偁重之，以为自唐韩愈、柳宗元后，三百年始有此作。二人之文，今不可见。穆伯长弟子尹师鲁(洙)，文颇可观。苏子美(舜钦)亦佳，师鲁之文，永叔所自出，惟师鲁简练，永叔摇曳为异。永叔之文，震川一派所自昉也。苏子美仕不得志，颇效柳州之所为，永叔亟称之。此二家较柳穆王三家为胜。又永叔同时有刘原父(敞)，才力宏大，司马温公文亦醇美。今人率称八家，以余论之，唐宋不止八家。唐有萧颖士、独孤及、韩愈、柳宗元、李翱六家(皇甫湜、孙樵不足数)，宋则尹洙、苏舜钦、刘敞、宋祁、司马光、欧阳修、曾巩、王安石、苏洵父子，合十一家(柳、穆、王不必取，苏门如秦观之《淮海集》、苏过之《斜川集》，文非不佳，惟不出东坡之窠臼,故不取。元结瑰怪,杜牧粗豪,亦不取),合之可称唐宋十七家。茅鹿门之所以定为八家者,盖韩柳以前之作,存者无多;宋初人文亦寡。六家之文,于八股为近;韩柳名高,不得不取:故遂定为八家耳。

权德与年辈高于昌黎,文亦不恶,惟少林下风度耳。明台阁体即自此出。杜牧之文为侯朝宗、魏叔子所自出。惟粗豪太过耳。近桐城、阳湖二派,拈雅健二字以为论文之准。然则权德与雅而不健,杜牧之健而不雅。雅健并行,二家所短。若依此选文,唐可八家(合权、杜数之),宋可十六家(合柳、穆、王、秦、苏过数之),允为文章楷则矣。(雅健者,文章入门之要诀,不仅散文之须雅健,骈文亦须雅健,派别可以不论)。乾嘉间朱竹君(筠)《笥河文集》行于北方,其文亦雅而不健,似台阁一路。姚姬传笑之,以为笥河一生为文学宋景濂,永远是门外汉。是故,雅而不健,不可;健而不雅,亦不可。明于雅健二字,或为独行之文,或为著作之文,各视其人之力以为趣舍,庶乎可以言文。

继此复须讨论者,文章之分类是也。《文心雕龙》分为十九类,《古文辞类纂》则为十三类。今依陆士衡《文赋》为说,取其简要也。自古惟能文之士为能论文,否则皮傅之语,必无是处。士衡《文赋》,区分十类,虽有不足,然语语确切,可作准绳,其言曰:"诗缘情而绮靡,赋体物而浏亮,碑披文以相质,诔缠绵而凄怆,铭博约而温润,箴顿挫而清壮,颂优游以彬蔚,论精微而朗畅,奏平彻以闲雅,说炜晔而谲诳。"十类以外,传状序记,士衡所未齿列。今案:家传一项,晋人所作,有《李郃传》《管辂传》,全文今不可见。就唐人所引观之,大抵散漫,无密栗之致。行状一项,《文选》录任彦昇《竟陵文宣王行状》一篇,体裁与后世所作不类。原行状之体,本与传同,而当时所作,文多质少,语率含浑。(行状上之尚书,考功司据以拟谥,李翱以为今之行状,文过其质,不可为据,始变文为质,不加藻饰。)游记一项,古人视同小说，不以入文苑。东汉初，马第伯作《封禅仪记》，偶然乘兴之笔。后则游记渐孳，士衡时尚无是也。序录一项，古人皆自著书而自为序。刘向为各家之书作序，此乃在官之作；后世为私家著述作序者，古人无是也。此四项，士衡所不论，今就士衡所赋者论之：

诗、赋：士衡缘情、体物二语，实作诗造赋之要。赋本古诗之流，七国时始为别子之祖。至汉，《子虚》《上林》，篇幅扩大，而《古诗十九首》仍为短章。盖体物者，铺陈其事，不厌周详，故曰浏亮。缘情者，咏歌依违，不可直言，故曰绮靡。然赋亦有缘情之作，如班孟坚之《幽通》、张平子之《思玄》、王仲宣之《登楼》，皆偶一为之，非赋之正体也。

碑、诔：古人刻石，不以碑名。秦皇刻石，峄山、泰山、琅琊、芝罘、碣石、会稽诸处，皆直称刻石，不称碑。庙之有碑，本以丽牲；墓之有碑，本以下棺。作碑文者，东汉始盛。今汉碑存者百余通，皆属文言。往往世系之下，缀以考语；所治何学，又加考语；每历一官，辄加考语，无直叙其事者。故曰"披文以相质也"。不若是，将与行状、家传无别。魏晋不许立碑；北朝碑文，体制近于汉碑；中唐以前之碑，体制亦未变也。独孤及、梁肃始为散文，然犹不直叙也。韩昌黎作《南海神庙碑》，纯依汉碑之体；作《曹成王碑》，用字瑰奇，以此作碑则可，作传即不可。桐城诸贤不知此，以昌黎之碑为独创，不知本袭旧例也。（昌黎犹知文体，宋以后渐不然。）宋人作碑，一如家传，惟首尾异耳。此实非碑之正体。观夫蔡中郎为人作碑，一人作二三篇，以其本是文言，故属辞可以变化；若为质言，岂有一人之事迹，可作二三篇述之耶？至汉碑有称"诔曰"者，知碑与诔本不必分，然大体亦有区别。碑虽主于文饰，仍以事实为重。诔则但须缠绵凄怆而已。后世作诔者少，潘安仁《马汧督诔》，乃是披文相质之作。碑与诔故是同类。后世祭文，则与诔同源。

铭、箴：碑亦有铭。此所谓铭，则器物之铭也。崔子玉《座右铭》，多作格言，乃《太公家教》之类，取其义，不取其文耳。张孟阳《剑阁铭》云："敢告梁益。"是箴体也。所谓博约温润者，语不宜太繁，又不宜太露。然则《剑阁铭》是铭之正轨也。箴之由来已久。官箴王阙，本以刺上，后世作箴，皆依《虞箴》为法，扬子云、崔亭伯官箴、州箴，合四十余篇。所与铭异者，有顿挫之句，以直言为极，故曰"顿挫而清壮"也。张茂先《女史箴》，笔路渐异，尚能合法；至昌黎《五箴》，则失其步趋者也。

颂、论：三颂而外，秦碑亦颂之类也。刻石颂德，斯之谓颂矣。惟古代之颂，用之祭祀。生人作颂，始于秦碑，及后人作碑亦称"颂曰"是也。柳子厚作《平淮西雅》，其实颂也。颂与雅，后世不甚分耳。要以优游炳蔚为贵。论者，评议臧否之作。人之思想，愈演愈深，非论不足以发表其思想，故贵乎精微朗畅也。士衡拟《过秦》作《辩亡论》，议封建作《五等论》。二者皆论政之文，故为粗枝大叶，而非论之正体。当以诸子为法，论名理不论事理，乃为精微朗畅者矣。庄荀之论，无一不合精微朗畅之旨。韩非亦有之，但不称论耳。（论事之作，不以为正体，王褒《四子讲德论》作于汉代，周秦无有也。）《文选》录王褒《四子讲德论》，论事本非正体，当为士衡所不数。盖周秦而后，六朝清谈佛法诸论，合乎正轨。《崇有论》反对清谈，《神灭论》反对佛法，此亦非朗畅不能取胜。此种论，唐以后不能作。盖唐以后人只能论事理，不能论名理矣。刘梦得、柳子厚作《天论》，似乎精细，要未臻精微朗畅之地。宋儒有精微之理，而作文不能朗畅，故流为语录。

奏、说：七国时游说，多取口说而鲜上书，上书即奏也。纵横家之作，大抵放恣，苏秦、范雎是矣，即李斯《谏逐客》亦然。自汉人乃变为平彻闲雅之作，以天下统一，纵横之风替也。平则易解，雅则可登于庙堂。此种体式,自汉至唐不变。至明人奏议,辄以痛骂为能事,故焦里堂谓温柔敦厚之教至明人而尽。如杨叔山劾严嵩曰贼嵩,虽出忠愤,甚非法式。又如刘良佐、刘泽清称福王拘囚太子是无父子,不纳童氏是无夫妇。又如万历时御史献酒、色、财、气四箴,此皆乖于进言之道。自唐以来,奏议以陆宣公为最善,既平彻又闲雅,可谓正体;所不足者,微嫌繁冗耳。唐人好文,三四千言之奏,人主犹能遍览,若在后世,正恐无暇及此。曾涤笙自谓学陆宣公,今观其文,类于八股,平固有之,雅则未能。甲午战后,王湘绮尝代李少荃奏事,多引《诗》《书》,摹拟汉作,雅则有余,平则不足。于是知平彻闲雅之难也。说者古人多为口说,原非命笔为文,《文心雕龙》讥评士衡,谓"自非谲敌,则惟忠与信,披肝胆以献主,飞文敏以济辞,此说之本也"。不悟七国游士,纵横捭阖,肆口陈言,取快一时,确有炜晔谲诳之观,然其说必与事实相符,乃得见听。苏秦之合纵,非易事也。而六国之君听之者,固以其口辩捷给,亦为有其实学耳。《国策》言苏子去秦而归,揣摩太公阴谋之符,然后出说人主。由今观之,苏子亦不徒恃阴谋,盖明于地理耳。七国时地图难得,惟涉路远者,知舆地大势。荀子游于列国,故《议兵篇》所言地理不误,自余若孟子之贤,犹不知淮泗之不入江。《孟子》:"决汝汉、排淮泗而注之江。"不知淮泗不入江也。)汉兴,萧何入关,收秦图籍,故能知天下形势。否则,高祖起自草莽,何由知之?惟苏秦居洛阳,必尝见地图,故每述一国境界,悉中事情,然后言其财赋之多寡,兵力之强弱,原原本本,了然无遗。其说赵肃侯也,谓"臣请以天下之地图按之。"夫以草泽匹夫,而深知国情如此,宜乎六国之君不敢不服其说矣。后世口说渐少,惟战争时或有之,留侯之借箸、武侯之求救于孙权,皆所谓谲诳者。后杜牧之作《燕将录》,载浑忠为燕牧刘济使,说魏牧田季安;又元和十四年说刘济子忠,皆慷慨立谈,类于苏秦。颇疑牧之所文饰,非当时实事。昌黎作《董晋行状》,述晋对李怀光语,亦口若悬河。晋服官无闻,此亦疑昌黎所文饰也。然则苏秦而后,口说可信者,惟留侯、诸葛二事。要皆炜晔谲诳,不尽出于忠信,以此知士衡之说为不可易也。

综上所论,知士衡所举十条,语语谛当,可作准绳。至其所未及者,祭文准诔,传状准史。(今人如欲作传,不必他求,只依《史》《汉》可矣。行状与传,大体相同,惟首尾为异。且行状所以议谥,明以来议谥不据行状,则行状无所用之,不作可也。)序记之属,古人所轻。官修书库,序录提要,盖非一人所能为。若私家著述,于古只有自序;他人作之,亦当提挈纲首,不可徒为肤泛。记惟游记可作,《水经注》、马第伯《封禅仪记》,皆足取法。宋人游记叙山水者,多就琐碎之处著笔,而不言大势,实无足取。余谓《文赋》十类之外,补此数条已足。姚氏《古文辞类纂》分十三类,大旨不谬。然所见甚近,以唐宋直接周秦诸子、《史》《汉》,置东汉、六朝于不论,一若文至西汉即斩焉中绝,昌黎之出真似石破天惊者也。天下安有是事耶?(桐城派所说源流不明,不知昌黎亦有师承。)余所论者,似较姚氏明白。

原　变[①]

　　人谓紫脱华于层冰,其草最灵。(《文选》王元长《三月三日曲水诗序》注引《礼斗威仪》:"人君乘土而王,其政大平,而远方献其珠英、紫脱。"紫脱,北方之物,生植紫宫。按:紫宫,即北极。今北冰洋亦有浮生之草,岂即紫脱欤?)紫脱非最灵也,其能寒过于款冬已。鼠游于火,忍热甚也。海有象马,嘘吸善也。物苟有志,强力以与天地竞,此古今万物之所以变。变至于人,遂止不变乎?

　　人之相竞也,以器。风胡子曰:轩辕、神农、赫胥之时,以石为兵,断树木为宫室,死而龙臧。黄帝时,以玉为兵,以伐树木,为宫室凿地,死而龙臧。禹穴之时,以铜为兵,以凿伊阙,决江导河,东注于东海,天下通平,治为宫室。当今之时,作铁兵,为龙渊、泰阿工布麈之,至于猛兽欧瞻,江水折扬,晋、郑之头毕白。(见《越绝书·外传·记宝剑》。)

　　石也,铜也,铁也,则瞻地者以其刀辨古今之期者也。惟玉独无所见于故书轶事。

　　章炳麟曰:阖胡观于鞞琫珌具之用?以知璋之邸射,古之刀也;圭之上剡,古之铗也;大圭杼上而终葵首,古之铁椎也;琮之八

---

　　① 此文选自《检论》卷一。《检论》系《訄书》的增订删改本,1915年收入《章氏丛书》,由上海右文社出版。

隅,古之矛与戟也。及玉,不足以刃人,而仅存其璲珌以为容观。武库之兵,出之典瑞,以为聘祭之币,斯无以竞矣。

竞以器,竞以礼,昔之有用者,皆今之无用者也。民无兽患,则狩苗可以废。社无鬼神,则朱丝、攻鼓可以息。自是以推,坐不隐地而跪䠱,庙不揆景而刻石,大臣戮者不赐盘水而拜恩,名实既诡,则皆可以替。

竞以礼,竞以形,昔之有用者,皆今之无用者也。冰期之世,非茸毛不足与寒气格战。至于今,则须发为无用,凑理之上,遂无短毳矣。泰古之马,其蹢四指,足以破泪洳。今海内有大陆,而马财一指。然则寒暑燥湿之度变,物之与之竞者,其体亦变。且万族之相轧,非直寒暑燥湿之比者也。若是,人且得无变乎?浸益其智,其变也佝长硕岸而神明。浸损其智,其变也若跛鳖而愚。其变之物,吾不能知也,要之,蜕其故用而成其新用。

吾不敢道其日益,而道其日损。下观于深隧,鱼虾皆瞽,非素无目也,至此无所用其目焉。鲸有足而不以企,羖有角而不以触,马爵有翼而不以飞,三体勿能用,久之则将失其三体。故知人之怠用其智力者,萎废而为麞蜼。人迫之使入于幽谷,夭阏天明,令其官骸不得用其智力者,亦萎废而为麞蜼。防风,釐姓也,后为僬如。马留,天汉之士卒也(《唐书·南蛮·环王传》:"又有西屠夷,盖马援还,留不去者,才十户,隋末孳衍至三百,皆姓马。俗以其寓,故号'马留人',与林邑分唐南境。"按:今马来由族,亦作巫来由。来由,即留之切音。是马来由即马留,当时仅十户,而今南洋皆其种族。孳乳固广,容亦相溷),今其颜色苍黑,其思虑不徇通。自亚洲之域,中国、日本、卫藏、印度有猿,其他不产。澳洲无猿,亦无反噍之兽。其无者,化而为野人矣。其有者,安知非放流之族,梼杌、穷奇之余裔,宅岫窟以御离彪者,从而变其形也?以是为忧,故"无逸"之说兴,而"合群明分"之义立矣。

章炳麟曰：物不知群，益州之金马、碧鸡。大古有其畜矣，沾沾以自喜，踽踽以丧群，而亡其种，今仅徵其枯腊。(凡僵石，皆生物所化，亦有本是金石，而生物留其印迹者；又有生物已化去，而佗金石之质往代其壳，与原式无异者。是盖鸡马枯壳已化，而金碧代之也。)知群之道，细若贞虫，其动翃翃，有部曲进退，而物不能害。山林之士，避世离俗以为亢者，其侏张不群，与夫贪墨佣驽之役夫，诚相去远矣。然而其弊，将挈生民以为虞蜼。故仲尼谇之曰：鸟兽不可与同群。

合群之义，其说在《王制》《富国》；知人之变，其说在《八索》。(《左》昭十二年传，"八索"马融注："八索，八卦。"是说最为近之。《说卦》传于一索、再索、三索得男女之前，先列乾为首，坤为腹，震为足，巽为股，坎为耳，离为目，艮为手，兑为口。是则"八索"者，明人体之取象于八卦，宜亦涉人类学及全体学者。又按：古之拜跽，基于隐地，今惟日本尚近之耳。泰西尊奉景教，人不相拜，独施于祅祠。《元史·宪宗纪》禽钦察部酋巴齐玛克，命之跪，曰："身非驼，何以跪人为？"盖亦与景教同旨。)

订　孔[①]

上

日本有远藤隆吉者,自以为习汉事,其言曰:夫差第《韶》《武》,制为邦者四代,非一意循旧也,以其卓跞过人,后生自以瞻望弗及,重神其言,革一义若有刑戮,则一意循旧自此始。故更八十世而无进取者,咎亡于孔氏。祸本成,其胙尽矣。(略举选滕氏《哲学史》。)

章炳麟曰:一意循旧者,汉世博士有之,魏、晋以后亡是也。追惟仲尼闻望之隆,则在六籍。六籍者,道、墨所周闻。故墨子称《诗》《书》《春秋》多太史中秘书。而老聃为守藏史,得其本株。异时倚相、长叔诸公,不降志于删定六艺。墨翟虽博闻,务在神道,珍秘而弗肯宣。继志述事,缵老之绩,而布彰六籍,令人人知前世废兴,中夏所以创业垂统者,孔氏也。遭焚散复出,则关轴自持于孔氏。诸子却走,职矣。且古者世禄,子就父学,为畴官。后世虽已变更,九流犹称家。孟轲言法家拂士,荀卿称家言邪学,百家无所窜,小家珍说之所愿皆衰,其遗迹也。宦于大夫,谓之"宦御事师"。(《曲礼》"宦学事师",学亦作御。)言仕者又与学同(《说文》:"仕,学也"),

---

[①]　此文选自《检论》卷三。

明不仕则无所受书。周官宾兴万民，以礼、乐、射、御、书、数，六籍不与焉。（礼乐亦士庶常行者耳，必无周官之典。）尚犹局于乡遂。王畿方百万里，被教者六分一耳。及管子制五官技，能为《诗》《易》《春秋》者，予之一马之田，一金之衣。（《山权数》。）盯庶之识故事者，若此其寡也。管子虽厉学，不遍九服，又令细民以是干小禄、致末秩。其学蕞陋，长见笑于大方之家。自老聃写书征藏，以诒孔氏，然后竹帛下庶人。六籍既定，诸书复稍出金匮石室间。民以昭苏，不为徒役。九流自此作，世卿自此堕，朝命不擅威于肉食，国史不聚歼于故府。故直诸夏覆亡，虽无与立，而必有与毙也。不曰"贤于尧舜"，岂可得哉？

夫神化之道，与时宜之，故五帝不同礼，三王不沿乐。布六籍者，要以识前事，非谓旧章可永循也。汉初古文既不远布，而仲尼名实已高岩矣。诸儒睹秦余敝法，欲有更易，持之未有其故，由是破碎六籍，定以己意，参之天官、历象、五行、神仙诸家，一切假名孔氏，以为魁柄，则六籍为巫书。哀、平之间，《周官》《左氏》始兴，神道渐褫。更二百年，而得黄初。后王所以更制者，未尝不随时经变，何乃无进取哉！且旧章诚不可与永守，政不骤革，斟酌向今，未有不借资于史。先汉之史，则谁乎？其惟姬周旧典，见于六籍者。故虽言通经致用，未害也。迁、固承流，而继事者相次十有余家。法契之变，善败之数，则多矣。犹言通经致用，则不与知六籍本意。

章炳麟曰：仲尼，良史也。辅以丘明，而次《春秋》，料比百家，若旋机玉斗矣。谈、迁嗣之，后有《七略》。孔子殁，名实足以抗者，汉之刘歆。（书布天下，功由仲尼。其后独有刘歆而已。微孔子，则学皆在官，民不知古，乃无定臬。然自秦皇以后，书复不布。汉兴，虽除挟书之禁，建元以还，百家尽黜，民间惟有五经、《论语》，犹非师授不能得。自余竟无传者。东平王求《史记》于汉廷，桓谭假《庄子》于班嗣，明其得书之难也。向、歆理校雠之事，书既杀青，复可迻写，而书贾亦赁鬻焉。故后汉之初，王充游洛阳书肆，已见有卖书者。其后邵卿章句之儒，而见《周官》；康成草莱之氓，而窥《史记》，则书之传者广矣。至梁时，阮孝绪以处士撰《七录》，是为天禄石渠之守，遂于民间也。然以钞撮重烦，犹多窒滞。及冯道为镂版之术，而负贩益多矣。《宋史·刑昺传》：景德二年，上问昺："经板几何？"昺曰："国初不及四千，今十余万，经传正义皆具。"则他书可以例推。由此观之，冯道功亦不细。学之高下，行之衰正，非此所论也。）

下

往时定儒家，莫若孟、荀。私以《论语》晻昧，《三朝记》与诸告饬，总纰经记，辞义映如也。下比孟轲，博习故事则贤，而辩察少歉矣。荀卿以积伪俟化治身，以隆礼县群众。道不过三代，以绝殊瑰；法不贰后王，以綦文理。始终以礼穿縠，故科条皆渥然无自戾者。其正名也，与墨子相扶持。有所言缘，先于西来桑门之书。由斯道也，虽百里而民献比肩可也。其视孔子，长幼断可识矣。夫孟、荀道术，皆踊绝孔氏，惟才美弗能与等比，故终身无鲁相之政，三千之化。才与道术本异出，而流俗多视是崇堕之。故仲尼名独尊，其道术固未逮也。怀是者十余年，中间颇论九流旧闻。上观庄生，为《齐物论释》。又以闲暇，质定老聃、韩非、惠施诸书。方事改革，负缧东海，独抱持《春秋》，窥识前圣作史本意，卒未知其道术崇庳也。

以炎、黄、喾、尧之灵，幸而时济，光复旧物。间气相捔，逼于舆台，去食七日，不起于床，歔然叹曰：余其未知羑里、匡人之事！夫不学《春秋》，则不能解辫发，削左衽。不学《易》，则终身不能无大过，而悔吝随之。始玩爻象，重籀《论语》诸书，霁然若有寤者。圣人之道，罩笼群有，不亟以辩智为贤。上观《周易》，物类相召，势数相生，足以彰往察来。审度圣人之所忧患，与其卦序所次时物变迁,上考皇世而不缪,百世以俟后王群盗而不惑。洋洋美德乎！诚非孟、荀之所逮闻也。诸所陈说,列于《论语》者,时地异制,人物异训,不以一型锢铸,所谓大道固似不肖也。

人亦有言：西极之圣,守其一术,强聒而不舍,娄遇而不异辞,大秦三哲以之；东极之圣,退臧于密,外虞机以制辞言,从其品物,因变流形,浮屠、老聃、仲尼、庄周以之。虞机虽审,权议虽变,岂直无本要哉？道在一贯。持其枢者,忠恕也。躬行莫先,而方逖以为学,则守文者所不省已。心能推度曰恕,周以察物曰忠。故夫闻一以知十,举一隅而以三隅反者,恕之事也。夫彼是之辩,正处正色正味之位,其侯度诚未可壹也。守恕者善比类,诚令比类可以遍知者,是絜矩可以审方圆。物情之纷,非若方圆可以量度也。故用矩者困,而务比类者疑。周以察物,举其征符而辨其骨理者,忠之事也。故疏通知远者恕,文理密察者忠。身观焉忠也,方不障恕也。上者寂然不动,感而遂通天下之故,无有远近幽深,遂知来物。中之方人,用法察迩言也。下者至于原本山川,极命草木,合契比律,审曲面势,莫不依是。以知忠恕于学,犹鸟有两翻,而车之左右轮。学不兼是,菩沛将蔽之,日中而主爝,水沫为谪也,而况于躬行乎？

荀卿盖云："万物莫形而不见,莫见而不论,莫论而失位。"此谓用忠者矣。"坐于室而见四海,处于今而论久远,疏观万物而知其情,参稽治乱而通其度,经纬天地而材官万物,制割大理而宇宙里。"此谓用恕者矣。夫墨子者,辩以经说,主以天志,行以兼爱、尚同。天志、尚同之末,以众暴寡。(墨子《兼爱》《天志》诸篇,亦论以众暴寡之非。然既云天志、尚同,设有异天志而殊群众者,不为众之所暴,得乎？物类淘汰,势自然也。)惟尽恕,远忠也。荀卿虽解蔽,观其约束,举无以异于墨氏。(荀子虽非墨氏,惟其文质异流耳。《墨子·尚同篇》极论一人一义、十人十义、百人百义之非,欲令万民上同天子；天子所是必是之,天子所非必非之。荀卿论治,正与相符。)

体忠恕者,独有庄周。《齐物》之篇,恢恑谲怪,道通为一。三子之乐蓬艾,虽唐尧不得更焉。兹盖老聃之所流传,儒道所以不相舛牾,夫何晻昧矣哉?《三朝记》小辨,亦言忠恕。(《三朝记》:哀公欲学小辨,孔子对以力忠信,云"知忠必知中,知中必知恕,知恕必知外。内思毕心曰知中,中以应实曰知恕,内恕外度曰知外"。此言以忠恕为学,则无所不辨也。周以察物,疑其碎矣。物虽小别,非无会通。内思毕心者,由异而观其同也。)其余华泽也。

原　墨[①]

周末文敝，百家皆欲变周之文，从夏之忠，自墨子初言法禹倪也。彼汉世五经家，不法其意，而法其度，牵三正往复，沾沾损益于丧祭、车服、官曹名号之间，日崇其彫。忠者固为是邪？墨子者，善法意。尊天敬鬼，失犹同汉儒。其戾于王度者，非乐为大。彼苦身劳形以忧天下，以若自毃，终以自堕者，亦非乐为大。何者？喜怒生杀之气，作之者声也。故湹然击鼓，士忔怒矣。铨然撞镎于，继以吹箫，而人人知惨悼。儒者之颂舞，熊经猿攫，以廉制其筋骨，使行不愆步，战不愆伐，惟以乐倡之，故人乐习也。无乐则无舞，无舞则苶弱多疾疫，不能处憔悴。将使苦身劳形以忧天下，是何异于腾驾蹇驴，而责其登大行之阪矣！嗟乎！钜子之传，至秦汉间而斩。非其道之不逮申、韩、商、慎，惟不自为计，故距之百年而堕。

夫文始五行之舞，遭秦未灭。今五经粗可见，《乐》书独亡，其亦昉于六国之季，墨者昌言号呼以非乐，虽儒者亦鲜诵习焉。故灰烬之余，虽有窦公、制氏，而不能记其尺札也。呜呼！佚、翟之祸，至白弊以弊人，斯亦酷矣。诋其"兼爱"而谓之"无父"，则末流之嚚言，有以取讥于君子，顾非其本也。张载之言曰："凡天下疲癃残疾

[①] 此文选自《检论》卷三。

鳏寡茕独，皆吾兄弟之颠连而无告者。"或曰：其理一，其分殊。庸渠知墨氏兼爱之旨，将不一理而殊分乎？夫墨家宗祀严父，以孝视天下，孰曰无父？（详《孝经本夏法说》，此不具疏。）至于陵谷之葬，三月之服，制始于禹。禹之世，奔命世也。墨翟亦奔命世也。伯禽三年而报政，曰革其故俗，丧三年乃除。太公反之，五月而报政。然则短丧之制，前倡于禹，后继踵于尚父。惟晏婴镌之，庐杖衰麻，皆过其职。墨子以短丧法禹，于晏婴则师其孅啬，而不能师其居丧，斯已左矣。且夫兼爱者，人主之道，非士民所当务也。而夏固不能兼爱。诚能兼爱，夏启不当私其奸子。（又案《水经·淇水注》：《论语比考谶》曰："邑名朝歌，颜渊不舍，七十弟子掩目，宰予独顾，由蹙堕车。"宋均曰："子路患宰予顾觋凶地，故以足蹙之，使堕车也。"寻朝歌回车，本墨子事，而《论语谶》以为颜渊，此六国儒者从墨非乐之证也。至于古乐，亦多怪迂，诚有宜简汰者。然乐必无可废之义。）

向作《原墨》，逾数年，得长沙曹耀湘《墨子笺》，其说曰："古者士大夫居丧，皆有其实，而不徒务其文。虽魏晋之间，风尚旷达，而凡纵情越礼者，犹见讥于时。墨子之为丧也，近以三日，久以三月，为时极少。而观其书中《节用》《非乐》诸篇所陈，则墨家平日所以自奉养其耳目口体者，盖无以甚殊于居丧之时，虽以三月为期，谓之终身之忧可也。今士大夫为丧，徒有其文，而无其实。妾御未尝偶离于室，膏粱未尝暂辍于口，衣冠之色稍异，而轻暖未尝有变，则墨子所讥久丧，今日为已陈刍狗，不足置辩矣！"其说最为通达。因念夏、殷之世，丧期短促，皆以服食起居未致其美耳。周世文物大盛，故丧期必限以三年。短丧之法，亦惟墨家食粝糵藿、服屦衣褐者，可以行之，非他人所得借口。

清　儒[1]

　　古之言虚，以为两栌之间，当其无栌。(本《墨子·经上》。栌即栌，柱上小方木也。)六艺者(凡言六艺，在周为礼、乐、射、御、书、数，在汉为六经。此自古今异语，各不相因，言者各就便宜，无为甘辛互忌)，古《诗》积三千余篇，其他益繁，鱖触无协；仲尼刬其什九，而弗能专施于一术。故曰：达于九流，非儒家擅之也。

　　六艺，史也。上古史官，司国命，而记注义法未备，其书卓绝不循。《易》最恢奇，《诗》《书》亦时有盈辞；《礼》《春秋》者，其言径直易见观，故荀子为之，隆礼义，杀《诗》《书》。礼义隆，则《士礼》《周官》与夫公冠、奔丧之典，杂沓并出，而偕列于经。《诗》《书》杀，则伏生删百篇而为二十九(《《尚书大传》明言六誓五诰，其篇具在伏书。伏书所无，如《汤诰》者，虽序在百篇，而五诰不与焉。以是知二十九篇，伏生自定其目，乃就百篇杀之，特托其辞于孔子耳。谓授读未卒遽死者，非也。知杀《诗》《书》之说，则近儒谓孔子本无百篇，壁中之书，皆歆、莽驾言伪撰者，亦非也)；《齐诗》之说五际六情，疲《颂》与《国风》，而举二《雅》。(连鹤寿曰：十五《国风》，诸侯之风也；三《颂》，宗庙之乐也；唯二《雅》述王者政教，故四始五际，专用二《雅》，不用《风》《颂》。按刘子骏《移太常博士》曰：一人不能独尽其经，或为《雅》，或为《颂》，相合而成。疑三家《诗》皆杀本经，而专取其一帙。今可见者，独《齐诗》。《齐诗》怪诞，诚不可为典要，以证荀说行

---

[1] 此文选自《检论》卷四。

于汉儒尔。）

虽然，治经恒以诵法讨论为剂。诵法者，以其义束身，而有隆杀；讨论者，以其事观世，有其隆之，无或杀也。西京之儒，其诵法既狭隘，事不周浃而比次之，是故龃差失实，犹以师说效用于王官，制法决事，兹益害也。杜、贾、马、郑之伦作，即知"拊国不在敦古"；博其别记，稽其法度，核其名实，论其群众以观世，而六艺复返于史，秘祝之病不溃于今。其源流清浊之所处，风化芳臭气泽之所及，则昭然察矣。变于魏、晋，定于唐，及宋、明始荡。继汉有作，而次清儒。

清世理学之言，竭而无余华；多忌，故歌诗文史梏；愚民，故经世先王之志衰。（三事皆有作者，然其弗逮宋、明远甚。）家有智慧，大凑于说经，亦以纾死，而其术近工眇踔善矣。

始故明职方郎昆山顾炎武为《唐韵正》《易、诗本音》，古韵始明，其后言声音训诂者禀焉；太原阎若璩撰《古文尚书疏证》，定东晋晚书为作伪，学者宗之；济阳张尔岐始明《仪礼》；而德清胡渭审察地望，系之《禹贡》，皆为硕儒，然草创未精博，时糅杂元、明谰言。其成学著系统者，自乾隆朝始：一自吴，一自皖南。吴始惠栋，其学好博而尊闻。皖南始江永、戴震，综形名，任裁断。此其所异也。

先栋时有何焯、陈景云、沈德潜，皆尚洽通，杂治经史文辞。至栋，承其父士奇学，揖志经术，撰《九经古义》《周易述》《明堂大道录》《古文尚书考》《左传补注》，始精眇，不惑于谀闻；然亦泛滥百家，尝注《后汉书》及王士祯诗，其余笔语尤众。栋弟子有江声、余萧客。声为《尚书集注音疏》，萧客为《古经解钩沉》，大共笃于尊信，缀次古义，鲜下己见。而王鸣盛、钱大昕亦被其风，稍益发舒。教于扬州，则汪中、刘台拱、李惇、贾田祖，以次兴起；萧客弟子甘泉江藩，复缵续《周易述》，皆陈义尔雅，渊乎古训是则者也。

震生休宁,受学婺源江永,治小学、礼经、算术、舆地,皆深通。其乡里同学有金榜、程瑶田,后有凌廷堪、三胡。三胡者,匡衷、承珙、培翚也,皆善治《礼》,而瑶田兼通水地、声律、工艺、谷食之学。震又教于京师,任大椿、卢文弨、孔广森皆从问业,弟子最知名者,金坛段玉裁、高邮王念孙。玉裁为《六书音均表》以解《说文》,《说文》明。念孙疏《广雅》,以经传诸子转相证明,诸古书文义诘诎者毕理解;授子引之,为《经传释词》,明三古辞气,汉儒所不能理绎,其小学训诂,自魏以来,未尝有也。(王引之尝被诏修《字典》,今《字典》缪妄如故,岂虚署其名邪?抑朽蠹之质不足刻彫也?)近世德清俞樾、瑞安孙诒让,皆承念孙之学。樾为《古书疑义举例》,辨古人称名抵牾者,各从条列,使人无所疑眩,尤微至。世多以段、王、俞、孙为经儒,卒最精者乃在小学,往往得名家支流,非汉世《凡将》《急就》之侪也。凡戴学数家,分析条理,皆参密严瑮,上溯古义,而断以己之律令,与苏州诸学殊矣。

然自明末有浙东之学。万斯大、斯同兄弟,皆鄞人,师事余姚黄宗羲,称说《礼经》,杂陈汉、宋,而斯同独尊史法。其后余姚邵晋涵、鄞全祖望继之,尤善言明末遗事。会稽章学诚为文史、校雠诸《通义》,以复歆、固之学,其卓约近《史通》。而说《礼》者羇縻不绝。定海黄式三传浙东学,始与皖南交通。其子以周作《礼书通故》,三代度制大定。唯浙江上下诸学说,亦至是完集云。

初,太湖之滨,苏、常、松江、太仓诸邑,其民佚丽。自晚明以来,喜为文辞比兴,饮食会同,以博依相问难,故好浏览而无纪纲,其流风遍江之南北。惠栋兴,犹尚该洽百氏,乐文采者相与依违之。及江永、戴震起徽州,徽州于江南为高原,其民勤苦善治生,故求学深邃,言直核而无温藉,不便文士。震始入四库馆,诸儒皆震竦之,愿敛衽为弟子。天下视文士渐轻,文士与经儒始交恶。而江淮间治文辞者,故有方苞、姚范、刘大櫆,皆产桐城,以效法曾巩、归有光相高,亦愿尸程、朱为后世,谓之桐城义法。震为《孟子字义疏证》,以明材性,学者自是疑程、朱。桐城诸家,本未得程、朱要领,徒援引肤末,大言自壮(案方苞出自寒素,虽未识程、朱深旨,其孝友严整躬行足多矣。诸姚生于纨绔襦之间,特稍恬淡自持,席富厚者自易为之,其他躬行,未有闻者。既非诚求宋学,委蛇宁静,亦不足称实践,斯愈庳也),故尤被轻蔑。从子姚鼐欲从震学,震谢之,犹亟以微言匡饬。鼐不平,数持论诋朴学残碎。其后方东树为《汉学商兑》,徽识益分。(东树亦略识音声训故,其非议汉学,非专诬调之言。然东树本以文辞为宗,横欲自附宋儒,又奔走阮元、邓廷桢间,躬行佞谀,其行与言颇相反。然汉学自三数大师外,亦多拘牵之见。《诗》宗毛公是也,顾未能简异郑《笺》。郑《笺》多杂三家,文义又弧戾不调,将何取焉?《易》宗孟氏,乃因《说文叙》中有《易》孟氏为古文之说,不知其文误,而强仞为先秦师说。其于费氏,又重郑轻王,不悟王《易》多同马氏,古文家说固然。王、郑言《易》,其高下亦奚啻霄壤乎! 又王肃虽多诬造,然其探本贾、马之说,尚为古文旧谊,与康成杂糅今古有殊。今人宁尊郑氏而黜贾、马,其见已鄙,酿嘲之由,宜在兹乎!)阳湖恽敬、陆继辂,亦阴自桐城受义法。其余为俪辞者众,或阳奉戴氏,实不与其学相容。(俪辞诸家,独汪中称颂戴氏,学已不类。其他率多辞人,或略近惠氏,戴则绝远。)夫经说尚朴质,而文辞贵优衍,其分途自然也。

文士既以熙荡自喜,又耻不习经典,于是有常州今文之学,务为瑰意眇辞,以便文士。今文者:《春秋》,公羊;《诗》,齐;《尚书》,伏生。而排摈《周官》《左氏春秋》《毛诗》,马、郑《尚书》。然皆以公羊为宗。始武进庄存与,与戴震同时,独喜治公羊氏,作《春秋正辞》,犹称说《周官》。其徒阳湖刘逢禄,始专主董生、李育,为《公羊释例》,属辞比事,类列彰较,亦不欲苟为恢诡。然其辞义温厚,能使览者说绎。及长洲宋翔凤,最善附会,牵引饰说,或采翼奉诸家,而杂以谶纬神秘之辞。翔凤尝语人曰:"《说文》始一而终亥,即古之《归藏》也。"其义瑰玮,而文特华妙,与治朴学者异术,故文士尤利之。道光末，邵阳魏源夸诞好言经世，尝以术奸说贵人，不遇；晚官高邮知州，益牢落，乃思治今文为名高。然素不知师法略例，又不识字，作诗、书《古微》，凡《诗》今文有齐、鲁、韩，《书》今文有欧阳、大小夏侯，故不一致，而齐、鲁、大小夏侯，尤相攻击如仇雠，源一切捃合之，所不能通，即归之古文，尤乱越无条理。仁和龚自珍，段玉裁外孙也，稍知书，亦治《公羊》，与魏源相称誉。而仁和邵懿辰为《尚书通义》《礼经通论》，指《逸书》十六篇、《逸礼》三十九篇为刘歆矫造，顾反信东晋古文，称颂不衰，斯所谓倒植者。要之，三子皆好姚易卓荦之辞，欲以前汉经术助其文采，不素习绳墨，故所论支离自陷，乃往往如谚语。惟德清戴望述《公羊》以赞《论语》，为有师法。而湘潭王闿运遍注五经。闿运弟子，有井研廖平，自名其学，时有新义，以庄周为儒术，《左氏》为六经总传，说虽不根，然犹愈魏源辈绝无伦类者。

大抵清世经儒，自今文而外，大体与汉儒绝异。不以经术明治乱，故短于风议；不以阴阳断人事，故长于求是。短长虽异，要之皆征其通雅。何者？传记、通论，阔远难用，固不周于治乱；建议而不雠，夸诬何益？魑鬼、象纬、五行、占卦之术，以神教蔽六艺，怪妄。孰与断之人道，夷六艺于古史，徒料简事类，不曰吐言为律，则上世人事污隆之迹，犹大略可知。以此综贯，则可以明流变；以此裂分，则可以审因革。故惟惠栋、张惠言诸家，其治《周易》，不能无捃摭阴阳，其他几于屏阁。虽或琐碎识小，庶将远于巫祝者矣。

晚有番禺陈澧，善治声律、《切韵》，为一家言。当惠、戴学衰，今文家又守章句，不调洽于他书，始鸠合汉、宋，为《通义》及《读书记》，以郑玄、朱熹遗说最多，故弃其大体绝异者，独取小小禽盉，以为比类。此犹揣豪于千马，必有其分刌色理同者。澧亦絜行，善教授，诸显贵务名者多张之。弟子不能传其声律韵书，稍尚记诵，以言谈剿说取人。及翁同龢、潘祖荫用事，专以谀闻召诸小儒；学者务得宋元雕椠，而昧经记常事，清学始大衰。仲长子曰："天下学士有三奸焉。实不知，详不言，一也；窃他人之说，以成己说，二也；受无名者，移知者，三也。"（见《意林》五引《昌言》。按今世游闲之士，多喜刺探贵人意旨，因以酬对；或有预检书传，用应猝乏，深可鄙笑！昔宋世荀昶，欲举其子万秋对策以示沙门慧琳。慧琳曰："此不须看。若非先见而答，贫道不能为；若先见而答，贫道奴皆能为。"今之取人意旨者，多似慧琳所讥。乃至科举对策，学校考验，悉亦类此。）

自古今文师法散绝，则唐有《五经》《周礼》《仪礼》诸疏，宋人继之，命曰《十三经注疏》。然《书》用枚颐，《左氏春秋》用杜预，《孝经》用唐玄宗，皆不厌人望。《周易》家王弼者，费氏之宗子，道大而似不肖，常见笑世儒，《正义》又疏略。枚颐伪为古文，仍世以为壁藏于宣父，其当刊正久矣。《毛诗传》最笃雅，《笺》失其宗，而《诗谱》能知远。郑氏《三礼》无间也，疏人或未通故言旧事，多违其本。

至清世为疏者，《易》有惠栋《述》，江藩、李林松《述补》（用荀、虞二家为主，兼采汉儒各家及《乾凿度》诸纬书），张惠言《虞氏义》虽拘滞，趣以识古；《书》有江声《集注音疏》，孙星衍《古今文注疏》（皆削伪古文。其注孙用《大传》《史记》、马、郑为主；江间入己说，然皆采古古书，未有以意铄析者）；《诗》有陈奂《传疏》（用毛《传》，弃郑《笺》）；《周礼》有孙诒让《正义》；《仪礼》有胡培翚《正义》；《春秋左传》有刘文淇《正义》（用贾、服注；不具则兼采杜解）；《公羊传》有陈立《义疏》；《论语》有刘宝楠《正义》；《孝经》有皮锡瑞《郑注疏》；《尔雅》有邵晋涵《正义》，郝懿行《义疏》；《孟子》有焦循《正义》。诸《易》义不足言，而《诗》疏稍胶固，其他皆过旧释。用物精多，时使之也。惟《礼记》《穀梁传》独阙（邵晋涵有《穀梁正义》，见钱大昕《邵君墓志铭》。世未见其书，抑或未成），将孔疏翔实，后儒弗能加；而穀梁氏淡泊鲜味，治之者稀，前无所袭，非一人所能就故？他《易》有姚配中（著《周易姚氏学》），《书》有刘逢禄（著《书序述闻》《尚书今古文集解》)、《诗》有马瑞辰(著《毛诗传笺通释》)、胡承珙(著《毛诗后笺》),探赜达旨,或高出新疏上。若惠士奇、段玉裁之于《周礼》(惠有《礼说》,段有《汉读考》),段玉裁、王鸣盛之于《尚书》(段有《古文尚书撰异》,王有《尚书后案》),刘逢禄、凌曙、包慎言之于《公羊》(刘有《公羊何氏释例》及《解诂笺》,凌有《公羊礼疏》,包有《公羊历谱》),惠栋之于《左氏》(有《补注》),皆新疏所采也。焦循为《易通释》,取诸卦爻中文字声类相比者,从其方部,触类而长,所到冰释,或以天元术通之,虽陈义屈奇,诡更师法,亦足以名其家。(李善兰曰:太极即点,天元即线,天元自乘即面,天元再乘即体,准此则四元术所云太极,即可比《易》之太极矣。太极引而长之,为天元,则太极生两仪矣;天元自乘,则两仪生四象也;天元再乘,则四象生八卦也。然则太极即旋机,犹欧罗巴人所谓重心;而王弼之说,真无可易矣。焦循虽少重王弼,然犹以玄言为非,则滞于常见也。)黄式三为《论语后案》,时有善言,异于先师,信美而不离其枢者也。《榖梁传》惟侯康为可观(著《榖梁礼证》),其余大抵疏阔。《礼记》在《三礼》间独寡训说。朱彬为《训纂》,义不师古;陈乔枞、俞樾并为《郑读考》,江永有《训义择言》,皆短促,不能具大体。其他《礼笺》(金榜著)、《礼说》(金鹗著)、《礼书通故》(黄以周著)诸书,博综《三礼》,则四十九篇在其中矣。而秦蕙田《五礼通考》,穷尽二千余年度法,欲自比《通典》,喜以世俗正古礼,虽博识,固不知量也。

然流俗言十三经,《孟子》故儒家,宜出;唯《孝经》《论语》,《七略》入之六艺,使专为一种,亦以尊圣泰甚,徇其时俗。六艺者官书,异于口说。礼堂六经之策,皆长二尺四寸。(《盐铁论·诏圣篇》:"二尺四寸之律,古今一也。"《后汉书·曹褒传》:《新礼》"写以二尺四寸简"。是官书之长,周、汉不异。)《孝经》谦半之;《论语》八寸策者,三分居一,又谦焉(郑《论语序》),以是知二书故不为经,宜隶《论语》儒家,出《孝经》,使傅《礼记》通论。(凡名经者,不皆正经。贾子《容经》,亦《礼》之传记也。)即十三经者,当财减也。独段玉裁少之,谓宜增《大戴礼记》《国语》《史记》《汉书》《资治通鉴》及《说文解字》《周髀算经》《九章算术》，皆保氏书数之遗，集是八家，为二十一经。其言闳达，为雅儒所不能论。

至于古之六艺，唐、宋注疏所不存者，《逸周书》则校释于朱右曾，《尚书》欧阳、夏侯遗说则考于陈乔枞，三家《诗》遗说考于陈乔枞，《齐诗》翼氏学疏证于陈乔枞，《大戴礼记》补注于孔广森，《国语》疏于龚丽正、董增龄。其扶微辅弱，亦足多云。及夫单篇通论，醇美确固者，不可胜数。一言一事，必求其征，虽时有穿凿，弗能越其绳尺，宁若计簿善承展视而不惟其道，以俟后之咨于故实而考迹上世污隆者，举而措之，则质文蕃变，较然如丹墨可别也。然故明故训者，多说诸子，唯古史亦以度制事状征验，其务观世知化，不欲以经术致用，灼然矣！

若康熙、雍正、乾隆三世，纂修七经，辞义往往鄙倍，虽蔡沈、陈澔为之臣仆而不敢辞；时援古义，又椎钝弗能理解，譬如薰粪杂糅，徒睹其污点耳。而徇俗贱儒，如朱彝尊、顾栋高、任启运之徒，瞽学冥行，奋笔无怍，所谓乡曲之学，深可忿疾，譬之斗筲，何足选也！

原 教[①]

上

一方部成而有政教。"教者,摽然若秋云之远,动人心之悲,蔼然若夏之静云,乃及人之体","荡荡若流水,使人思之"。(本《管子·侈靡》语。)学术申,宗教诎,至于今世,或言中国无教。教者,人目能视火而具,拚遍庶虞。无教非诟,有教非宠也。余闻娰崎生言教,齐物论而贵贱泯,信善哉!

观诸宣教师所疏录,多言某种族无宗教者,若非洲内地人,脱拉突非古野人,新基尼亚野人(亦名穆托),箸于拉备科所上文牍,辄言建国时未有宗教,而后稍事幽灵崇拜。然人类学诸大师,往往与是说堂拒,咸知以宗教者人类特性之一端也。梯落路曰:言民有无教者,谣其说解宗教过狭小矣。(《原始人文》第一卷。)而载路亦言:格以人种学说,必无无教之民。(《民教学序论》。)西尼突尔亦云:然则虽在犷顽至愚之伦,而其征似于神也,如璋圭壎篪取携矣。

诸言无宗教者,其讹谬有两因。

因于视察之疏,一矣。凡宗教,其外声形色采,深结于内容。借令旅人观以感忽之间,而断其宗教然不,此固不足任也。且未开

---

① 此文选自 1904 年《訄书重订本》。

人种，慁畏异族特甚，其见也必不达其内情。重以宗教神圣，在义宜有墨匿，故南洋之佗步与其脱披(断)，米科乃西亚之泡马利，希腊之哀斯配克，皆以神圣严惮，谨儀之，口不可语，笔不可画，若支那之讳、日本之斋矣。吾尝问亚伊奴人以轮回之事，伤其感情，墨不应也。大氐欲谍知宗教者，宜入其乡井，睹其翁妪，则浸知其神圣，所以谨儀。夫宣教师则不然，途见负贩，而遽问以信造物之有工宰不？以是定宗教有无。彼野人未受教者，故不识造物何义，则多以消极之辞儳对，即其为无宗教一成矣。故有初至言无教，后又言其有教且复杂者。若火国野人亚夫甘种，始见者以为语言不具，绝无宗教；及达尔文视之，得其语言发达状，其宗教亦信有神灵在天，事之威仪复繁，品式严重，或呼死者之名，而信其魂魄必来，毛发堕地必举火爇烧之，不即谓召疠疫。其崇信神灵至矣。之非洲西鄙者，初识其人，以为裁知猥劣冞法也，后乃知其趋乡惟一神教，有近于上国者。(瓦伊知《天然民族之人类学》第二卷。)是故校计中失，而近取二者观之，则前至者疏于视察，晔然也。

因于专己黜人，二矣。宣教师者，皆以造物为人格之神，以是表旗，故凡信冞物冞法者，必排摈以为无教，虽祖祢崇拜，犹黜之。诸言日本无教者，语嚚庶不胜条，何者？彼以崇祀人鬼、信诸仪式为最贱，其摈之也则宜。于新基尼亚之穆托人也，则谓之绝无宗教，或言守形式，信游魂，荧惑于祭仪。于利海诺夫与非洲之加迈伦人也，亦不箸其有教与不，而言其民常事门基、夫伦古二神，夜行携其偶像，妇人臧获即不得携。于品托、皮海诺人也，即云无丝发宗教观念，犹信冞法及不死术；又记其神号有加伦伽者。若是而止。斯土来记瓦夫马人曰：是土教迹冥冥，其民谓形体有神力，神力宅于芦苇池沼间，投牢醴则获之，故猎者得兽必祭，若豢猎狗然；入其里门，则颂祝之声外彻，其户外常置鸟卵、巴那羔皮，以为常。(此斯土来所记。)其他言野人信谶记,畏巫师,缠巫物于项下者,不可胜原。要之,惑于秘怪神力,与信巫法有效,虽群予之为宗教,犹将夺而废之。守其一师,形谍成光。犄欤那欤!拉备科为渠帅,而是为其钲铎鼓角也。

天下凡从生而不毛者,其所趋乡无问为贞信荧惑,其事无问为巫法鬼神不也。人心不能无嗜欲祈冀,思之至于热中,饮冰不寒,颖然征伀,若有物焉,灵运而能直接于形躯者,则爱之任之惮之敬之,犹其在人格则有社会交际也。有求而遇人,则凄怆也,悲泣也,欣凯也,鞠膫也,跽拜也,此亦情之至也。凡有血气心知者,孰不具斯机能矣!人乍遇者谓之遌,鬼魅被发乍遇者谓之蟊,诶诒而始,眄视而中,感接而终,客之有无情伪亡足论,而主必受其淐触也。

苟以荧惑者为最贱邪?泡利步之在动物亦最贱矣。然学者求贱物与脊椎所以系联,方赖泡利步之异形于鸟兽,以征其特性相属、发达相从尔。今于人文史间求宗教孰发达者,贞信荧惑,辨其氏印哉,亦求发达相从之征而已矣!

且荧惑者,劣民所特具,及其文明而自磨灭。今宗教文明者,其根本皆自外来,章章也。(如堪德云:"道德所因,或因美术,或因政治家之奇策,或如正统家云有一定之圣人。")然其始幽灵之崇拜,与一神之崇拜?则不可辨章已。况其内容与民间宗教附丽者,往往而有。若景教以使徒为守护神,或为驱除疠疫者,中夏之所谓禓也;马利亚者,乃以守护小儿为神。浮屠之末,杂祀诸妄鬼神亦众。以是知宗教虽有高下,亦时有并出同流者。夫组织宗教,与民间宗教,非宣教师所谓贞信荧惑者邪?观其气类濡染,亦可见其相因互通也。

且文明者,多重宗义神之智力,必撑索窥伺之,心知其意,以是为宗教要领。及夫巴斯托人,自言素不省神,而见于梦寐之间。是虽荧惑,复与组织宗教相类,若浮屠之禅定,与近世之神智学(美人奥尔廓德倡神智会，以说佛教，要在神秘不可思议，与新披佗告拉斯派之神秘观，及欧洲诸接神术相通。实瑜伽之变形也)，其形想皆如是矣。

嗟乎！宗教之有棚除，高高下下，其自为也，终于犬牙相错，无奈之何！吾故曰：郯法鬼神之容式，芴漠不思之观念，一切皆为宗教；无宗教意识者，非人也。高下之殊，盖足量乎哉！

下

生民之初，必方士为政。是故黄帝相容区，而禹、益以庪县治山。日本之天孙，印度之仙人，西方犹太之礼金牛，此五州上世之所同也。

自夏、殷以往，其民则椎鲁无鰓理，而圣人亦下渐之以为吾用。何者？眇论之旨，非更千百年，固不能以阆怿，时为之也。当是时，见夫芜菁之萎于燕，鲸鱼、彗星之迭相为生死，与其他之眩不可解者，而以为必有鬼神以司之，则上天之祭，神怪魃头之禓袯，自此始矣。(今社会学家有言：上古信鬼，谣曰中视影始，盖以为行止坐卧，是物皆随之，则形体之外，必有一神我矣。是说合当时情事，征之释典，《涅槃经》言："善男子，譬如因树，则有树影。迦叶菩萨白佛，言：'世尊，譬如暗中有树无影。''迦叶，汝不应言有树无影，但非肉眼之所见耳。善男子，如来尔尔。其性长住，是不变易。无智慧眼，不能得见，如彼暗中不见树影。凡夫之人，于佛灭后，说言如来是无常法，亦复如是。"此虽设喻，然可知彼意直谓影本自有，不关明暗。暗中人不能见影，犹不能见微生物也。噫！以彼深识玄鉴，而犹不免于上古野人之说，何哉？)

冯蠵者，大龟也，以为河伯。海若者，右倪之龟也，以为瀛之神。河海之物，安知无蠵若若者，其力胜民，其居成郡县？七行星之间，其所生人，安知无蠵若若者，其材胜民，其居成洲国？苟有智者曰：彼不吾觌，而吾亦勿之觌也。民之朱愚，望祀之，又取蛇蜒之相似者而事之，而圣人亦下渐之以行吾教。是故伏曼容曰："万事之始生，必由于蛊。"(《周易集解》引。)人死而为枯骼，其血之转邻，或为茅搜；其炭其盐，或流于卉木；其铁在卜；其肌肉或为虫蛾蛰豸；曰"精气为物"。其智虑非气也。所从受者，胎卵之成，成于牝牡之感，而子姓受之。感有交错，以成智虑。及死，则若波之复。乃夫气则灪淖于水土也，曰"游魂为变"。(《御览》八百八十三引《韩诗外传》曰："人死曰鬼。鬼者，归也。精气归于天，肉归于土，血归于水，脉归于泽，声归于雷，动则归于风，眼归于日月，骨归于木，筋归于山，齿归于石，膏归于露，发归于草，呼吸之气复归于人。"按：精气归天，呼吸归人，一也。谓精气归于天空，而仍为人所呼吸，非谓轮回也。精气即指气。易之精气，则统数者言，名同实异。然《易》义尽此矣。《艺文志》有《易韩氏》二篇，名婴。此虽其说《诗》义，亦即其所以说《易》也。)

夫一朝而丧其亲戚，匍匐皋复卒不得，其处之死而不忍致死之，荐祭之设，情也。谓其馨香之气，屑然吷然，足以感魂魄，诬矣。虽然，此又五洲之所同也。

夫黄流之祼，郁金百叶，酹之以达黄泉，舍菜者或曰采芬香也，焚萚者或曰以达臭也。(梁武帝始令祭天用沉香，祭地用上和香，事见《通典》。意亦同此。)而南美利加之鄙人，亦自醉以当葛，而梦其祖，其效若筳鼓。然则馨香之果足以感魂魄乎？夫可以感之使至者，必其莽苍之气也。今精气被于水土卉木以成物矣。其游魂则散乎无形垺之宇，归乎野马，其智识则未尝有气也。成物者不能至，无气者不可感而致。两不得致，则当葛之效也何繇哉？

章炳麟曰：生人之志念，必振肸于巨粢郁烈，而后壮。彼致斋者，其志凝矣，从而鼓之以巨粢郁烈，则足以发扬光景，而见其所为斋者，非魂魄之果至也。吾之智虑，尝蜕于先人；精于自见，而先人在矣。故曰，"知于善深则来善物"，"知于恶深则来恶物"。(《礼记·大学》注。)物不必来，而吾形备之，谓之"致知以格物"。必若责以祖祢之享尝，商飨之寿其君者，张权火于万里之外，缀而成文字，旌旍趴风，鸣旌吹角，使旋百卉，规之以为容阅，此皆去王庭远矣，其君宁能视听之哉！于彼不责，于此则责之，亦见其颇也。颇与滥者，君子皆不为。故董无心、王充之于祭宗祢，重之矣；其于上天及神怪祇鬼者，则皆摈之，以为椎愚之言。

徭董氏而上，颛顼之圣，绝地天使不通，顾犹立重黎以司神事；大智如周、孔，于巫方相，故未尽去也，时为之也。祝裪不通，谲祷不举，必始于董氏。董氏者，其圣足以干百王之蛊，于丧躬亡嗣，谓之"不孝之宂"，其表曰绝祀，其中坚曰丧先人之智；于胪大山、祀爰居，谓之"渎乱"，其名曰僭越，其实曰蠢愚而荬。徭董氏之道，行董氏之制，笃于亲者，必无废庙享，无弛袷禘；察于物者，戴天而履地，必无建大圜与群神祇之祭。

原 经[①]

古之为政者,"必本于天,殽以降命,命降于社之谓殽地,降于祖庙之谓仁义,降于山川之谓兴作,降于五祀之谓制度",故诸教令符号谓之经。挽世有章学诚,以经皆官书,不宜以庶士僭拟,故深非扬雄、王通。案《吴语》称"挟经秉枹",兵书为经;《论衡·谢短》曰"五经题篇,皆以事义别之",至礼与律独经也。法律为经,《管子》书有"经言""区言",教令为经,说为官书诚当,然《律历志序》庖牺以来帝王代禅,号曰"世经",辨疆域者有"图经",挚虞以作《畿服经》也(见《隋书·经籍志》),经之名广矣。仲尼作《孝经》,汉《七略》始傅六艺,其始则师友雠对之辞,不在邦典。《墨子》有《经》上下,贾谊书有《容经》,韩非为《内储》《外储》,先次凡目,亦揭署经名,《老子》书至汉世,邻氏复次为经传,孙卿引《道经》曰"人心之危,道心之微",《道经》亦不在六籍中。此则名实固有施易,世异变而人殊化,非徒方书称经云尔。学诚以为六经皆史,史者固不可私作,然陈寿、习凿齿、臧荣绪、范晔诸家,名不在史官,或已去职,皆为前修作年历纪传。(陈寿在晋为著作郎,著作郎本史官,然成书在去官后,故寿卒后乃就

---

① 此文选自《国故论衡》中卷。《国故论衡》由国学讲习会于1910年在日本印行,1912年上海大共和日报馆重印。

家写其书。又寿于高贵乡公、陈留王传中三书司马炎,一书抚军大将军新昌乡侯炎,一书晋太子炎,武帝见在而斥其名,岂官书之体也？其书间为晋讳,称韦昭曰韦曜,而蜀之昭烈、吴之张昭及与韦昭同述《吴书》之周昭,又不为讳,是又非官书之式也。寿又尝作《古国志》五十篇,《三国志》盖亦其类耳。）太史公虽废为扫除隶,《史记》未就,不以去官辍其述作,班固初草创《汉书》,未为兰台令史也,人告固私改作国史,有诏收固,弟超驰诣阙上书,乃召诣校书部,终成前所著书。令固无累继之祸,成书家巷,可得议耶？且固本循父彪所述,彪为徐令病免,既纂《后篇》,不就而卒。假令彪书竟成,敷文华以纬国典,虽私作何所訾也！陆贾为《楚汉春秋》,名拟素王；新汲令王隆为《小学汉官篇》,依拟《周礼》,以知旧制仪品；孔衍又次《汉、魏尚书》；世儒《书仪》《家礼》诸篇,亦悉规摹《士礼》,此皆不在官守,而著书与六艺同流,不为僭拟。诸妄称者,若《东观汉记》署太史官,虽奉诏犹当绝矣。（《文选·西征赋注》引《东观汉记》"太史官曰：票骇蓬转,因遇际会"；又"太史曰：忠臣毕力",《二国名臣序赞注》引《东观汉记》"太史官曰：耿况彭宠,俱遭际会,顺时承风,列为蕃辅,忠孝之策,千载一遇也"。是其论赞亦称太史,然后汉太史已不主记载。《汉记》实非太史所为,署之为妄。）且夫治历明时,羲和之官也；关石和钧,太师之所秉也。故周公作《周髀算经》；张苍以计相定章程,而次《九章算术》,然后人亦自为律历筹算之书,以讥王官失纪。《明堂》《月令》,授时之典,民无得奸焉,而崔寔亦为《四民月令》。古之书名,掌之行人保氏,故史籀在官则为之,李斯、胡母敬在官则为之,及汉有《凡将》《训纂》,即非王官之职；许叔重论撰《说文解字》,自尔有吕忱、顾野王诸家,诗续不绝,世无咎其僭拟者。吴景帝、唐天后位在考文,而造作异形,不合六书,适为世所鄙笑,今《康熙字典》依是也。古之姓氏,掌之司商,其后有《世本》,然今人亦自为谱录。林宝承诏作《元和姓纂》,言不雅驯,见驳于邓名世。以是比况,古之作者,创制而已,后生依其式法条例则是,畔其式法条例则非,不在公私也。王通作《元经》,匿其简陋与逢迎索虏,斯倪已;谓不在史官不得作,陆贾为《楚汉春秋》、孙盛为《晋阳秋》、习凿齿为《汉晋春秋》,何因不在诛绝之科？学诚驳汪琬说云,布衣得为人作传,既自倍其官守之文,又甚裁抑王通。准其条法,仲尼则国老耳,已去司寇,出奔被征,非有一命之位,儋石之禄,其作《春秋》亦僭也。扬雄作《太玄》拟《易》,儒者比于吴楚僭王,谓其非圣人,不谓私作有诛也。雄复作《乐》四篇(见《艺文志》),是时阳成子长亦为《乐经》(见《论衡·超奇》篇),儒者不讥,独讥《太玄》,已过矣。《易》之为书,广大悉备,然常用止于别蓍布卦。《春官》大卜掌三兆之法:一曰玉兆,二曰瓦兆,三曰原兆。其经兆之体,皆百有二十,其颂皆千有二百。掌三易之法:一曰连山,二曰归藏,三曰周易。其经卦皆八,其别皆六十有四。掌三梦之法:一曰致梦,二曰觭梦,三曰咸陟。其经运十,其别九十。仲尼赞易,而易独贵,其在旧法世传之史,则筮书与卜梦等夷。《数术略》蓍龟家有《龟书》《夏龟》《南龟书》《巨龟》《杂龟》;杂占家有《黄帝长柳占梦》《甘德长柳占梦》。书皆别出,虽《易》亦然。是故《六艺略》有《易经》十二篇,《数术略》蓍龟家复有《周易》三十八卷,此为周世既有两《易》,犹《逸周书》七十一篇,别在《尚书》外也。(左氏说秦伯伐晋,筮,卦遇《蛊》,曰:"千乘三去,三去之余,获其雄狐。"成季将生,筮,遇《大有》之《乾》,曰:"同复于父,敬如君所。"说者或云是《连山》《归藏》,或云筮者之辞。寻《连山》《归藏》,卦名或异《周易》,筮者占卦,其语当指切事情,知皆非也,宜在三十八卷中。)盖《易》者务以占事知来,惟变所适,不为典要。故周世既有二家驳文,韩宣子观书于太史氏,见《易象》与《鲁春秋》曰:周礼尽在鲁矣。尚考九流之学,其根极悉在有司,而《易》亦掌之太卜,同为周礼,然非礼器、制度、符节、玺印、幡信之属不可刊者。故周时《易》有二种,与《连山》《归藏》而四,及汉扬雄犹得摹略为之,是亦依则古初,不恣于素。学诚必以公私相格，是九流悉当燔烧，何独《太玄》也！《晋书·束晳传》言汲郡人不准盗发魏襄王墓，得《易经》二篇，与《周易》上下经同；《易繇阴阳卦》二篇，与《周易》略同，繇辞则异；《卦下经》一篇，似《说卦》而异。《易繇阴阳卦》者，亦三十八卷之伦，以是知姬姓未亡，玉步未改，而《周易》已分析为数种。姚际恒不晓《周易》有异，乃云魏文侯最好古，魏冢无《十翼》，明《十翼》非仲尼作，然则《易繇阴阳卦》者，顾仲尼所为三绝韦编，以求寡过者耶？凡说古艺文者，不观会通，不参始末，专以私意揣量，随情取舍，上者为章学诚，下者为姚际恒，疑误后生多矣！自《太玄》推而极之，至于他书，其类例悉准是。外有《经方》《相人形法》之属，至于释道，其题号皆曰经，学诚所不讥，诚格以官书之律，释者有修多罗，传自异域，与诸夏异统，不足论，道士者亦中国之民，何遽自恣，而《老子》又非道士所从出，不能以想余之注，奸令之条文致也。(《经典释文》:《老子想余注》二卷，不详何人，一云张鲁，或云刘表。《典略》曰：妖贼张修，使人为奸令祭酒，祭酒主以《老子》五千文使都习，号为奸令，为鬼吏主为病者请祷，此道士托名《老子》最先者也。观《论衡·道虚篇》言世或以为老子之道可以度世，则俗论已有是言。仲长统云：安神闺房，思老氏之玄虚，呼吸精和，求至人之仿佛。似汉末儒者亦以《老子》附会房中神仙之术。然《七略》道家与神仙房中绝非一类，韩非《解老》《喻老》更可证明。至《论衡·道虚》篇三称道家，皆指服食不死者言，则名号混乱矣。)**本出史官，与儒者非异教，故其徒庄周犹儒服**(见《庄子·说剑》篇)**，儒家称经即悖，而道家称经即无悖**(墨子、韩子准此)**，何其自相伐也？**章炳麟曰：老聃、仲尼而上，学皆在官；老聃、仲尼而下，学皆在家人。正今之世，封建已绝矣，周秦之法已朽蠹矣，犹欲拘牵格令，以吏为师，以宦于大夫为学，一日欲修方志以接衣食，则言家传可作，援其律于东方、管辂诸传，其书乃远在扬雄后；旧目《七略》，今目四部，自为《校雠通义》，又与四库官书龃龉；既薄宋儒，又言诵六艺为遵王制，时制五经在学官者,《易》《诗》《书》皆取宋儒传注,则宋儒亦不可非,诸此条例,所谓作法自弊者也。

问者曰:经不悉官书,今世说今文者以六经为孔子作,岂不然哉?应之曰:经不悉官书,官书亦不悉称经(《史籀》篇、《世本》之属)。《易》《诗》《书》《礼》《乐》《春秋》者,本官书,又得经名。孔子曰:"述而不作,信而好古。"明其亡变改,其次《春秋》以《鲁史记》为本,犹冯依左丘明。左丘明者,鲁太史(见《艺文志》),然则圣不空作,因当官之文,《春秋》《孝经》名实固殊焉。(《春秋》称经从本名,《孝经》称经从施易之名。)孟子曰:"王者之迹息而《诗》亡,《诗》亡然后《春秋》作。"迹息者谓《小雅》废,《诗》亡者谓正雅、正风不作。(见《说大疋小疋》。)《诗序》曰:文、武以《天保》以上治内,《采薇》以下治外,《六月》者宣王北伐,《小雅》之变自此始也。其序通言《正雅》二十二篇废而王道缺,终之曰《小雅》尽废则四夷交侵,中国微矣。国史之有编年宜自此始,故太史公录《十二诸侯年表》始于共和,明前此无编年书。《墨子·明鬼篇》引周、燕、齐、宋四国《春秋》,三事皆在隐、桓以下,《周春秋》乃记杜伯射宣王事,宣王以上欲明鬼,其征独有《诗》《书》,明始作《春秋》者为宣王太史。盖大篆布而《春秋》作,五十凡例尹吉甫、史籀之成式,非周公著也。晋羊舌肸习于《春秋》,则为《乘》;楚士亹教太子《春秋》,则为《梼杌》。孟子曰:"晋之《乘》、楚之《梼杌》、鲁之《春秋》,一也。"惑者不睹论纂之科,不铨主客,文辞义理,此也;典章行事,彼也,一得造,一不得造。今以仲尼受天命为素王,变易旧常,虚设事状,以为后世制法,且言左氏与迁固皆史传,而《春秋》为经,经与史异。(刘逢禄、王闿运、皮锡瑞皆同此说。)盖素王者,其名见于《庄子》(《天下》篇),责实有三:伊尹陈九主素王之法,守府者为素王;庄子道玄圣素王,无其位而德可比于王者;太史公为素王眇论,多道货殖,其《货殖列传》已著素封,无其位有其富厚崇高,小者比封君,大者拟天子,此三素王之辨也。仲尼称素王者，自后生号之。王充以桓谭为素丞相，非谭生时以此题署，顾言端门受命，为汉制法，循是以言，桓谭之为《新论》，则为魏制法乎？《春秋》二百四十二年之事，不足尽人事蕃变，典章亦非具举之。即欲为汉制法，当自作一通书，若贾生之草具仪法者。(后世王冕、黄宗羲之徒亦尝为此。)今以不尽之事，寄不明之典，言事则害典，言典则害事，令人若射覆探钩，卒不得其翔实，故有公羊、穀梁、驺、夹之传，为说各异，是则为汉制惑，非制法也。言《春秋》者，载其行事，宪章文武，下遵时王，惩恶而劝善有之矣，制法何与焉？经与史自为部始晋，荀勖为《中经簿》，以甲乙丙丁差次，非旧法。《七略》《太史公书》在《春秋》家，其后东观仁寿阁诸校书者若班固、傅毅之伦，未有变革。讫汉世依以第录，虽今文诸大师，未有经史异部之录也。今以《春秋经》不为史，自俗儒言之即可。刘逢禄、王闿运、皮锡瑞之徒，方将规摹皇汉高世，比德于十四博士，而局促于荀勖之见。荀勖分四部本已陵杂，丙部录《史记》，又以《皇览》与之同次，无友纪，不足以法，后生如王俭犹规其过。(据《隋书·经籍志》，王俭撰《七志》：一曰《经典志》，纪六艺、小学、史记、杂传；二曰《诸子志》，纪今古诸子；三曰《文翰志》，纪诗赋；四曰《军书志》，纪兵书；五曰《阴阳志》，纪阴阳图纬；六曰《术艺志》，纪方技；七曰《图谱志》，纪地域及图书，其道佛附见合九条。然则《七志》本同《七略》，但增图谱道佛耳。其以六艺、小学、史记、杂传同名为经典志，而出图纬使入阴阳，卓哉！二刘以后，一人而已。)今陈荀勖之法于石渠、白虎诸老之前，非直古文师诮之，唯今文师亦安得闻是语乎？今文家所贵者家法也，博士固不知有经史之分，则分经史者与家法不相应。夫《春秋》之为志也，董仲舒说之，以为上明三王之道，下辩人事之纪，万物之散聚皆在《春秋》。然太史公自叙其书，亦曰厥协六经异传，整齐百家异语，俟后世圣人君子；班固亦云凡《汉书》穷人理，该万方，纬六经，缀道纲，总百氏，赞篇章，其自美何以异《春秋》！《春秋》有义例，其文委婉，迁、固亦非无义例也。迁、陈寿委婉志晦之辞尤多。太山梁父，崇卑虽异哉，其类一矣。然《春秋》所以独贵者，自仲尼以上，《尚书》则阔略无年次，百国《春秋》之志复散乱不循凡例，又亦藏之故府，不下庶人，国亡则人与事偕绝。太史公云《史记》独藏周室，以故灭，此其效也。是故本之吉甫、史籀，纪岁时月日以更《尚书》，传之其人，令与《诗》《书》《礼》《乐》等治，以异百国《春秋》，然后东周之事粲然著明。令仲尼不次《春秋》，今虽欲观定、哀之世，求五伯之迹，尚荒忽如草昧。夫发金匮之藏，被之萌庶，令人人不忘前王，自仲尼、左丘明始。且仓颉徒造字耳，百官以治，万民以察，后嗣犹蒙其泽，况于年历晻昧，行事不彰，独有一人抽而示之，以诒后嗣，令迁、固得持续其迹迄于今兹，则耳孙小子耿耿不能忘先代，然后民无携志，国有与立，实仲尼、左丘明之赐。故《春秋》者，可以封岱宗、配无极。今异《春秋》于史，是犹异仓颉于史籀、李斯，只见惑也。盖生放勋、重华之世者不知帝力所以厚生，而策肥马乘坚车者亦不识先人作苦。今中国史传连甍，百姓与知，以为记事不足重轻，为是没丘明之劳，谓仲尼不专记录。藉生印度、波斯之原，自知建国长久，文教浸淫，而故记不传，无以褒大前哲，然后发愤于宝书，哀思于国命矣。（余数见印度人言其旧无国史，今欲搜集为书，求杂史短书以为之质，亦不可得，语辄扼腕。彼今文家特未见此尔。）

汉世五经家既不逆睹，欲以经术干禄，故言为汉制法，卒其官号郡县刑辟之制，本之秦氏。为汉制法者李斯也，非孔子甚明。近世缀学之士，又推孔子制法，迄于百世。法度者，与民变革，古今异宜，虽圣人安得预制之？《易》称开物成务，彰往察来，孔子亦言百世可知，皆明其大体耳，盖险阻日通，阶级日夷，工巧日繁，礼节日杀，鬼神日远，刑法日宽，法契日明，此在周代可以预知后世者也；若夫官号、爵秩、税则、军制之繁，地域广轮、郡县增减之数，孔子安得预知之？譬如观象日月星辰之行，虽在数百岁上，可以预知；风雨旱潦之变,非临时测候不能知也。盖变迁有常者可知,变迁无常者不可知,是故纬候之言不能附会孔氏也。)《春秋》言治乱虽繁,识治之原,上不如老聃、韩非,下犹不逮仲长统。故曰《春秋》经世先王之志,圣人议而不辩。(《庄子·齐物论》语。经犹纪也,三十年为一世,经世犹纪年耳。志即史志之志,世多误解。)明其藏往,不亟为后王仪法。左氏有议,至于公羊而辩。(范武子云:公羊辩而裁。)持《繁露》之法以遏韩非、仲长统,必为二子笑矣。夫制法以为汉则隘,以为百世则夸。世欲奇伟尊严孔子,顾不知所以奇伟尊严之者。章炳麟曰:国之有史久远,则亡灭之难。自秦氏以迄今兹,四夷交侵,王道中绝者数矣。然揖者不敢毁弃旧章,反正又易,藉不获济,而愤心时时见于行事,足以待后,故令国性不堕,民自知贵于戎狄,非《春秋》孰维纲是?《春秋》之绩,其什伯于禹耶?禹不治洚水民则溺,民尽溺即无苗裔,亦无与俱溺者。孔子不布《春秋》,前人往,不能语后人;后人亦无以识前,乍被侵略,则相安于舆台之分。《诗》云:"宛其死矣,他人是偷。"此可为流涕长潸者也。然则继魏而后,民且世世左衽,而为羯胡鞭挞,其憯甚于一朝之溺。《春秋》之况烝民,比之天地亡不帱持,岂虚誉哉!何取神怪之说、不征之辞,云为百世制法乎?又其诬者,或言孔子以上,世颀颀无文教,故六经皆孔子臆作,不竟有其事也。即如是,墨翟与孔子异流,时有姗刺,今亦上道尧舜,称诵《诗》《书》,何哉?三代以往,人事未极,民不知变诈之端,故帝王或以权数罔下。若其节族著于官府、礼俗通于烝民者,则吏职固有常矣,书契固有行矣,四民固有列矣,宫室固有等矣,械器固有度矣,历数固有法矣,刑罚固有服矣,约剂固有文矣,学校固有师矣,歌舞固有节矣。彼以远西质文之世相拟,远西自希腊始有文教,其萌芽在幽、平间,因推成周以上,中国亦朴陋如麋鹿。(此类缪见,自江慎修已然。自有天地以至今日,年历长短本无可校,而慎修独信彼教纪年,谓去今财五六千岁,因谓唐虞之视开辟,亦如今日之视秦汉。假令彼中记载录自史官,自相传授,犹或可信;今则录在神教之书,而或上稽他国,他国之数岂无彼教所未闻,安知不有远在其前者？神教之言本多诬妄,然则管仲所谓七十二君,虽非经典所载,不视神教犹可信乎？)夫文教之先后,国异世,州殊岁,不得一剂。若夫印度文教之端,始自吠陀,距今亦四千年,不与希腊同流化。(巴比伦、埃及补多之属,琐琐天爱,不足齿录。)必欲使一剂者,大食自隋世始有文教,推此以方中国,复可云八代行事,自王劭、牛弘臆为之也。问者曰：孔子诚不制法,《王制》诸篇何故与《周礼》异？应之曰：《周礼》者,成周之典。周世最长,事异则法度变,重以厉王板荡,纲纪大乱,畴人子弟分散。(见《历书》。畴人者,世其父业,汉世谓之畴官,非专谓治历者。)《周礼》虽有凡要,其孅悉在畴人,畴人亡则不能举其事,虽欲不变无由。故左氏言春秋时制既不悉应周官,其后天下争于战国,周道益衰,礼家横见当时之法以为本制,若《王度记》言天子驾六,则见当时六骥之制也。(按孙卿言六骥,又言六马仰秣,是当时固有驾六之法。然此事盖起春秋之末,故《说苑·正谏》篇云景公正昼被发,乘六马御妇人以出正闺。)《祭法》言七祀、五祀,则见楚有国殇司命之祭也(别有说)。又以儒书所说夏殷故事,转相傅丽,讫秦用驺子五胜命官立度,皆往往取符应。汉初古文家如张苍犹不能脱,况濡于口说者。(汉世古文家惟《周礼》杜、郑,《诗》毛公契合法制,又无神怪之说,郑君笺注则已凌杂纬候。《春秋》左氏、《易》费氏本无奇邪,而北平侯已谱五德,贾侍中亦傅会《公羊》,并宜去短取长者也。荀、郑之《易》则与引《十翼》以解经者大异,犹赖王弼匡正其违。《书》孔氏说已不传,太史公、班孟坚书时见大略,说皆平易,《五行志》中不见《古文尚书》家灾异之说,然其他无以明焉。《洪范》《左氏》时兼天道,然就之疏通以见当时巫史之说可也,不得以为全经大义所在。刘子骏推左氏日食变怪之事傅之五行,则后生所不当道也。大抵古文家借今文以成说者,并宜简汰去之,以复其真。其在今文,《易》京氏、《书》大小夏侯、《诗》辕固、《春秋》公羊氏,妖妄之说最多;《鲁诗》《韩诗》虽无其迹,然异义言《诗》,齐、鲁、韩皆谓圣人感天而生,则亦有瑕疵者也。《诗》古文说毛公最为清醇,其于"履帝武敏",不取《释训》敏拇之解,于"上帝是依"则云依其子孙,斯其所以独异。《尔雅》本有叔孙通、梁文所增,或毛公所见尚无此说,亦未可知。而郑君乃云"天命玄鸟,降而生商"是感天而生之明文,不悟《诗》非叙事之书,辞气本多增饰,即如郑言,惟岳降神,生甫及申,亦为感岳而生耶?《周语》亦云房后有爽德,丹朱冯身以仪之,生穆王。此即医家所云梦与鬼交者,适生穆王,当时遂有异语,岂真谓穆王是丹朱子耶?又《墨子·明鬼下》云:"《大雅》曰:'文王陟降,在帝左右。'若鬼神无有,则文王既死,彼岂能在帝之左右哉?"《毛传》乃易陟降之训曰,言文王升接天下接人也,此则在帝左右,但谓以道事天,如不离侧耳。毛公之善非独事应春秋礼、应周典,其刊落神怪之言,信非三家能所企及矣。《春秋》穀梁氏最雅驯,独惜于《礼》未善。《王制》之伦,亦其次也。惟《士礼》则古今文无大差异。今世言今文者,独不敢说《士礼》,盖条例精密,文皆质言,不容以夸言附会,亦无通经致用之事,故相与置之矣。)故《王制》不应《周礼》,而《繁露》《白虎通义》之伦,复以五行相次,其始由闻见僻陋,其终染于阴阳家言而不能涤。假令《王制》为孔子作者,何缘复有周尺东田之文?若为汉制法邪,爵当有王侯,何故列五等?地当南尽九真、北极朔方,何故局促于三千里,西域已宾而不为置都护,匈奴可臣而不为建朝仪?以此知其妄矣!《繁露》诸书,以天道极人事,又下《王制》数等,卒之令人拘牵数术,不尽物宜,营于机祥,恐将泥夫大道。

言六经皆史者,贤于《春秋》制作之论,巧历所不能计也。虽然,史之所记,大者为《春秋》,细者为小说。故《青史子》五十七篇,本古史官记事,贾生引其胎教之道:王后有身,则太师持铜而御户左,太宰持斗而御户右,太卜持蓍龟而御堂下,诸官各以其职御于门内。太子生而泣,则曰声中某律,滋味上某,命云某,然后县弧,然后卜王太子名。是礼之别记也,而录在小说家。《周考》《周纪》《周说》亦次焉。《周说》者,武帝时方士虞初以侍郎为黄车使者,采间里得之,今之方志其族也。《周官》诵训掌道方志以诏观事,道方慝,以诏辟忌,以知地俗;训方氏掌道四方之政事与其上下之志,诵四方之传道而观新物。唐世次《隋·经籍志》者,以是为小说根本。

区以为事,《南州异物》《南方草木》则辨其产;《荆楚岁时》《洛阳伽蓝》则道其俗;《陈留耆旧》《汝南先贤》则表其人,合以为志,《周纪》之属以方名。故诸杂传地理之记,宜在小说;仪注者,又青史氏之流,今世所录史部宜出傅小说者众矣。《周纪》诸书据偏国行事,不与《国语》同录于《春秋》家者,其事丛碎,非朝廷之务也。且古者封建,王道衰,故方伯自制其区宇,《国语》录周以下齐、晋、楚、吴、越,皆秉方岳之威,制拟共主。郑故寰内诸侯,鲁亦旧为州牧,而僭礼逾等之事多矣。故国别以为史,异于猥蕞小侯。自秦以降,以郡县治民,守令之职不与王者分重。独如《华阳国志》录公孙述、刘备、李执之流自治一方者,宜在春秋(今所谓史部),其他方志小说之伦不得以《国语》比。宋世范成大志吴郡,犹知流别。挽世章学诚、洪亮吉之徒,欲以迁、固之书相拟,既为表志列传,又且作纪以录王者诏书,盖不知类。且刘绍为《圣贤本纪》,而子产在其录,本纪非帝者上仪,即府县志宜以长官列纪,何故又推次制诏? 一前一却,斯所谓失据者哉!

世人又曰:志者在官之书,府县皆宜用今名,然今府县之志不上户部,非官书;虽为官书,虞初奉使以采周俗,何故称《周说》,不称《河南说》邪? 盖方志与传状异事,传状者,记今人,其里居官位宜从今;方志者,始自商周建国,及秦汉分郡县,以逮近世二三千年之事,皆在其中,即不可以今名限齐。《传》曰:"疆场之事,一彼一此,何常之有?"今之府县因古旧治而疆域迫狭者多矣,然其士女一端可称,虽分在他府县犹入录,若范成大志吴郡,阖闾、夫差之臣及孙氏时为吴郡人者,皆比次入其籍。阖闾、夫差所部远及江淮,其地不专宋之平江,其臣佐出何乡邑不可校,以系吴,故志之;孙氏之臣韦昭本云阳人,云阳于宋不属平江,以系吴郡,故志之。若署为平江志者,宜简韦昭之徒,使不得与。为是斟酌古今,以吴郡为之号(宋世府州皆虚系郡名,如平江府亦兼称吴郡也。此本专为封号而设,实非地制。《吴郡志》者,据古吴郡,非宋吴郡也,故其人物多出平江以外),然后其无旁溢也。今为府县志者,不旁溢则宜予今名,旁溢则宜予旧名。多爱不忍,士女之籍从古郡县所部,而题名专系于今,甚无谓也。独旧郡过宽者名不可用,汉世豫章包今江西之域,而会稽笼有浙江、福建,延及江南,今为南昌、绍兴志者,宜有省耳。格以官书,谓之周语国志之伦,其言无状,《秋官·小行人》自万民之利害而下物为一书,每国辨异之,以五物反命于王,以周知天下之故。《管子》曰:《春秋》者,所以记成败也,《行》者道民之利害也。(《山权数篇》。)以其掌之行人,故谓之《行》(犹太史公书称《太史公》),明与《春秋》异流。世人不知其为小说,而以纪传之法相牵,斯已过矣。庄周曰:饰小说以干县令。今之为方志者名曰继诵训,其实干县令也。而多自拟以太史、天官,何其忘廉耻之分邪!仪注之书《礼记》引《赞大行》《杂记》,行人所书为小说,即《赞大行》亦在小说可知。且诸跪拜禁忌之节,阅岁而或殊尚,又不尽制度挈定若汉旧仪《官仪》所录,八坐丞郎,有交礼解交之节,郎又含鸡舌香,而女侍二人执香炉从之。斯皆繁登降之节,效佞幸之仪,习为恒俗,非礼律所制,然犹以为仪注。斯固不隶《礼经》,而青史小说之流也。

原 学[①]

世之言学,有仪刑他国者,有因仍旧贯得之者。细征乎一人,其巨征乎邦域。荷兰人善行水,日本人善候地震,因也。山东多平原大坛,故驺鲁善颂礼,关中四塞便骑射,故秦陇多兵家;海上蜃气象城阙楼橹,悦荤变眩,故九州五胜怪迂之变在齐稷下;因也。地齐使然。周室坏,郑国乱,死人多而生人少,故列子一推分命,归于厌世,御风而行,以近神仙。族姓定,阶位成,贵人之子,以武健陵其下,故释迦令桑门去氏,比于四水,入海而咸淡无别。希腊之末,甘食好乐而俗淫湎,故史多揭家务为艰苦,作自裁论,冀脱离尘垢,死而宴乐其魂魄。此其政俗致之矣。虽一人亦有旧贯。《传》曰:"良弓之子,必学为箕;良冶之子,必学为裘。"故浮屠之论人也,锻者鼓橐以吹炉炭,则教之调气;浣衣者刮摩垢秽,而谕之观腐骨;各从其习,使易就成,犹引茧以为丝也。然其材性发舒,亦往往有长短。短者执旧不能发牙角,长者以向之一得今之十。是故九流皆出王官,及其发舒,王官所不能与。官人守要,而九流究宣其义,是以滋长,短者即循循无所进取。

通达之国,中国、印度、希腊,皆能自恢张者也。其余因旧而益

[①] 此文选自《国故论衡》下卷。

短拙，故走他国以求仪刑。仪刑之，与之为进，罗甸、日耳曼是矣。仪刑之，不能与之为进，大食、日本是矣。仪刑之，犹半不成，吐蕃、东胡是矣。夫为学者，非徒博识成法，挟前人所故有也。有所自得，古先正之所觊觎，贤圣所以发愤忘食，员舆之上，诸老先生所不能理，往释其惑，若端拜而议，是之谓学。亡自得者，足以为师保，不与之显学之名，视中国、印度、日本则可知已。日本者，故无文字，杂取晋世隶书章草为之，又稍省为假名，言与文缪，无文而言学，已恶矣。今庶艺皆刻画远西，什得三四，然博士终身为写官，更五六岁，其方尽，复往转贩。一事一义，无匄中之造，徒习口说而传师业者，王充拟之，犹邮人之过书，门者之传教。(《论衡·定贤篇》)。古今书教工拙诚有异，邮与阍皆不与也。中国、印度自理其业，今虽衰，犹自恢彉，其高下可识矣。贷金尊于市，不如己之有苍璧小玑，况自有九曲珠，足以照夜。厥夸毗者，惟强大是信，苟言方略可也，何与于学？夫仪刑他国者，惟不能自恢彉，故老死不出译胥钞撮。能自恢彉，其不亟于仪刑，性也。然世所以侮易宗国者。

诸子之书，不陈器数，非校官之业有司之守，不可按条牒而知，徒思犹无补益，要以身所涉历中失利害之端回顾则是矣。诸少年既不更世变，长老又浮夸少虑，方策虽具，不能与人事比合。夫言兵莫如《孙子》，经国莫如《齐物论》，皆五六千言耳，事未至固无以为侯，虽至非素练其情，涉历要害者，其效犹未易知也。是以文久而灭，节奏久而绝。(按：《孙子》十三篇，今日本治戎者，皆叹为至精。由其习于兵也。《庄子·齐物论》，则未有知为人事之枢者。由其理趣华深，未易比切。而横议之士，夸者之流，又心忌其害己，是以卒无知者。余向者诵其文辞，理其训诂，求其义旨，亦且二十余岁矣，卒如浮海不得祈向。涉历世变，乃始谦然理解，知其剀切物情。《老子》五千言，亦与是类，文义差明，不知者多以清谈忽之，或以权术摈之。有严复者，立说差异，而多附以功利之说，此徒以斯宾塞辈论议相校耳，亦非由涉历人事而得之也。)即有陈器数者，今则愈古。(谓历史、典章、训诂、音韵之属。)故书有谱录平议以察。今之良书，无谱录平议，不足以察，而游食交会者又邕之。游食交会，学术之帷盖也，外足以饰，内足以蔽人，使后生伥伥无所择。以是旁求显学，期于四裔。四裔诚可效，然不足一切颖画以自轻鄙。何者？饴菝酒酪，其味不同，而皆可于口。今中国之不可委心远西，犹远西之不可委心中国也。

校术诚有诎要之短长，足以相覆。今是天籁之论，远西执理之学弗能为也；遗世之行，远西务外之德弗能为也；十二律之管，吹之，捣衣舂米皆效情，远西履弦之技弗能为也；神输之针，灼艾之治，于足治头，于背治匈，远西刲割之医弗能为也；氏族之諡，纪年之书，世无失名，岁无失事，远西阔略之史弗能为也；不定一尊，故笑上帝，不迓封建，故轻贵族，不奖兼并，故弃代议，不诬烝民，故重灭国，不恣兽行，故别男女，政教之言，愈于彼又远。下及百工将作，筑桥者垒石以为空阅，旁无支柱，而千年不坏；织绮者应声以出章采，奇文异变，因感而作，犹自然之成形，阴阳之无穷；(傅子说马钧作绫机，其巧如此，然今织师往往能之。)割烹者斟酌百物以为和味，坚者使毳，淖者使清，泊者使腴，令菜茹之甘，美于刍豢；次有围棋柔道，其巧疑神，孰与木杠之窳，织成之拙，牛藏之哚，象戏之鄙，角抵之钝？又有言文歌诗，彼是不能相贸者矣。

夫赡于己者，无轻效人。若有文木，不以青赤雕镂，惟散木为施镂。以是知仪刑者散，因任者文也。然世人大共僄弃，以不类远西为耻，余以不类方更为荣，非耻之分也。老子曰："天下皆谓我道大似不肖，大惟大，故似不肖。若肖，久矣其细也夫。"此中国日本之校已。

原 儒[①]

儒有三科，关达、类、私之名。达名为儒，儒者，术士也（《说文》）。太史公《儒林列传》曰："秦之季世坑术士，而世谓之坑儒。"司马相如言："列仙之儒，居山泽间，形容甚臞。"（《汉书·司马相如传》语，《史记》儒作传，误。）赵太子悝亦语庄子曰："夫子必儒服而见王，事必大逆。"（《庄子·说剑》篇）此虽道家方士言儒也。《盐铁论》曰："齐宣王褒儒尊学，孟轲、淳于髡之徒，受上大夫之禄，不任职而论国事。盖齐稷下先生千有余人，湣王矜功不休，诸儒谏不从，各分散，慎到、捷子亡去，田骈如薛，而孙卿适楚。"（《论儒》。）王充《儒增》《道虚》《谈天》《说日》是应，举儒书所称者，有鲁般刻鸢；由基中杨；李广射寝石，矢没羽；荆轲以匕首擿秦王，中铜柱入尺；女娲炼石；共工触柱；魠鱿治狱；屈轶指佞；黄帝骑龙；淮南王犬吠天上，鸡鸣云中；日中有三足乌；月中有兔蟾蜍。是诸名籍，道、墨、刑法、阴阳、神仙之伦，旁有杂家所记，列传所录，一谓之儒，明其皆公族。

儒之名盖出于需。需者，云上于天，而儒亦知天文、识旱潦。何以明之？鸟知天将雨者曰鹬（《说文》），舞旱暵者以为衣冠。（《释鸟》："翠，鹬。"是鹬即翠。《地官》舞师"教皇舞，帅而舞旱暵之事"，《春官》乐师"有皇

[①] 此文选自《国故论衡》下卷。

舞",故书皇皆作"望"。郑司农云：望舞者，以羽覆冒头上，衣饰翡翠之羽。寻旱暵求雨而服翡翠者，以翠为知雨之鸟故。）鹬冠者，亦曰术氏冠（《汉·五行志》注引《礼图》），又曰圜冠。庄周言儒者冠圜冠者知天时，履句屦者知地形，缓佩玦者事至而断（《田子方》篇文，《五行志》注引《逸周书》文同《庄子》，圜字作鹬。《续汉书·舆服志》云："鹬冠前圜。"），明灵星舞子吁嗟以求雨者谓之儒，故曾晳之狂而志舞雩，原宪之狷而服华冠（华冠亦名建华冠，《晋书·舆服志》以为即鹬冠，华皇亦一声之转），皆以忿世为巫，辟易放志于鬼道。（阳狂为巫，古所恒有，曾、原二生之志，岂以灵保自命哉！董仲舒不喻斯旨，而崇饰土龙，乞效虾蟆，燔豭荐脯，以事求雨，其愚亦甚。）古之儒知天文占候，谓其多技，故号遍施于九能，诸有术者，悉眩之矣。

类名为儒，儒者，知礼乐射御书数。《天官》曰儒以道得民，说曰：儒，诸侯保氏，有六艺以教民者。《地官》曰联师儒，说曰：师儒，乡里教以道艺者。此则躬备德行为师，效其材艺为儒。养由基射白猿，应矢而下；尹儒学御三年，受秋驾。《吕氏》曰："皆六艺之人也。"（《吕氏春秋·博志》篇。）明二子皆儒者，儒者则足以为桢干矣。

私名为儒。《七略》曰："儒家者流，盖出于司徒之官，助人君顺阴阳明教化者也。游文于六经之中，留意于仁义之际，祖述尧、舜，宪章文、武，宗师仲尼，以重其言，于道为最高。"周之衰，保氏失其守，史籀之书，商高之算，蜂门之射，范氏之御，皆不自儒者传。故孔子曰："吾犹及史之阙文也，有马者借人乘之，今亡矣夫。"盖名契乱，执辔调御之术，亦浸不正，自诡鄙事，言君子不多能，为当世名士显人隐讳。及《儒行》称十五儒，《七略》疏《晏子》以下五十二家，皆粗明德行政教之趣而已，未及六艺也。其科于《周官》为师，儒绝而师假摄其名。然自孟子、孙卿，多自拟以天子三公，智效一官，德征一国则劣矣。而末流亦弥以哗世取宠，及郦生、陆贾、平原君之徒，铺歠不廉，德行亦败，乃不如刀笔吏。

是三科者，皆不见五经家。往者商瞿、伏胜、穀梁赤、公羊高、浮丘伯、高堂生诸老，《七略》格之，名不登于儒籍。(若《孙卿书叙录》云：韩非号韩子，又浮丘伯皆受业为名儒。此则韩非、浮丘并得名儒之号，乃达名矣。《盐铁论·毁学》篇云：包丘子修道白屋之下，乐其志，或非专治经者。)儒者游文，而五经家专致，五经家骨鲠守节过儒者，其辩智弗如(传经之士，古文家吴起、李克、虞卿、孙卿而外，知名于七国者寡。儒家则孟子、孙卿、鲁连、宁越皆有显闻。盖五经家不务游说，其才亦未逮也。至汉则五经家复以其术取宠，本末兼陨。然古文家独异是。古文家务求是，儒家务致用，亦各有适，兼之者李克、孙卿数子而已。五经家两无所当，顾欲两据其长，《春秋断狱》之言，遂为厉于天下。)此其所以为异。自太史公始以儒林题齐、鲁诸生，徒以润色孔氏遗业，又尚习礼乐弦歌之音，乡饮大射，事不违艺，故比而次之。及汉有董仲舒、夏侯始昌、京房、翼奉之流，多推五胜，又占天官风角，与鹖冠同流。草窃三科之间，往往相乱。晚有古文家出，实事求是，征于文不征于献，诸在口说，虽游、夏犹黜之，斯盖史官支流，与儒家益绝矣。

冒之达名，道、墨、名、法、阴阳、小说、诗赋、经方、本草、蓍龟、形法，此皆术士，何遽不言儒。局之类名，蹴鞠弋道近射，历谱近数，调律近乐，犹虎门之儒所事也。(若以类名之儒言之，赵爽、刘徽、祖暅之明算，杜夔、阮咸、万宝常之知乐，悉古之真儒矣。)今独以传经为儒，以私名则异，以达名类名则偏，要之题号由古今异。儒犹道矣，儒之名于古通为术士，于今专为师氏之守；道之名于古通为德行道艺，于今专为老聃之徒。道家之名，不以题诸方技者，嫌与老氏掍也。传经者复称儒，即与私名之儒淆乱。《论衡·书解》篇曰："著作者为文儒，说经者为世儒。世儒业易为，文儒之业，卓绝不循。彼虚说，此实篇。"案所谓文儒者，九流六艺太史之属；所谓世儒者，即今文家。以此为别，似可就部，然世儒之名，又非可加诸刘歆、许慎也。)孔子曰今世命儒亡常，以儒相诟病，谓自师氏之守以外，皆宜去儒名便，非独经师也。以三科悉称儒，名实不足以相检，则儒常相伐,故有理情性陈王道,而不丽保氏,身不跨马,射不穿札,即与驳者,则以龇龥诟之,以多艺匡之,是以类名宰私名也。有审方圆正书名,而不经品庶,不念烝民疾疢,即与驳者,则以他技诟之,以致远匡之,是以私名宰类名也。有综九流齑万物,而不一孔父,不蟞蟦为仁义,即与驳者,则以左道诟之,以尊师匡之,是以私名宰达名也。今令术士艺人闶眇之学,皆弃捐儒名,避师氏贤者路,名喻则争自息。不然,儒家称师,艺人称儒,其余各名其家,泛言曰学者,旁及诗赋,而泛言曰文学(文学名见《韩子》,盖亦七国时泛称也),亦可以无相鏖矣。礼乐世变易,射御于今粗觕,无参连白矢交衢和鸾之技,独书数仍世益精博。凡为学者,未有能舍是者也。三科虽殊,要之以书数为本。

原　道[①]

上

孔父受业于征藏史，韩非传其书，儒家、道家、法家异也，有其同；庄周述儒、墨、名、法之变，已与老聃分流，尽道家也，有其异。是樊然者，我乃知之矣。老聃据人事嬗变，议不逾方。庄周者，旁罗死生之变、神明之运，是以钜细有校。儒法者流，削小老氏以为省，终之其殊在量，非在质也。然自伊尹、太公有拨乱之材，未尝不以道家言为急（《汉·艺文志》道家有《伊尹》五十一篇、《太公》二百三十七篇），迹其行事，以间谍欺诈取人，异于儒、法，今可见者犹在《逸周书》。故周公诋齐国之政；而仲尼不称伊、吕，管子者祖述太公，谓之小器，有由也。（《管子》八十六篇亦在道家。）

老聃为周征藏史，多识故事，约《金版》《六弢》之旨，著五千言以极其情，则伊、吕亡所用。亡所用故归于朴，若墨翟守城矣，巧过于公输般，故能坏其攻具矣。谈者多以老聃为任权数，其流为范蠡、张良。今以庄周《胠箧》《马蹄》相角，深黜圣知，为其助大盗，岂遽与老聃异哉？老聃所以言术，将以撑前王之隐愍，取之玉版，布之短书，使人人户知其术则术败。会前世简毕重滞，力不行远，故

[①]　此文选自《国故论衡》下卷。

二三奸人得因自利。及今世有赫蹄雕镂之技,其书遍行,虽权数亦几无施矣。老聃称"古之善为道者,非以明民,将以愚之","民之难治,以其智多"。愚之何道哉?以其明之,所以愚之。今是驵侩则欺罔人,然不敢欺罔其类,交知其术也,故耿介甚。以是知去民之诈,在使民户知诈,故曰"以智治国国之贼,不以智治国国之福。"知此二者亦稽式。何谓稽式?谓人有发奸摘伏之具矣。粤无镈,燕无函,秦无卢,胡无弓车,夫人而能之,则工巧废矣。常知稽式,是谓玄德。玄德深远,而与物反。伊尹、太公、管仲虽知道,其道盗也。得盗之情,以网捕者,莫若老聃,故老聃反于王伯之辅,同于庄周,嬗及儒家,痟矣!若其开物成务,以前民用,玄家弗能知,儒者扬雄之徒亦莫识也。知此者韩非最贤。(凡周秦解故之书今多亡佚,诸子尤寡。《老子》独有《解老》《喻老》二篇。后有说《老子》者,宜据韩非为大传而疏通证明之,其贤于王辅嗣远矣。韩非他篇亦多言术,由其所习不纯,然《解老》《喻老》未尝杂以异说,盖其所得深矣。)非之言曰:"先物行先理动之谓前识,前识者,无缘而妄意度也。""以詹何之察,苦心伤神,而后与五尺之愚童子同功,故曰:'前识者'道之华也,而愚之首也。"(《解老》。)夫不事前识,则卜筮废,图谶断,建除、堪舆、相人之道黜矣。巫守既绝,智术穿凿,亦因以废,其事尽于征表。此为道艺之根,政令之原。是故私智不效则问人,问人不效则求图书,图书不效则以身按验。故曰绝圣弃智者,事有未来,物有未睹,不以小慧隐度也。绝学无忧者,方策足以识梗概,古今异、方国异、详略异,则方策不独任也。不上贤使民不争者,以事观功,将率必出于介胄,宰相必起于州部,不贵豪杰,不以流誉用人也。(按不上贤之说,历世守此者寡。汉世选吏多出掾史,犹合斯义。及魏晋间而专徇虚名矣。其后停年格兴,弊亦差少,选曹之官,即古司士所不得废也。观远西立宪之政,至于朋党争权,树标揭鼓以求选任,处大官者,悉以苞苴酒食得之,然后知老子、韩非所规深远矣。顾炎武、黄宗羲皆自谓明习法制,而多扬破格用人之美,攻选曹拘牵之失,夫乌知法!)

名其为简,繁则如牛毛。夫繁故足以为简矣,剧故足以为整暇矣。庄周因之以号《齐物》。齐物者,吹万不同,使其自己。官天下者以是为北斗招摇,不慕往古,不师异域,清问下民,以制其中,故相地以衰征、因俗以定契自此始。韩非又重申束之曰:"凡物之有形者,易裁割也。何以论之?有形则有短长,有短长则有小大,有小大则有方圆,有方圆则有坚脆,有坚脆则有轻重,有轻重则有黑白。短长、小大、方圆、坚脆、轻重、黑白之谓理,理定而物易割,故议于大庭而后言则立,权议之士知之矣。故欲成方圆而随其规矩,则万物之功形矣。万物莫不有规矩,议言之士,计会规矩也。圣人尽随于万物之规矩,故曰:'不敢为天下先。'"《解老》推此以观,其用至孅悉也。

玄家或佚荡为简,犹高山之与深渊、黑漆之与白垩也。玄家之为老,息废事服,吟啸以忘治乱。韩非论之曰:"随时以举事,因资而立功,用万物之能而获利其上,故曰:'不为而成。'"《喻老》明不为在于任官,非旷务也。又曰:"法令滋章,盗贼多有。"玄家以为老聃无所事法,韩非论之曰:"一人之作,日亡半日,十日亡五人功;万人之作,日亡半日,十日亡五万人功矣。然则数变业者,其人弥众,其亏弥大。"《解老》明官府征令不可亟易,非废法也。综是数者,其要在废私智、绝县媒,不身质疑事,而因众以参伍,非出史官周于国闻者,谁与领此!然故去古之宥,成今之别,其名当,其辞辩,小家珍说无所容其迂,诸以伪抵谰者无所阅其奸欺。老聃之言,则可以保傅人天矣。大匠不斫,大庖不豆,故《春秋》宝书之文,任之孔、左。断神事而公孟言无鬼,尚裁制而公孙论坚白,贵期验而王充作《论衡》,明齐物而儒、名、法不道天志。(按儒家、法家皆出于道,道则非出于儒也。韩愈疑田子方为庄子师。按庄子所称钜人明哲非独一田子方,其题篇者又有则阳、徐无鬼辈,将悉是庄子师邪?俗儒又云庄子述《天下》篇,首列六经,明其尊仰儒术。六经者周之史籍,道、墨亦诵习之,岂专儒家之业!)

老子之道任于汉文,而太史公《儒林列传》言孝文帝本好刑名之言,是老氏固与名法相倚也。然孝文假借便佞,令邓通铸钱布天下,既悖刑名之术;信任爰盎,淮南之狱,不自责躬,而迁怒县传不发封者,枉杀不辜,戾法已甚,岂老氏所以莅政哉!若其责岁计于平、勃;听处当于释之;贾生虽贤,非历试则不任以卿相;亚夫虽杰,非劳军则不属以吴楚,斯中老氏之绳尺矣。盖公、汲黯以清净不扰为治,特其一端。世人云汉治本于黄老,然未足尽什一也。诸葛治蜀,庶有冥符。夫其开诚心,布公道,尽忠益时者虽仇必赏,犯法怠慢者虽亲必罚,服罪输情者虽重必释,游辞巧饰者虽轻必戮,庶事精练,物理其本,循名责实,虚伪不齿,声教遗言,经事综物,文采不艳,而过于丁宁周至,公诚之心,形于文墨,老氏所经,盖尽于此。(诸葛之缺犹在上贤,刘巴方略未著,而云运筹帷幄吾不如子初远矣。马谡言过其实,优于兵谋,非能亲莅行陈者也,而违众用之,以取覆败。盖汉末人士,务在崇奖虚名,诸葛亦未能自外尔。)汉世学者数言救僿以忠,终其所尚,乃在正朔、服色、徽识之间,不悟礼为忠信之薄。外炫仪容,适与忠反,不有诸葛,谁知其所底哉?杜预为黜陟课,云:使名不越功而独美,功不后名而独隐。亦有不上贤遗意。韩延寿治郡,谢安柄国,并得老氏绪言。而延寿以奢僭致戮,谢安不综名实,皆非其至。其在下者,谈、迁父子其著也。道家出于史官,故史官亦贵道家。然太史持论,过在上贤,不察功实。李广数败而见称,晁错立效而被黜,多与道家背驰。要其贵忠任质则是也。黄牛以汤、武弑君,此不明庄子意者。七国齐晋之主,多由强臣盗位,故庄生言之则为抗;汉世天位已定,君能恣行,故黄生言之则为诌。要与伊、吕殊旨,则犹老氏意也。杨王孙之流,徒有一节,未足多尚。晋世嵇康愤世之流,近于庄氏；李充亦称老子，而好刑名之学，深抑虚浮之士；阮裕谓人不须广学，应以礼让为先，皆往往得其微旨。葛洪虽抵拒老庄，然持论必与前识上贤相反，故其言曰："叔向之母，申氏之子，非不一得，然不能常也。陶唐稽古而失任，姬公钦明而谬授，尼父远得崇替于未兆，近失澹台于形骸，延州审清浊于千载之外，而蔽奇士于咫尺之内，知人之难，如此其甚。郭泰所论，皆为此人过上圣乎？但其所得者显而易识，其失者人不能纪。"（《抱朴子·清鉴》篇。）是亦可谓崇实者矣。

若夫扇虚言以流闻望，借玄辞以文膏粱，适与老子尚朴之义相戾。然则晋之乱端，远起汉末，林宗、子将，实惟国蠹，祸始于前王，而衅彰于叔季。若厉上贤之戒，知前识之非，浮民夸士，何由至哉！《中论·考伪》篇曰：今之为名者，巧人之雄，伪夫之杰，"然中才之徒，咸拜手而赞之，扬声以和之，被死而后论其遗烈，被害而犹恨已不逮"。《谴交》篇曰：世之衰也，"取士不由于乡党，考行不本于伐阅，多助者为贤才，寡助者为不肖，序爵听无证之论，班录采方国之谣。民见其如此者，知富贵可以从众为也，知名誉可以虚哗获也，乃离其父兄，去其邑里，不修道义，不治德行，讲偶时之说，结比周之党，汲汲皇皇，无日以处，更相叹扬，迭为表里，梼杌生华，憔悴布衣，以欺人主、惑宰相、窃选举、盗荣宠者，不可胜数。桓灵之世，其甚者也。自公卿大夫，州牧郡守，王事不恤，宾客为务，冠盖填门，儒服塞道，饥不暇餐，倦不获已。殷殷沄沄，俾夜作昼，下及小司，列城墨绶，莫不相商以得人，自矜以下士。星言夙驾，送往迎来，亭传常满，吏卒传问，炬火夜行，阍寺不闭，把臂捩腕，扣矢矢誓，推托恩好，不较轻重，文书委于官曹，系囚积于囹圄，而不皇省也。详察其为，非欲忧国恤民、谋道讲德也，徒营己治私、求执逐利而已。有策名于朝而称门生于富贵之家者，比屋有之。为之师而无以教，弟子亦不受业。或奉货行赂,以自固结,求志属托,规图仕进,然掷目指掌,高谈大语,若此之类,言之独可羞,而行之者不知耻。"是则林宗、子将之伦,所务可知。儒士为之,诚不足异;而魏氏中世道家猝起,不矫其失,弥益增华。庄生所云上诚好知,使民接迹诸侯之境,结轨千里之外,矫言伪行以求富贵者,窅乎如不闻也。王粹尝图庄周于室,欲令嵇含为赞。含援笔为吊文曰:"帝婿王弘远,华池丰屋,广延贤彦,图庄生垂纶之象,记先达辞聘之事,画真人于刻桷之室,载退士于进趣之堂,可谓托非其所,可吊不可赞也。"《《晋书·嵇含传》》斯足以扬榷诚伪、平章白黑矣!

中

老聃不尚贤,墨家以尚贤为极,何其言之反也？循名异,审分同矣。老之言贤者,谓名誉、谈说、才气也;墨之言贤者,谓材力、技能、功伐也。不尚名誉,故无朋党;不尊谈说,故无游士;不贵才气,故无骤官,然则材力、技能、功伐举矣。

墨者曰:"以德就列,以官服事,以劳殿赏。"《尚贤上》篇。世之言贤,侈大而不可斠试。朝市之地,菆井之间,扬徽题褚,以衒其名氏,选者尚曰任众。众之所与,不由质情,徒一二人眩之也。会在战国,奸人又因缘外交,自暴其声,以舆马瑞节之间,而得淫名者众。既不校练,功楛未可知;就有桢材,其能又不与官适。夫茹黄之骏,而不可以负重;橐佗之强,而不可以从猎。不检其材,猥以贤遍授之官,违分职之道,则管仲、乐毅交困。是故古之能官人者,不由令名。问其师学,试之以其事,事就则有劳,不就则无劳,举措之分以此。故韩非曰:"视锻锡而察青黄,区冶不能以必剑;水击鹄雁,陆断驹马,则臧获不疑钝利。发齿吻形容,伯乐不能以必马;授车就驾而观其末涂,则臧获不疑驽良。观容服、听辞言,仲尼不能以必士;试之官职,课其功伐,则庸人不疑于愚智。"《显学》篇。此夫所谓不尚贤者也。尚贤者非舍功实而用人,不尚贤者非投钩而用人,其所谓贤不同,故其名异。不征其所谓而征其名,犹以鼠为璞矣。慎子蔽于执,故曰夫块不失道,无用贤圣《庄子·天下》篇;汲黯蔽于世卿,故愤用人如积薪,使后来者居上。诚若二子言,则是名宗大族世为政也。夫老聃曰:"三十辐共一毂,当其无,有车之用;挺埴以为器,当其无,有器之用;凿户牖以为室,当其无,有室之用。故有之以为利,无之以为用。"今处中者已无能矣,其左右又益罢,是重尪也。重尪者安赖有君吏?明其所以任使者,皆股肱毕强,技术辐凑,明刑辟而治官职者也。则此言不尚贤者,非慎、汲之所守也。

君之不能,势所趣矣。何者?辩自己成、艺自己出、器自己造之谓能,待辈群而成者非能。往古黔首僻陋侗愚,小慧之士得前民造作,是故庖牺作结绳,神农尝百药,黄帝制衣裳,少康为秫酒,皆以其能登用为长。后世官器既备,凡学道立方者,必有微妙之辩,巧钩之技,非绝人事苦心焦形以就则不至。人君者,在黄屋羽葆之中,有料民听事之劳矣,心不两役,欲与畴人百工比巧犹不得,况其至展察者!君之能尽乎南面之术矣。其道简易,不名一器,下不比于瓦缶,上又不足当玉卮。又其成事,皆待众人,故虽斥地万里,破敌钜亿,分之即一人斩一级矣;大施钩梯,凿山通道,分之即一人治一坡矣。其事至微浅,而筹策者犹在将吏。故夫处大官载神器者,佻人之功,则剽劫之类也。

己无半技,则奄尹之伦也。然不竟废黜者,非谓天命所属与其祖宗之功足以垂远也,老子固曰无之以为用。君人者既不觉悟,以是自庶侈,谓名实皆在己,为民主者又弥自喜,是故《齐物》之论作,而达尊之位成。一国之中,有力不辩官府,而俗以之功、民以之慧、国以之华者，其行高世，其学钜子，其艺大匠，其辞瑰称。有其一者，权藉虽薄也，其尊当比人主而已矣。凡学术分科至博，而治官者多出于习政令。汉尝黜九流，独任吏，次即贤良文学。贤良文学既褊陋，而吏识王度、通故事，又有八体之技，能窥古始，自优于贤良文学也。今即习政令最易，其他皆刿心。习易者擅其威，习难者承流以仰咳唾。不平，是故名家有去尊(见《原名》篇)，凡在官者名曰仆役，仆役则服囚徒之服，当其在官，不与齐民齿。

下

人君者，剽劫之类，奄尹之伦。老聃明君术，是同于剽劫奄尹也。曰：异是。道者，内以尊生，外以极人事，笃析之以尽学术，非独君守矣。故韩非曰："道者，万物之所然，万理之所稽也。理者，成物之文。道者，万物之所以成。物有理不可以相簿，而道尽稽万物之理，故不得不化。不得不化，故无常操。无常操，是以死生气禀焉，万智斟酌焉，万事废兴焉。天得之以高，地得之以臧，维斗得之以成其威，日月得之以恒其光，五常得之以常其位，列星得之以端其行，四时得之以御其变气，轩辕得之以擅四方，赤松得之与天地统，圣人得之以成文章。道与尧舜俱智，与接舆俱狂，与桀纣俱灭，与汤武俱昌。譬诸饮水，溺者多饮之即死，渴者适饮之即生；譬若剑戟，愚人以行忿则祸生，圣人以诛暴则福成。故得之以死，得之以生，得之以败，得之以成。"(《解老》)此其言道，犹浮屠之言"如"邪？(译皆作真如，然本但一如字。)有差别此谓理，无差别此谓道。死生成败皆道也，虽得之犹无所得，《齐物》之论由此作矣。韩非虽解老，然他篇娓娓以临政为齐，反于政必黜，故有《六反》之训，《五蠹》之诟。夫曰："斩敌者受赏，而高慈惠之行；拔城者受爵禄，而信廉爱之说；坚甲厉兵以备难，而美荐绅之饰；富国以农，距敌恃卒，而

贵文学之士；废敬上畏法之民，而养游侠私剑之属，举行如此，治强不可得也。"（《五蠹》）

然不悟政之所行与俗之所贵，道固相乏，所赏者当在彼，所贵者当在此。今无慈惠廉爱，则民为虎狼也；无文学，则士为牛马也。有虎狼之民、牛马之士，国虽治，政虽理，其民不人。世之有人也，固先于国，且建国以为人乎？将人者为国之虚名役也？韩非有见于国，无见于人；有见于群，无见于孑。政之弊以众暴寡，诛岩穴之士；法之弊以愚割智，无书简之文。以法为教，无先王之语，以吏为师。《五蠹》今是有形之类，大必起于小；行久之物，族必起于少。《喻老》韩非之所知也。众所不类，其终足以立烝民，蓬艾之间，有陶铸尧舜者，故众暴寡非也。其有回遹乱常、与众不适者，法令所不能治，治之益甚，民以情伪相攻即自败。故老子曰："常有司杀者杀，夫代司杀者杀，是谓代大匠斫。"韩非虽贤，犹不悟。且韩非言大体，固曰不引绳之外，不推绳之内，不急法之外，不缓法之内矣（《大体》）。明行法不足具得奸邪，贞廉之行可贱邪？不逆天理，不伤情性《大体》，人之求智慧辩察者，情性也，文学之业可绝邪？荣辱之责，在于己不在于人《大体》，匹夫之行可抑邪？

庄周明老聃意，而和之以齐物，推万类之异情，以为无正味正色，以其相伐，使并行而不害，其道在分异政俗，无令干位，故曰得其环中，以应无穷者，各适其欲以流解说，各修其行以为工宰，各致其心以效微妙而已矣。政之所具不过经令，法之所禁不过奸害，能说诸心，能研诸虑，以成天下之亹亹者，非政之所与也。采药以为食，凿山以为宫，身无室家农圃之役、升斗之税，不上于王府，虽不臣天子，不耦群众，非法之所禁，版法格令，不得剟一字也。操奇说者能非之，不以非之剟其法，不以尊法罪其非，君臣上下，六亲之际，雅俗所守，治眊论者所驳也，守之者不为变，驳之者无所刑。国有群职,王公以出治,师以式民,儒以通古今会文理,百工以审曲面执立均出度,其权异,其尊不异。地有九州,赋不齐上下,音不齐清浊,用不齐器械,居不齐宫室,其枢同,其取予不同,皆无使相干也。夫是之谓大清明,夫是之谓天下之至柔,驰骋天下之至坚。法家者,削小老氏以为省,能令其国称娖,而不能与之为人。党得庄生绪言以自饬省,赏罚不厌一,好恶不厌岐,一者以为群众,岐者以优匹士,因道全法,则君子乐而大奸止。

  其后独王弼能推庄生意,为《易略例》,明一以象曰:"自统而寻之,物虽众,则知可以执一御也;由本以观之,义虽博,则知可以一名举也。处旋机以观大运,则天地之动,未足怪也;据会要以观方来,则六合辐凑,未足多也。故举卦之名,义有主矣;观其象辞,则思过半矣。夫古今虽殊,军国异容,中之为用,故未可远也。品制万变,宗主存焉。"《明象》明岐以爻曰:"情伪之动,非数之所求也。故合散屈伸,与体相乖。形躁好静,质柔爱刚,体与情反,质与愿违。巧历不能定其算数,圣明不能为之典要,法制所不能齐,度量所不能均也。召云者龙,命吕者律,二女相违,而刚柔合体。隆墄永叹,远壑必盈。投戈散地,则六亲不能相保;同舟而济,则胡越何患乎异心。故苟识其情,不忧乖违;苟明其趣,不烦强武。"《明爻通变》推而极之,大象准诸此,宁独人事之云云哉!道若无岐,宇宙至今如抟炭,大地至今如孰乳已!

原　名[①]

　　《七略》记名家者流出于礼官。古者名位不同,礼亦异数。孙卿为《正名》篇,道后王之成名,"刑名从商,爵名从周,文名从礼,散名之加于万物者,则从诸夏之成俗曲期"。即礼官所守者,名之一端,所谓爵名也。庄周曰《春秋》以道名分(《天下》篇),盖颇有刑爵文,其散名犹不辩,五石六鹢之尽其辞,已榷略矣。且古之名家考伐阅,程爵位,至于尹文,作为华山之冠,表上下平(《庄子·天下》篇及注),而惠施之学去尊(《吕氏春秋·爱类》篇:匡章谓惠子曰:"公之学去尊,今又王齐王,何其倒也?"),此犹老庄之为道,与伊尹、太公相塞。诚守若言,则名号替,徽识绝,朝仪不作,绵蕝不布。民所以察书契者,独有万物之散名而已。曲学以徇世,欲王齐王以寿黔首之命,免民之死,是施自方其命,岂不悖哉!自吕氏患刑(当作形)名异充,声实异谓,既以若术别贤不肖矣(《吕氏春秋·正名》篇);其次刘劭次《人物志》、姚信述《士纬》、魏文帝著《士操》、卢毓论《九州人士》(皆见《隋书·经籍志》名家),皆本文王官人之术,又几反于爵名。(案《魏志·邓艾传》注引荀绰《冀州记》曰:爰俞清贞贵素辩于论议,采公孙龙之辞以谈微理。是魏晋间自有散名之学而世不传。盖所趣在品题人物,不嗜正名辩物之术也。)

[①]　此文选自《国故论衡》下卷。

然自州建中正,而世谓之奸府,浸以见薄。刑名有邓析传之,李悝以作具律,杜预又革为《晋名例》,其言曰:法者,盖绳墨之断例,非穷理尽性之书也,故文约而例直,听直而禁简。例直易见,禁简难犯。易见则人知所避,难犯则几于刑厝。厝刑之本,在于简直,故必审名分。审名分者,必忍小理。古之刑书,铭之钟鼎,铸之金石,所以远塞异端,使无淫巧。今所注皆网罗法意,格之以名分,使用之者执名例以审趣舍,伸绳墨之直,去析薪之理。(《晋书·杜预传》。)其条六百二十,其字二万七千六百五十七,而可以左右百姓,下民称便。惟其审刑名(按累代法律,惟《晋律》为平恕,今竟亡佚,亦民之无禄也),尽而不污,过爵名远矣,然皆名之一隅,不为纲纪。老子曰:"名可名,非常名。"名者,庄周以为化声。孙卿亦云名无固宜,故无常也,然约定俗成则不易,可以期命。万物者,惟散名为要,其他乃与法制推移。自惠施、公孙龙,名家之杰,务在求胜,其言不能无放纷,尹文尤短。察之儒墨,墨有《经》上下,儒有孙卿《正名》,皆不为造次辩论,务穷其柢。鲁胜有言,取辩乎一物,而原极天下之污隆,名之至也。墨翟、孙卿近之矣。

　　凡领录散名者,论名之所以成、与其所以存长者、与所以为辩者也。名之成,始于受,中于想,终于思。领纳之谓受,受非爱憎不著;取像之谓想,想非呼召不征;造作之谓思,思非动变不形。(本《成唯识论》所说。)名言者,自取像生。故孙卿曰:"缘天官。凡同类同情者,其天官之意物也同。故比方之疑似而通,是所以共其约名以相期也。"(以上《正名》篇文。)此谓想随于受,名役于想矣。又曰:"心有征知。征知则缘耳而知声可也,缘目而知形可也。然而征知必将待天官之当簿其类然后可也。"(《正名》篇文。)接于五官曰受,受者谓之当簿;传于心曰想,想者谓之征知。一接焉一传焉曰缘。凡缘有四。(识以所对之境为所缘缘;五识与意识迭相扶助,互称为增上缘;凡境像名言义理方在意识,而能引续不断,是有意根,故前识于后识为等无间缘;一切心物之因,名曰阿赖耶识,为因缘。)增上缘者,谓之缘耳知声,缘目知形,此名之所以成也。名虽成,臧于胸中,久而不渝,浮屠谓之法。(色、声、香、味、触,皆感受者也。感受之境已逝,其相犹在,谓之法。)《墨经》曰:"知而不以五路,说在久。"《说》曰:"智者若疟病之之于疟也。(上"之"字训"者"。)智以目见,而目以火见,而火不见,惟以五路知(句)。久(读),不当以目见(句)。若以火。"(《经下》及《经说》下。)此谓疟不自知,病疟者知之;火不自见,用火者见之。是受、想之始也。受、想不能无五路,及其形谢,识笼其象,而思能造作。见无待于天官,天官之用,亦若火矣。

五路者,若浮屠所谓九缘:一曰空缘,二曰明缘,三曰根缘,四曰境缘,五曰作意缘,六曰分别依,七曰染净依,八曰根本依,九曰种子依。自作意而下,诸夏之学者不亟辩,泛号曰智。目之见必有空明根境与智,耳不资明,鼻舌身不资空,独目为具五路。既见物已,虽越百旬,其像在,于是取之,谓之独影。独影者,知声不缘耳,知形不缘目,故曰不当。不当者,不直也,是故赖名。曩令所受者逝,其想亦逝,即无所仰于名矣,此名之所以存也。泰始之名,有私名足也;思以综之,名益多,故《墨经》曰"名,达、类、私"。(《经上》)孙卿曰:"万物虽众,有时而欲遍举之,故谓之物,物也者,大共名也。有时而欲遍举之,故谓之鸟兽,鸟兽也者,大别名也。"(《正名》。)若则骐骝骊骊为私,马为类,畜为达,兽为别,物为共也。有时而欲摄举之,丛马曰驵,丛人曰师,丛木曰林,丛绳曰网,浮屠以为众法聚集言论。(《瑜伽师地论》十六说,下同。)孙卿曰:"单足以喻则单,单不足以喻则兼。"(《正名》)人马木绳,单矣;师驵林网,兼矣。有时而欲辨异举之,以药为丸,其名异,自和合起(如雀卵、茹藘、乌贼合以为丸,其药各殊,其丸是一);以瓶为败瓦,其名异,自碎坏起;以谷为便利,其名异,自转变起;以金带钩为指环,俄以指环为金带钩,其名异,自加功起,浮屠以为非常言论。孙卿曰：物有同状而异所者，虽可合，谓之二实。有异状而同所者，谓之化。有化而无别，谓之一实。(《正名》)此名之所以长也。诸同类同情者，谓之众同分。其受想同，其思同，是以有辩。辩所依隐有三。《墨经》曰："知，闻、说、亲。名、实、合、为。"《说》曰："知：传受之，闻也；方不㢓（即障字），说也；身观焉，亲也。所以谓，名也；所谓，实也；名实偶，合也。志行，为也。"(《经上》及《经说》上。)亲者，因明以为现量；说者，因明以为比量；闻者，因明以为声量。(按传受为闻，故曰声量，往古之事则征史传，异域之状则察地志，皆非身所亲历，亦无术可以比知，其势不能无待传受。然印度诸宗所甄独在名理，故声量唯取圣教，亦名为圣教量。诸宗哲学既非一轨，各持其圣教量以为辩，则违立敌共许之律。故自陈那以后，独用现量比量，而圣教量遂废。若夫史传地志，天下所公，则不得独废也。要之圣教量者，特声量之一端。)

赤白者，所谓显色也；方圆者，所谓形色也；宫徵者，所谓声也；薰臭者，所谓香也；甘苦者，所谓味也；坚柔燥湿轻重者，所谓触也。遇而可知，历而可识，虽圣狂弗能易也，以为名种。以身观为极，阻于方域，蔽于昏冥，县于今昔，非可以究省也。而以其所省者善隐度其未所省者，是故身有五官，官簿之而不谛审，则检之以率。从高山下望冢上，木芊芊若著。日中视日，财比三寸盂，旦暮乃如径尺铜盘，校以句股重差，近得其真也。官簿之而不遍，则齐之以例，故审堂下之阴，而知日月之行、阴阳之变；见瓶水之冰，而知天下之寒、鱼鳖之臧也；尝一味肉，而知一镬之味、一鼎之调。官簿之而不具，则仪之以物，故见角帷墙之端，察其有牛；飘风堕曲尘庭中，知其里有酿酒者，其形虽隔，其性行不可隔，以方不障为极。有言仓颉隶首者，我以此其有也，彼以此其无也。仓颉隶首之形不可见，又无端兆足以拟有无，虽发冢得其骶骨，人尽有骨，何遽为仓颉隶首？亲与说皆穷，征之史官故记，以传受之为极。今辩者所持说尔,违亲与闻,其辩亦不立(违于亲者,因明谓之见量相违;违于闻者,因明谓之世间相违。如言冰热火寒,此见量相违者也;如未至天山而言天山无有,此世间相违者也),此所以为辩者也。

辩说之道,先见其旨,次明其柢,取譬相成,物故可形,因明所谓宗、因、喻也。印度之辩,初宗,次因,次喻(兼喻体、喻依)。大秦之辩,初喻体(近人译为大前提),次因(近人译为小前提),次宗。其为三支比量一矣。《墨经》以因为故,其立量次第,初因,次喻体,次宗,悉异印度、大秦。(如印度量,声是无常,所作性故,凡所作者皆是无常,喻如瓶。如大秦量,凡所作者皆无常,声是所作,故声无常。如《墨子》量,声是所作,凡所作者皆无常,故声无常。)《经》曰:"故,所得而后成也。"《说》曰:"故,小故,有之不必然,无之必不然。体也,若有端。大故,有之必无然(案无是羡文),若见之成见也。"夫分于兼之谓体,无序而最前之谓端。特举为体,分二为节之谓见。(皆见《经上》及《经说》上。本云:"见,体、尽。"《说》曰:"见,时者,体也;二者,尽也。"案时读为特,尽读为节,《管子·弟子职》曰:"聖之高下,乃承厥火,以塈为烬。"与此以尽为节同例。特举之则为一体,分二之则为数体。)今设为量曰,声是所作(因),凡所作者皆无常(喻体),故声无常(宗)。初以因,因局,故谓之小故(犹今人译为小前提者);无序而最前,故拟之以端。次以喻体,喻体通,故谓之大故(犹今人译为大前提者),此凡所作,体也;彼声所作,节也,故拟以见之成见(上见谓体,下见谓节)。因不与宗相剀切,故曰有之不必然。无因者,宗必不立,故曰无之必不然。喻体次因,以相要束,其宗必成,故曰有之必然。验《墨子》之为量,固有喻体无喻依矣。何者?万物无虑有同品,而奇觚者或无同品,以无同品则无喻。《墨经》曰:"不可偏去而二,说在见与俱、一与二、广与修。"(《经下》,修旧误循。)诸有形者,广必有修,修亦必有广矣。云线有长无广者,形学之乱。(谓《几何原本》,此语弥儿尝驳之。)《墨子》知其不偏去,倪也,固有有修无广者矣。骋而往,不彭亨而及,招摇无尽,不以针鏠鸟翾之宽据方分，此之谓时。今欲成时之有修无广也，即无同品。虽然，若是者，岂直无喻依，固无喻体。（如云凡有直往无旁及者，必有修无广。时是直往无旁及者，故时有修无广。然除时以外，更无有直往无旁及者。心量生灭，亦有旁延之境，乃至君统世系，不计旁及之处则可，不得谓无旁及，故初句喻体即不可说。）喻依者，以检喻体而制其款言，因足以摄喻依，谓之同品定有性。负其喻依者，必无以因为也，谓之异品遍无性。（并取《因明论》说。）大秦与《墨子》者，其量皆先喻体后宗。先喻体者，无所容喻依，斯其短于因明。立量者，常则也，有时不可用三支，若《墨经》之驳仁内义外曰："仁，爱也。义，利也。爱利，此也；所爱所利，彼也。爱利不相为外内，所爱利亦不相为外内。其为仁内也，义外也；举爱，则所利也，是狂举也。若左目出，右目入。"（《经说》下。）此以三支则不可说也。破人者，有违宗，有同彼，有胜彼（《大毗婆沙论》二十七所说），亦无所用三支。何谓违宗？彼以物有如种极微也（如种极微，今称原子），而忌言人有庵摩罗识，因言无相者无有。（此即近世唯物论说。无相谓色声香味触皆不可得，非徒无形无色而已。）诘之曰：如种极微有相不？则解矣。何谓同彼？彼以异域之政可法也，古之政不可法，因言时异俗异，胡可得而法？诘之曰：地异俗异可得法不？则解矣。何谓胜彼？彼以世多宛言也，谓言皆妄。诘之曰：是言妄不？则解矣。《墨经》曰："以言为尽悖。悖，说在其（旧误倒）言。"（《经下》）此谓胜彼破也。

为说者曰：三支不足以原物，故曰漆淖水淖，合两淖则为蹇，湿之则为干；金柔锡柔，合两柔则为刚，燔之则为淖。或湿而干，或燔而淖，类固不必可推知也。凡以说者，不若以亲。（按近世主经验之论，理学家多持此说。）自智者观之，亲亦有绌。行旅草次之间，得被发魌头而魃服者，此亲也，信目之谛，疑目之眩，将在说矣。眩人召圌案，圌案自垣一方来，即种瓜瓠，荫未移，其实子母钩带，千人见之，且剖食之,亲以目以口则信,说以心意则不信。远视黄山,气皆青,俯察海波,其白皆为苍,易位视之而变,今之亲者非昔之亲者。《墨经》曰:"法同则观其同,法异则观其宜。"(《经上》)亲有同异,将以说观其宜,是使亲诎于说也。原物之质,闻不若说,说不若亲。今有闻火浣布者,目所未睹,体所未御,以说又无类,因谓无火浣布,则人莫不然,谓之蔽锢。《墨经》曰:"知其所以不知(以字当为羡文),说在以名取。"(《经下》)此乃使亲、说交诎于闻也。凡原物者,以闻、说、亲相参伍。参伍不失,故辩说之术奏。未其参伍,固无所用辩说。且辩说者,假以明物,诚督以律令则败。夫主期验者任亲,亟亲之而言成典,持以为矩。矩者,曰:尽,莫不然也。必,不已也。(《墨经上》)而世未有尽验其然者,则必之说废。今言火尽热,非能遍拊天下之火也,拊一方之火而因言凡火尽热,此为逾其所亲之域。虽以术得热之成火,所得火犹不遍,以是言凡火尽热,悖。《墨经》通之曰:"无穷不害兼,说在盈否。知,不知其数而知其尽也,说在明者。"(《经下》)则此言尽然不可知,比量成而试之。信多合者,则比量不惑也。若是,言凡火尽热者,以为宗则不悖,以为喻体犹悖。(宗者所以测未来,故虽言凡火尽热无害。喻体者,据已往之成效言之。已往未尝遍验天下之火,则言凡火尽热为逾其所验之境。)言必有明日者,以昨往有今,以累昨往尽有今,拟仪之也。物固有断,则昨或不断而今或断。言必有明日者,是犹言人必有子姓,以说不比,以亲即无征。是故主期验者越其期验。《墨经》说推类之难曰:"此然是必然,则俱为糜。"(糜读为靡,《经下》及《经说》下。)此庄周所以操齐物夫?

辨　性[①]

上

万物皆无自性黄垆、大海、爟火、飘风，则心之荫影也。公孙尼子曰："心者，众智之要。物皆求于心。"（《意林》及《御览》三百七十六引）其言有中。无形而见有形，志与形相有则为生。生者于此，生之体于彼。说缘生者，假设以为性。而儒者言性有五家：无善无不善，是告子也；善，是孟子也；恶，是孙卿也；善恶混，是杨子也；善恶以人异，殊上中下，是漆雕开、世硕、公孙尼、王充也。（此即韩愈三品之说所本。）五家皆有是，而身不自明其故，又不明人之故，务相斩伐，调之者又两可，独有控名责实，临观其上，以析其辞之所谓，然后两解。

人有八识，其宗曰如来藏。以如来藏无所对，奄忽不自知，视若胡越，则眴有万物，物各有其分职，是之谓阿罗耶。阿罗耶者，藏万有。既分，即以起末那。末那者，此言意根，意根常执阿罗耶以为我，二者若束芦，相依以立。我爱、我慢由之起。意根之动，谓之意识。物至而知接，谓之眼、耳、鼻、舌、身、识。彼六识者，或施或受，复归于阿罗耶。藏万有者，谓之初种；六识之所归者，谓之受熏之种。诸言性者，或以阿罗耶当之，或以受熏之种当之，或以意根

[①] 此文选自《国故论衡》下卷。

当之。公孙龙曰:"谓彼而彼不唯乎彼,则彼谓不行。谓此而此不唯乎此,则此谓不行。"(《名实论》)由是相伐。

孙卿曰:"生之所以然者谓之性。"夫意根断,则阿罗耶不自执以我,复如来藏之本,若是即不死不生。生之所以然者,是意根也。孟子虽不言,固弗能异。意根当我爱、我慢,有我爱故贪无厌,有我慢故求必胜于人。贪即沮善,求必胜于人,是审恶也。孙卿曰:"从人之性,顺人之情,必出于争夺合于犯分乱理而归于暴,斯之谓恶。"我见者,知人人皆有我。知之,故推我爱以爱他人。虽非始志哉,亦不待师法教化。孟子曰:"今人乍见孺子将入井,皆有怵惕恻隐之心。"是审善也。极我慢者,耻我不自胜,于我而分主客,以主我角客我。(我本无自性,故得如是。按《瑜伽师地论》十二云:"胜有五种:一、形夺卑下,故名为胜。谓如有一以己腰上工巧事形夺他人置下劣位。二、制伏赢劣,故名为胜。谓如有一以己强力摧诸劣者。三、能隐蔽他,故名为胜。谓瓶盆等能有覆障,或诸药草咒术神通有所隐蔽。四、厌坏所缘,故名为胜。谓厌坏境界,舍诸烦恼。五、自在回转,故名为胜。谓世君王随所欲为处分臣仆。"按:第一、二、五种胜,皆以我慢慢人。第四种胜,是以我慢自克。厌坏所缘者,五识以五尘为所缘,意识以一切名相为所缘,意根则以我为所缘。)自以胜人,亦不自胜也。胜之则胜人之心解,孙卿谓之礼义(义即今仪字)辞让,是无恶也。夫推之极之皆后起,弗可谓性。然而因性以为是,不离其朴。是故爱之量短而似金椎,慢之量缺而似金玦。熔之引之,不异金而可以为环。孟子以为能尽其材,斯之谓善,大共二家皆以意根为性。意根一实也,爱慢悉备,然其用之异形,一以为善,一以为恶,皆毙也。(我爱、我慢,可以为善,可以为恶,故唯识颂谓意根为无记。二家则分言之。)悲孺子者,阅人而皆是,能自胜者,率土而不闻,则孟、孙不相过。孟子以不善非才之罪,孙卿以性无善距孟子,又以治恶比于烝矫奢厉,悉蔽于一隅矣。(方苞举元凶劭柳璨临刑时语,以证人性本善,此不足证也。善与知善有异。人果受学,虽有恶性,亦知善恶之分。劭固好读史传,而璨且著《析微》以正《史通》,为时所称。宁当不明人伦之义忠孝之教,即当其弑父负国之时,已自知凶顽无比覆载不容矣,无待临刑也。知而为之,不足证其性善,但足证其智明耳。)告子亦言生之谓性。夫生之所以然者谓之性,是意根也。即生以为性,是阿罗耶识也。阿罗耶者,未始执我,未始执生。不执我,则我爱、我慢无所起。故曰"无善无不善"也。虽牛犬与人者,愚智有异,则种子之隐显殊耳。彼阿罗耶何以异?以匏瓜受水,实自匏瓜也。虽其受酒浆,非非匏瓜也。孟子不悟己之言性与告子之言性者异实,以盛气与之讼。告子亦无以自明,知其实,不能举其名,故辞为之诎矣。

杨子以阿罗耶识受熏之种为性。夫我爱、我慢者,此意根之所有。动而有所爱,有所慢,谓之意识。意识与意根应。爱、慢之见,熏其阿罗耶,阿罗耶即受藏其种。更迭死生,而种不焦敝。前有之种,为后有之增性,故曰"善恶混"也。夫指穷于为薪而火不知其尽,形气转续,变化相嬗,故有忽然为人。(忽然,犹言暂尔,非谓无因而至也。)亦有化为异物、轮转之说,庄生、贾谊已知之矣。杨子不悟阿罗耶恒转,徒以此生有善恶混,所以混者何故,又不能自知也。

漆雕诸家,亦以受熏之种为性。我爱、我慢。其在意根,分齐均也,而意识用之有偏胜。故受熏之种有强弱,复得后有即仁者、鄙者殊矣。虽然,人之生未有一用爱者,亦未有一用慢者。慢者不过欲尽制万物,物皆尽,则慢无所施,故虽慢犹不欲荡灭万物也。爱者不过能近取譬,人搤我咽,犹奋以解之,故虽爱犹人欲人之加我也。有偏胜则从所胜以为言,故曰"有上、中、下"也。夫尘埃拚覆,则昏不见泰山。建绛帛万端以围尺素,则白者若赤。物固有相夺者,然其质不可夺。漆雕之徒不悟。而偏执其一至。以为无余。亦过也。

问曰:"善恶之类众矣,今独以诚爱人为审善,我慢为审恶,何也?"答曰:审、谛、真,一实也。与伪反。伪善有数:利人者欲以纳交要誉,一也;欲以生天,二也;欲以就贤圣,三也;欲以尽义,四也。(尽义之说有二:出乎心所不能已者为真,以为道德当然而为之者为伪,此指后说。)此皆有为。韩非之《解老》曰:"义者,谓其宜也。宜而为之,故曰上义为之而有以为也。"夫三伪固下矣,虽以尽义,犹选择为之。计度而起,不任运而起,故曰伪。诚爱人者无所为,韩非之《解老》曰:"仁者,谓其中心欣然爱人也。其喜人之有福而恶人之有祸。生心之所不能已。非求其报。(不求报则异于前三伪,心所不能已,则异于后一伪。)故曰上仁为之而无以为也。"无以为者,任运而起,不计度而起,故谓之审。德意志人有箫宾霍尔者,盖知其端兆矣。知有伪善,顾不知有伪恶,其极且以恶不可治。夫有为而为善,谓之伪善。若则有为而为恶者,亦将谓之伪恶矣。今人何故为盗贼奸邪?是饥寒迫之也。何故为淫乱?是无所施写迫之也。何故为残杀?是以人之堕我声誉、权实迫之也。虽既足而为是者,以其志犹不足。志不足,故复自迫。此其为恶,皆有以为者。是故予之伪恶之名。(伪者,谓心与行非同事。虽心行皆非善,而意业与方便异,故曰伪。)然而一往胜人之心,不为声誉、权实起也。常人之弈棋者,趣以卒日,不求博进,又非以求善弈名也,当其举棋,攻劫放舍,则务于求胜。常人之谈说者,非欲以口舌得官及以就辩士之名也。其所谈说。又内无系于已,外不与于学术政教也,说而讪必辩,辩而不胜必争;人有猝然横逆我者,妄言骂詈,非有豪毛之痛也,又非以是丧声誉、权实,当其受詈,则忿心随之;此为一往胜人之心,无以为而为之,故予之审恶之名。审善恶者,浮屠以为用性作业。伪善恶者,浮屠以为用欲作业。(见《大智度论》八十八。)以审善恶遍施于伪善恶,以伪善恶持载审善恶,更为增上缘,则善恶愈长,而亦或以相消,精之醇之。审善、审恶,单微一往而不两者,于世且以为无记。是故父子相保,言者不当一匦之仁。局道相斫,见者不拟略人之恶。及为群众,其分又弥异。大上使民无主客尊卑，以聊合欢，以调海内。其次，善为国者，舒民之慢，无夺民之爱。舒慢，故尊君之义日去，其尊严国体亦愈甚，无夺爱，故不苟人之隐曲也。且国者本以慢生，故武健胜兵者为右，而常陵轹弱小，杀敌致果，易之则为戮。故审恶且为善，而审善又且为恶。诸自有国以后者，其言善恶，非善恶之数也。(凡善恶之名，因人而起者，分之则有真善恶、伪善恶。因国而起者，其善非善，其恶非恶，或且相背驰矣。有对于其国之所行，可称为善为恶者，则取人为单位，他不复计。)夫伪善恶易去，而审善恶不易去。人之相望，在其施伪善。群之苟安，待其去伪恶。彼审恶者。非善所能变也。(善兼审善、伪善言之。审善或与审恶相调，令审恶不易现行，如朋友相亲，则伏我慢也。伪善抑或与审恶相调，令审恶不易现行。如惧有死亡之祸，则不敢犯分陵人也。然审恶抑或能对治伪恶，如自贵其身，则不肯苟取臧私也。审善抑或能现起伪恶，如贫者养亲，则盗邻家之孰麦也。要之以审善伏审恶，其根不可拔。以审恶对治伪恶，以审善现起伪恶，则其流变无穷矣。)然而伪恶可以伪善去之。伪之与伪，其势足以相灭。今夫以影蔽形，形不亡，以形蔽形，形犹若不亡。以影蔽影，则影自亡。(如息树下者，以有树影，故无人影。非人影为树影所障，乃其时实无人影也。)伪与真不相尽，虽两真犹不相尽，而伪与伪相尽。且伪善者，谓其志与行不相应。行之习，能变其所志以应于行，又可以为审善，何者？以人性固可以爱利人，不习则不好，习焉而志或好之。若始学者，志以求衣食，习则自变其志以求真谛，以人性固意知真谛。(此由我见所推而成。)故得其嗜味者，槁项食淡攻苦而不衰。是故持世之言，以伪善羑道人，虽浮屠犹不废。箫宾霍尔不悟，以为恶不可治，善不可勉以就，斯过矣。(善恶实无自性，故由伪善亦可以致审善？箫宾霍尔未悟斯义，遂局于自然之说。)恶之难治者，独有我慢。虽为台隶，擎跽曲拳以下长者，固暂诎耳。一日衣裘壮丽，则奋矜如故。人有恒言，以为善佞谀人者亦善陵人。亦有量人穷通调度高下者，为之而有以为，犹伪恶也。为之而无以为，横计胜劣，以施毁誉。(今远西多有此病，对于强者、富者、贵者，则誉不容口，对于弱者、贫者、贱者，则一切下视之。而己非必有求于所誉者也。其强、其富、其贵，或过于所誉者。故曰：为之而无以为。)即其恶与慢准，惟慢为能胜慢，何者？能胜万物而不能胜我，犹孟贲举九鼎，不自拔其身，力士耻之。

彼忧苦者，我也；淫涵者，我也；懈惰者，我也；矜夸者，我也；傲睨者，我也。而我弗能挫衄之。则慢未充，是故以我慢还灭我慢，谓之上礼。韩非之《解老》曰："众人之为礼，以尊他人，故时劝时衰。君子为礼，以尊其身，故神之为上礼，上礼神而众人贰(上礼者，不以尊卑贵贱异礼也，不可为国，故众人贰)，故不能相应。众人虽贰，圣人之复恭敬尽手足之礼也不衰，故曰'攘臂而仍之'。"上礼与谄何异哉？假令平人相遇，无强弱贫富贵贱之校者，跪拜以送之，颂说以誉之，芬香以献之，鞠躬翼戴，比于臣仆，虽似谄则谓之长德也。谄者计胜劣，上礼者无胜劣之计，故正势而行谓之谄，正节而行谓之上礼。(《韩子·解老》。说上礼与礼异。凡君臣之礼，亦谄之类也。故曰："礼者，忠信之薄而乱之首也。"上礼则异是。)上礼者，固以自为。惟孔子亦曰"克己复礼"，浮屠有"忍辱"，皆自胜也。(持戒精进亦由自胜生。持戒以胜淫涵，精进以胜懈惰。禅定亦由自胜生，以胜忧苦。)卒言其极，非得生空观慢不灭。善之不可灭者，独有诚爱人，虽食肉之兽不绝也。彉而充之，又近伪善矣。知万物为一体，其充生于不能已者，善之至也。至于无生，而善复灭矣。

问者曰："世之高士，不降其志，不辱其身。齐有饿人者，闻'嗟来'则不食。鲁有臧坚者，刑人吊之，以杕枝其创死。此为以我慢伏我爱，未审善也，而前修以为卓行，今宜何论？"应之曰：高士者，亡贵其慢，贵者寡情欲。诸有我见者，即有我所有法，身亦我所有法也。摄受于身者，卒之摄受于我。以爱我，故爱我所有。淫声色,瀞滋味,有之不肯去,无之而求给,则贼人所爱,慢又助之。歆色者且欲妻宓妃,歆声者欲使白虎鼓瑟、苍龙吹篪,虽不可得,犹有欲求也。几可以得之者,无挹损人。可得哉。治以工宰,工宰又愈贼人。(如因政府,又起赋税诸法其流无已。)彼高士者,以我慢伏我爱。我慢量少,伏我爱之量多,短长相覆。是故谓之卓行。大上有许由、务光之让王,其次不臣天子不友诸侯,内则胜贪,外之使人知工宰为世贼祸,足以仪法。其德辟恶,其业足以辟增上恶缘。世之言卓行,不惟审善,虽辟恶亦与焉。故阿魏非香也,臭之不可于鼻,用足以辟诸腐臭,故准之香。自由光而下者,虽有少慢,其辟恶固优矣。精洁如由光,又无慢者,非阿魏之比,而犀角之比。犀角食之无益人,不得与上药数,以其辟毒,则准之上药。是故诸辟恶者,不为审善,以伏审恶,则字之曰准善。饿人臧坚,视由光已末矣,其慢犹少,其伏我爱犹多,诚未清净,若白练有小点者。世无大士,则高士为其甲。若夫不忍货财妃匹之亡而自狸以为快者,其爱我所有法甚,其爱我亦愈甚。不遂,故自贼,犹以醒醉解忧也。故世亦莫之贵。

问者曰:"意根有我爱,易知也,何故复有我慢?"应之曰:当其有阿罗耶识,即有意根矣,故曰束芦。意根者,生之所以然。有生不能无方分,方分者不交相涉以此方分格彼方分,此我慢所以成。非独生物也,蓬颗野马,常自以己之方分,距异物使不前。一玉屑、一芥子而不相受。假令无我慢者,则是无厚。无生者不自立,有生者无以为生,故我慢与我爱交相倚也。若宝剑之有文铓矣,如浮脂不可脱,如连珠不可掇。以为一邪,抗下异节;以为二邪,其荣满侧。及其用之,我慢足与他人竞,我爱足与他人和。其趣则异,是何也?自执有我,从是以执他人有我。慢之性使诸我相距,爱之性使诸我相调。调与距虽异,其趣则然。昔者项王意乌叱咤,千人俱废,然见人慈爱姁姁,人有疾痛,为之涕泣和药。今有大侠遇盗于涂,角力者杀之,乞命者即矜而活之。狮子至暴也,一鹿之肉,给其日食有余。然独意杀象者,以其力之多,见人蒲伏其前,则经过不搏。麒麟为仁矣,不杀虫蛾,遇狮子即引足踶跋,令辟易数十丈死。是故爱慢异流而同其柢,然而爱不足以胜慢矣。惟慢胜慢,故上礼不以为情貌,以自攻拔其身。(此与孙卿矫饰之说不同。极我慢以治我慢,非由矫也,亦与康德所谓绝对之命令不同。彼谓知善故施此命令,此谓由我慢之念而极之。犹壮士求自举其身。)夫以我胜我,犹有我慢之见也。彼大士者,见我之相胜,以知我之本无。(若本有我,则我不为二。我不为二,则无以我胜我之理。)益为上礼,使慢与慢相尽,则审恶足以解。浮屠喻之"以梦渡河。"(谓如梦中见有大河,横距行径,即奋跃求越过,正奋跃时,其梦即寤,实无有河,亦无有奋跃事。然非奋跃,则梦亦不能寤。)然则孟子、孙卿言性也,而最上者言无我性,亲证其无我性。即审善、审恶犹幻化,而况其伪乎?

下

孔子曰:"生而知之者上也,惟上智与下愚不移。"此亦计阿罗耶中受熏之种也。熏之者意识,其本即在意根。人心者,如大海,两白虹婴之,我见、我痴是也。两白蛟婴之,我爱、我慢是也。彼四德者,悉依隐意根。由我见,人有好真之性。(亦以我爱为增上缘,惟我见则无情好,真略分五:一曰实,二曰如,三曰成,四曰常,五曰明了。主观之念,适当客观,客观之境,适当主观,谓之如。好奇好巧,皆好如也。怀旧之念,由好如及好适中好同和合所成。意旧想复现者,由好和好明了和合而成。)由我爱,人有好适之性。(适分为四:一曰生,二曰安。安复分八,一亭隐,二饱,三润,四暖,五清凉,六动,七逸,八通利。好速之念,由好动好通利孳乳。三曰美,美复分七,一净,二丽,三韵,四旨,五芳,六柔,七法处所摄美。四曰同,此即合群之念所起。好善之念,亦由此孳乳。)由我慢,人有好胜之性。(好名之念,由好胜及好适中法处所摄美和合所成。如上三事,摄人生所好尽。昔希腊学者,分真、善、美三事。为人情所同好,此实短拙,故今分别如此,其详别见。此诸位者或互为助伴,亦互相折伏。由此人情好尚,种种不定。)责善恶者于爱、慢,责智愚者于见、痴。

我见者与我痴俱生。何谓我痴?根本无明则是。以无明不自识如来藏,执阿罗耶以为我,执此谓之见,不识彼谓之痴。二者一根。若修广同体而异其相,意识用之,由见即为智,由痴即为愚。智与愚者,非昼夜之校,而巨烛、温火之校。痴与见不相离,故愚与智亦不相离。上智无痴,必无我见也,非生而具之。下愚者,世所无有。诸有生者,未有冥顽如瓦砾者矣。(浮屠言一阐提者,亦谓其性最恶,非谓其性最愚。)尝试以都最计之,世方谓文教之国其人智,蠕生之岛其人愚,彼则习也,非性。就计所习,文教国固多智,以其智起愚,又愚于蠕生之人。何者?世之恒言,知相知名者为智,独知相者谓之愚。蠕生之人,五识于五尘犹是也,以不具名,故意识鲜通于法。然诸有文教者,则执名以起愚,彼蠕生者犹舍是。

一曰征神教。蠕生者事牛耿黾,以虺易为灵蛇,而文教者或事上帝。由慢计之,事上帝则优,事牛虺耿黾则劣。自见计之,上帝不可验,而牛虺耿黾可验。其言有神灵,皆过也,一事可验,一事不可验,则蠕生者犹少智。何以明之?今有二人,一谓牛角能言,一谓马角能言,其过则等。牛角虽不能言,固有牛角,其过一。马角者,非直不能言,又无马角,其过二。故以马角为能言者,视以牛角为能言者,其愚以倍。

二曰征学术。蠕生者之察万物,得其相,无由得其体。虽得之,不横以无体为体。有文教者得其体矣。太上有唯识论,其次有唯物论。识者以自证而知,物者以触、受而知,皆有现量,故可就成也。(凡非自证及直觉感觉所得者,皆是意识织妄所成。故不能真知唯识者,宁持唯物。唯物亦有高下二种,高者如吼模,但许感觉所得,不许论其因果,此即唯识家之现量也。其次虽许因果,尚少织妄,而世人不了唯识,有谓任意妄称,虽无亦可谓之有者。近日本有妄人笕克彦以此成其法理之学,重纰甮缪,不知其将何底也。)计唯物者,虽不知圆成实性,犹据依他起性。最下有唯理论师,以无体之名为实,独据遍计所执性,以为固然。无体之名,浮屠谓之不相应行(非心非物,故曰不相应行。《成唯识论》有不相应行二十四种,康德所说十二范畴,亦皆不相应行也),意识用之以贯万物,犹依空以置器,而空不实有。海羯尔以有、无成为万物本,笛佉尔以数名为实体,此皆无体之名。庄周曰:"名者,实之宾。"(《逍遥游》。)尹文曰:"有形者必有名,有名者未必有形。"(《大道上》。)今以有名无形者为实,此蠕生者所不执也。(浮屠言真如者,《成唯识论》云:"真如即是唯识实性,以识之实性不可言状,故强名之曰如。若执识外别有真如者,即与计有无为实物者同过。"又此土学者,或立道,或立太极,或立天理,要之非指物即指心,或为综计心物之代语,故亦无害。若谓心物外别有道及太极、天理者,即是妄说。)

三曰征法论。蠕生者独以酋长为神,国皆酋长产也。虽粗有文教者,犹以君为国家。文教益盛,谓君长、人民、土地皆非国,而国有其本体。由爱计之,独主君则民病,以国为主而民少纾。夫论物者宜弃捐善恶利害之见,和精端容,实事以效是。然则病民与否,非其所宜计也。由见计之,君犹实有,而国家非实有,即钩校其诚者,国固无系君,顾一国人之总业耳。凡事有总业者,有别业者。别业者,以一人之力就之,农耕裨贩是也。总业者,集数人之力就之,家乎?市乎?乡曲乎?最大则为国,是故农贾非实有也。实之谓人,业之谓农、贾。(不了此义,故名家有杀盗非杀人之说,是以业为实也。)家、市、乡曲亦然。有土、有器、有法,土者人所依,器与法者人所制,故主之者曰人。今曰国家有自体,非君长、人民、土地。若则曰市非钱布化居、人民廛舍也,而自有市之体,其可乎?(近世法家妄立财团法人、社团法人之名,此皆妄为增语。虽然,名之曰法人,则本非实人也,此与果实名人何以异。)家、市、乡曲之与国,或以字养,或以贸迁,或以保任,或以布政用师，其业不同，校其实即同。所以殊名者，以业起，不以实起。不辨实、业之分，以业为体，犹舍心与形躯，而言人有荧魂。或曰："国者有作用，故谓之有。"是不然，以君长假国为号然后作，非国自能作。若巫师假鬼以为号，然后有祠堂崇禳，而巫师亦得稽。彼鬼者能自作乎？以国家有作用，而鬼亦有作用，因是以国家为实有。是鬼亦实有耶？或曰："凡人默自证，知我为是国人也，以自证故谓国有。"是不然。知为是国人者，非自证也。人自证有识者，不待告教。自知为是国人者，待告教然后辨，以其习闻之，遂有胜解。（胜解，谓决定不可转移之念。）而想滑易，则若自证。譬若人之有姓者，亦默自知之也，然不告教则不知。以国为实有者，彼姓亦实有耶？此又蠕生者所不执也。

四曰征位号。蠕生者无君臣吏民之号，有之亦亡重轻。有文教者，其位号滋多。今人言名者，或以名有虚实异。声誉之谓虚名，官位之谓实名。夫名则尽虚也，顾以为有实者，得官位足以饱暖，且役使人。得声誉不足以饱暖、役使人。此其业之异矣，于实则奚异？名且言实，则是以影为形也。今之法家，皆曰君位实有也。某甲南面者则表章之，即如是，弑某甲则不为大逆，与杀凡民均，是何也？则不能弑其君位也。然法律又异等。言法之理，与定法之条相反，岂不悖哉？且位者万物尽有之，亡独人君？以位为实，即以肥胖食客，是充牺位也。牺位实有，而胖表彰之，不知客所欲啖者，其胖耶，妄其欲啖牺位耶？从是以观，以甲飨乙，甲非主，乙非客，主位客位皆实有。而甲乙表彰之，凡夫妇、奴主皆准是。从是以推无生诸行，水之在壑，则渠位实有，而清水、浊水表彰之。火之在灶，则爨位实有，而桑柘之火、枣杏之火表彰之。然则名实交纽，为戏谑之论矣。此又蠕生者所不执也。

五曰征礼俗。蠕生者祭则就墓，无主祏之仪，觐则谒君，无画像之容。战则相识,无徽识之辨,皆就其体。颇有文教。立之主设之像矣,又有旌旗矣,主像者所以系心,不以君亲竟在是也。旌旗者所以分部曲,不以军府竟在是也。其转执者,或置其君之画像于横舍。莫夜火发。其师既跣足出,返复翼奉其君之像,若救其君之身者,竟以燔死。有两国相争者,状貌素异,虽拔其旗,弗能假以掩袭,然同伍死则不相救,军旗失则践积尸冒弹丸以救之,若救其军府。此又蠕生者所不执也。

六曰征书契。蠕生者或无文字,有之曰足以记姓名簿籍而已。有文教者,以文字足以识语言,故曰"名者圣人之符"。(《群书治要》引《申子》。)其转执者,或讳其君亲之名,或刻楮印布以为金币。夫以名为君亲之实,则是书君亲之名裂之,即支解君亲也。刻符可以为币,则是断并闾以为轮,揭芭蕉以为旗,杖白茅以为剑,亦可以为军实也。今是掷五木者,有卢有雉,卢不可奖以执留,雉不可烹以实鼎。即有用之者,人且以为大戆。今独以讳君亲用纸币为恒事,则何也?夫国有成俗,语言不可移,故文字不可移,然而文字不以为实。以文为实,此又蠕生者所不执也。

由是言之,见与痴固相依。其见愈长,故其痴亦愈长。而自以为智者,诚终身不灵哉。问者曰:"人若无见,即如灰土矣。今见愈长而痴从以长,是终无正见之期也。"应之曰:人之见,自我见始。以见我,故谓生物皆有我,亦谓无生者有我。(我即自体。)由是求真,故问学、思虑应之起。其以为有我者,斥其实,不斥其德、业。故有一石焉,扪之即得坚,视之即得白,坚与白其德也,而终不曰坚白。必与之石之名者,其念局于有实也。故诸有相可取者,取相不足,必务求其体。从是有学术,而其智日益驰骋。从是不知止,又不知返,其愚亦益驰骋。何者?名起于想,所想有贞伪。以想如自证、触受之量为贞,以想不如自证、触受之量为伪。名之如量者,有若坚白，其不如量者有若石。又远曰此石彼石，又远曰石聚，又远则从其聚以为之号。明和合之为伪，假以通利虑宪，即无害。（所以必假伪名以助思虑者，以既在迷中，不由故道，则不得返。）

尝闻声论师波腻尼之言矣。诸名言自体为什匏吒，什匏吒应于青为青，应于赤为赤，应于然为然，应于否为否。彼特以自心相分为主，而不执所呼者有体，斯可也。然则名言之部，分实、德、业使不相越，以实、德、业为众同分。（众同分者，谓人所同然。实、德、业三，凡人思慧皆能别之，故曰众同分。）约定俗成，故不可陵乱。假以实、德、业论万物，而实不可为德、业，德、业亦不可为实。譬如建旗，假设朱雀、腾蛇、北斗、招摇之象，而不可以相贸，知其假设而随顺之，为正见，不知其假设而坚持之，谓之倒见。诚斯析之，以至无论，坚白可成，石犹不可成。何者？实不自表，待名以为表。德者无假于名，故视之而得白，抈之而得坚，虽暗者犹得其相。至于石非名不起也，执有体故有石之名，且假以省繁辞，是何故？以有坚白者不唯石，如是坚，如是白，其分齐不与佗坚白等。道其分齐，则百言不可尽，故命以石之名者，亦以止辞费。知之，虽言石，固无害。不知者执以为体。自心以外，万物固无真，骛以求真，必与其痴相应。故求真亦弥以获妄。虽然，唯物之论于世俗最无妄矣。执增语以为实，而妄益踊。是故老聃有言曰："始制有名。名之既有，夫亦将知止。"

儒术真论[①]

昔韩非《显学》，胪列八儒，而传者独有孟、荀，其他种别，未易寻也。西京贾傅，为荀子再传，而董、刘诸公，已不能以一家名。且弘、汤之法盛行，而儒杂刀笔；参以灾祥鬼神，而儒杂墨术。自东京以来，盖相率如是。《荀子·儒效》云：其言议谈说，已无以异于墨子矣。然而明不能分别，是俗儒者也。然则七国之季，已有杂糅无师法者，后此何足论。今以《墨子·公孟》篇公孟子、程子与墨子相问难者，记其大略。此足以得儒术之真。其于八儒虽无可专属，要之微言故训，有上通于内圣外王之道，与夫混淆失真者，固大有殊矣。由斯推衍，其说可以卢牟六合，经纬冯生。盖圣道之大，无能出其范者。抑括囊无辩，谓之腐儒。今既撷拾诸子，旁采远西，用相研究，以明微旨，其诸君子亦有乐乎此欤？

惠定宇谓公孟子即公明子，为孔子之徒。近人孙诒让仲容则云：《潜夫论》志《氏姓》篇：卫公族有公孟氏，《左传·定十二年》疏谓公孟絷之后，以字为氏，则自有公孟氏，非公明氏也。《说苑·修文》篇有公孟子高见颛孙子莫及曾子，此公孟子疑即子高，盖七十子之弟子也。(以上孙说。)余谓子莫告公孟子高之言曰："去尔外厉，

[①] 此文选自1899年8月17日—1900年2月10日《清议报》第23—34册。

与尔内色胜,而心自取之,去三者而可矣。"今公孟子谓墨子曰:"君子共己以待,问焉则言,不问焉则止。"又曰:"实为善人孰不知?今子遍从人而说之,何其劳也。"即本子莫去外厉之意,则公孟子即公孟子高明甚。然即此愈知公孟即公明。《孟子·万章》篇有长息问公明高,即为公孟子高。且孟子言舜之怨慕,而举公明高之言以为证。又言:"人少则慕父母,五十而慕者,独有大舜。"今公孟子则曰:"三年之丧,学吾之慕父母。"墨子驳之则曰:"夫婴儿子之知,独慕父母而已,父母不可得也。然号而不止,此其故何也?即愚之至也。然则儒者之知,岂有以贤于婴儿子哉!"是公孟子之言,与孟子所述慕父母义,若合镮印。则知公孟子、公孟子高、公明高为一人明甚。公孟、公明虽异族,然同声相借,亦有施之姓氏者。今夫司徒、申屠、胜屠,本一语也。而因其字异,遂为三族。荀与孙、虢与郭,本异族也,而因其声同,遂相假借。今公孟、公明,亦犹荀孙、虢郭,虽种胄有殊,而文字相贸,亦无不可。然既严事曾子,其不得为孔子之徒明矣。惠说亦未合也。今观其立说,亦醇疵互见,而宣尼微旨,于此可睹。捃摭秘逸,灼然如晦之见明者,凡数大端。呜呼!可不谓卓欤?

公孟子谓子墨子曰:"昔者圣王之列也,上圣立为天子,其次立为卿大夫。今孔子博于诗书,察于礼乐,详于万物。若使孔子当圣王,则岂不以孔子为天子哉!"

按玄圣素王,本见《庄子》。今观此义,则知始元终麟,实以自王,而河图不出,文王既丧,其言皆以共主自任,非图谶妄言也。门人为臣,孔子以为行诈,诸侯卿尹之尊,非所以处上圣,进退失据,故斥言其欺。不然,子弓南面,任为天子。(见《说苑·修文》篇。)尚无所讳,而辞此区区乎?知此者独有梅子真尔?

公孟子曰:"无鬼神。"又曰:"君子必学祭祀。"子墨子曰:"执无鬼而学祭礼，是犹无客而学客礼也，是犹无鱼而为鱼罟也。"子墨子谓程子曰："儒以天为不明(旧脱天字，毕本据下文增)，以鬼为不神，天鬼不说，此足以丧天下。"

按仲尼所以凌驾千圣，迈尧、舜轹公旦者，独在以天为不明及无鬼神二事。《荀子》曰：道者，非天之道，非地之道，人之所以道也，君子之所道也。(《儒效》篇。)此儒者穷高极远测深厚之义。若夫天体，余尝谓苍苍之天，非有形质，亦非有大圜之气。盖日与恒星，皆有地球，其阿屯以太，上薄无际，其间空气复厚，而人视之苍然，皆众日之余气，固非有天也。王育说，天诎西北为无，其说稍诞。盖天本无物，故无字从天诎之以指事，因下民所见，不得无所指斥，故强以颠义引申之而曰天。六经言天言帝，有周公以前之书，而仲尼删述，未或革更，若曰道曰自然而已矣。郊祭大报天而主日，万物之主，皆赖日之光热，而非有赖于天。故假言曰帝，其真即日。或以北极为耀瑰宝，北极又大于日九十三倍，故亦尊之，此则恒星万数，上帝亦可云万数。六帝之说，不遍不赅，要非虚增，然恒星各帝其地球而已，于此地球何与？明堂宗祀，盖自外至者也。且太微五星，固玄远矣，即至昵之日，虽昭昭大明，而非有恩威生杀之志，因上帝而有福善祸淫之说，其害犹细，其识已愚，因是以及鬼神，则诬妄日出，而人伦殆废。

盖太古民俗，无不尊严鬼神，五洲一也。感生帝之说，中国之羲、农，日本之诺、册二神，印度之日朝、月朝，犹太之耶稣，无不相类。以此致无人伦者，中外亦复不异。惟其感生，故有炎、黄异德兄弟婚媾之说，盖曰各出一帝，虽为夫妇，不为黩也。尧之厘降，不避近属，实薯于是。其后以为成俗，则夏、商以来，六世而通婚姻，皆感生之说撼之矣。周道始隆，百世远别，此公旦所以什伯于尧、舜、汤、武，然依违两可，攻其支流，而未堙其源窟。《生民》之诗，犹曰履敏,则犷俗虽革,而精意未宣,小家珍说,反得以攻其阙。惟仲尼明于庶物,察于人伦,知天为不明,知鬼神为无,遂以此为拔本塞源之义,而万物之情状大著。由是感生帝之说诎,而禽兽行绝矣。此所以冠生民横大陆也。

何以知无鬼神?曰:斫卉木,磔羊彘,未闻其有鬼神,彼人固不得独有也。人所以有知者,分于父母,精虫胚珠是也。二者又摄引各点以为我有,使成官骸,而七情益扩,故成此知识,由于两精相搏,以生神明也。斯如两水相触,即便生浪。(水犹精,浪犹神,而两水之所以相触者,亦先有其浪,则父母交感之神也。)两味相和,乃生隽永,及精气相离而死,则神亦无存。譬之水既淤埋,浪即无有,两味化分,寻索隽永,了不可得。故精离则死,死则无知,其流定各质,久则合于他物,或入草木,或入胎卵,未有不化者。化之可见者,茅蒐是已。苌弘之血为碧,郑缓之精为秋柏之实,然已与他物合,则其质既杂,自有柏与碧之知,而非弘、缓之知矣。此精气为物也。气弗聚者,散而从于空气,涣然飘泊,此游魂为变也。夫焉有精化既离,而神识能独立者乎?《圆觉经》云:我今此身,四大和合,所谓发毛爪齿,皮肉筋骨,髓脑垢色,皆归于地。唾涕脓血,津液涎沫,淡泪精气,大小便利,皆归于水。暖气归火,动转归风。四大各离,今者妄身,当在何处?《宝积经》云:此身生时,与其父母,四大种性,一类歌罗逻身。若唯地大。无水界者,譬如有人,握干麨灰,终不和合。若唯水界。无地界者,譬如油水,无有坚实,即便流散。若唯地水。无火界者,譬如夏月,阴处肉团,无日光照,即便烂坏。若唯地水火。无风界者,即不增长。《庵提遮女了义经》云:若能明知地水火风四缘,毕竟未曾自得,有所和合,以为生义。若知地水火风毕竟不自得,有所散,是为死义。是佛家亦以各质相磨而生,各质相离而死,而必言即合即离,生死一致,则黄马骊牛之遁辞矣。然死后六道,不尽为鬼,则亦与精气为物之义相近。其终不决言无鬼者,盖既言真者离身而有如来藏,则不得不言妄者离身而为鬼。然又言俄鬼有胎生化生,则所谓鬼者,亦物魅之类,而与人死者有殊。然则释家盖能识此旨,而故为不了以自圆其说也。

难曰:若以知识为分于父母,则父母安始,追溯无尽,非如来藏而何?然如来藏者,彼岂能道其有始耶?于如来藏亦言无始,而必责万物以有始,亦惑矣。难曰:知识果分于父母,则瞽舜、鲧禹,曷为相反?曰:夫岂独神识然,形亦然矣。张苍之父,长不满五尺,苍长八尺余,苍子复长八尺,及孙类长六尺余。(《汉书·张苍传》)可得云形体非分于父母耶?要之形之短长,知之顽圣,此高下之分,非相反也。以神识言,又岂独父子然。虽一身亦有善恶是非先后相贸。颜涿聚,梁父之大盗也,学于孔子;段干木,晋国之大驵也,学于子夏;高何县子石,齐国之暴者也,指于乡曲,学于子墨子;索卢参,东方之巨狡也,学于禽滑黎。并为名士显人,(《吕氏春秋·尊师篇》。)如是者多矣。或有诹政虑事,一念之间,而筹画顿异,至于疚心自讼者。子夏投杖,汉高销印,斯类亦众,夫岂得谓有两身与两心耶?父母与子,何以异是?原夫二气相凝,非亲莫效,及脂膏既就,即有染习,贾生《胎教》,明著其义。是时材性高下,又由其亲一时之行迹而成,斯则得于其亲者,与初凝又少殊矣。及夫免乳以后,则见闻之习,师友之导,情状万端,韪非殊族,其异于亲也固宜。荀子有言:涂之人可以为禹。(《性恶篇》)此则君师牧民,由斯以作。然具此可以为禹之材,非父母授之乎?大抵形体智识,一成不移,而形之肥瘠,识之优劣,则外感相因,可入熔治,不移者由于胚珠,可移者由于所染。夫鲁鸡之伏鹄卵,其雏犹鹄;而桑枝之续桃本,则其实非桑。非物之形性,一可变更,一不可变更也。卵中之胚,是鹄非鸡,故鹄不以鸡伏而易。(土蜂煦妪桑虫之旧说,虫学家曾辨其误。)树木之胚,是桃非桑,故桃能以桑体为己,此胚珠不移之说也。啮蹄在辔,驯良从御,駃騠无牧,泛驾不习,此因染致移之说也。乃若时代逾久,则物之形体,亦有因智识优劣而渐变者。要之,改良则分剂增多,退化则分剂减少,上古之巅木,迹层之枯鱼,皆吾郊宗石室,惟其求明趋化,以有吾侪之今日。昊天罔极,如何可酬?抑亲亲之杀,既具斯形,则知爱类而已。

难曰:人见厉魅,经籍多有,近世民俗,亦有传言。宁得自守单辞,谓鬼神为诬惑?曰:以佛家言,六道之中,饿鬼居一,一在地下五百由旬,一在人天之间。是则畛域区处,与人隔绝,人未尝有至饿鬼处者,而饿鬼独能至人处乎?且以阿修罗之强悍,诸天之智力,不至人处,而饿鬼以赢劣之质,独能至人处乎?是岂得以所见证其必有也。然则见者云何?曰:耳目有愆,齐襄之见彭生是也;心惑若寐,狐突之遇共君是也。二者皆一时假相,非有真形,乃其真者,则亦有之。太史公曰:学者多言无鬼神,然言有物。(《留侯世家》。)此最为谿然墐斯者。山精物魅,如龙夔魍魉,固未尝无也,以其体不恒见,诡出都市,而人遂以鬼神目之,斯亦惑之甚矣。太古顽民,见镳惊鬼,有熊蚩尤,惑乱不异,见彼煮蒿,遂崇巫祝。清庙之守,后为墨家,敬天尊鬼,遂与儒术相訾。夫岂非先圣哲王之法,而以难儒术,则犹以金椎攻太山矣。无鬼而祭者,亦知其未尝食,而因是以致思慕。至胙肉必餍饫之者,亦以形体神识,分于二人,己在则亲之神识所分,犹在吾体,故食胙无异亲之食之也。然则祭为其名,而胙致其实,何无客学礼无鱼作罟之可比乎?若夫天神地祇,则因是而准则之,苟有圣王,且当厘汰焉。呜呼!如太史公言,则秦汉间儒者,犹知无鬼神义。然武、昭以后,儒者说经,已勿能守。独王仲任有《论死》篇,晋人无鬼神论,而儒者又群哗焉。然则荀子谓言议谈说,无以异于墨子者,汉后诸儒,顾不然欤?

公孟子谓子墨子曰："有义不义,无祥不祥。"公孟子曰："贫富寿夭,醋然在天,不可损益。"子墨子曰："儒以命为有贫富寿夭治乱安危有极矣,不可损益也。"

按墨子背周而从夏,《洪范》五行之说,以义不义,推祥不祥。禹陈九畴,而墨子畅之,皆天鬼之说所流行也。惟墨子于五行,信其德而不信其方位。阴阳家之言,则所必绝,故其答日者曰："帝以甲乙杀青龙于东方,以丙丁杀赤龙于南方,以庚辛杀白龙于西方,以壬癸杀黑龙于北方。若用子之言,则是禁天下之行者也。"《洪范》之言,则因五行以施五德,而顺之者吉,逆之者凶,故墨子独所尊信。汉初伏生,可谓大儒,然《五行传》犹拘牵天道。西京尊尚此学,实墨者之余烬也。荀子曰:夫日月之有蚀,风雨之不时,怪星之尝见,是无世而不常有之,上明而政平,则是虽并世起无伤也。上暗而政险,则是虽无一至者无益也。(《天论》篇。)是则于五行感应之说,儒者已显斥之。而仲尼删《书》犹登《洪范》者,明夷六五,赵宾以为阴阳气亡箕子。箕子者,万物方荄兹也。盖《易》与箕子,若为两途。《象传》于明夷,一曰文王以之,一曰箕子以之,独以二人并称。缘伏羲以河图为《周易》,而文王衍其词;禹以洛书为《洪范》,而箕子畅其义。文王之说,当行于域中;而箕子之说,可被于营州玄菟之境,与中国之教殊矣。录之者见施政要服,有与京周异术者也。若夫督宗之教,于五福六极,固非所信焉尔。

虽然,禹与箕子之陈《洪范》,亦草创之初得其觕义耳!其精者则固异于祸福感应之说,而知各质散点相吸相离之自然。此其说在《庄子·天运》。其言曰:天其运乎?地其处乎?日月其争于所乎?孰主张是?孰维纲是?孰居无事推而行是?意者其有机缄而不得已耶?意者其运转而不能自止耶?云者为雨乎?雨者为云乎?孰隆施是?孰居无事淫乐而劝是?风起北方,一西一东,有上徬徨,孰嘘吸是?孰居无事而披拂是?敢问何故?巫咸祒曰:来!吾语女,天有六极五常,帝王顺之则治,逆之则凶,九洛之事,治成德备,监照下土,天下载之,此谓上皇。(以上《庄子》。)九洛即洛书九畴;六极五常,即六极五福。而其事由于帝王之自取,非由上皇为主宰,亦渗无眚符瑞以为劝戒,其成败治乱,应其行政而致。若天运地处,竟无主张维纲也,此则非墨子所知矣。

命之为说,公孟只言贫富寿夭,而墨子后增以治乱安危,盖诬儒者矣。治乱安危,惟人所措。至于贫富寿夭,则固有说,如伯夷之夭,原思之贫,此其志愿,又不可言命也。若夫单豹之遇虎,则夭有命矣;邓通之寄死,则贫有命矣。所谓命者,词穷语绝,不得已之借名,其所自出,则佛氏亦以为因果,是又以祸福感应与定命合而为一,其论巧矣。然狮子尊者受挥刀断首之祸,而佛亦罹木枪马麦之患,虽至成道,尚不能免难,是则其所谓因果者,乃恩怨之报酬,而非善恶之赏罚矣。余谓报酬之义,异于《洪范》。盖非自主宰,而在私相予夺,此固理之必然者。悬土囊而击之,则土囊亦反触人,物莫不有跃力,况有知者乎?《吕览·诬徒》云:草木鸡狗牛马,不可谯诟遇之,谯诟遇之,则亦谯诟报人。然则命固有偶遇者,而亦有由于报酬者,然非如佛家所谓前生事也。自吾始祖以往,鱼鸟兽猨之祖,不知其更数百世,吾岂能知其恩怨所在哉?德几无小,灭宗无大,九世之仇,百年之德,至于今而始报之子孙,即报者亦不知其所以。盖先人之神识伏藏体中也是。故《易》说余庆余殃,必以家言,明其报复在种胄也。凡言命者,斯亦一端。至夫禄命推验,则非可凭矣。(全谢山《原命》引宋景濂谓:一日之内,同时生者不少,而显晦吉凶寿夭悬绝,故赵普与军校,蔡京与粉儿,高叔嗣与陈友谅皆同命。童轩亦言高穀与李昂,单昂与王稽,皆同甲子而绝不相似。余中之衍《皇极经世》之说,推其渊源于王天悦,谓某甲之年月,必得某甲之日时而后富寿,苟得某甲之日时而遂贫贱,水陆舟车之所产,东西南北之所居,莫不有合,此其所以有同物而不同运者。余谓同物相应,多在细微,而非禄命家所能推。以余所见,鸿胪卿朱克勤,与大学士李鸿章,生同物,而朱夭李寿,显晦亦殊,然其女则先后适张佩纶、吴伟才与左宗棠。生同物,后左为大帅,屠寇数万。吴为屠者,刳豕数万。然则择埒多杀,则同矣。而升沈荣辱之事,长短久近之期,则截然各异,以此知支干甲子所应非诬,而毫毛冥合,无关大体,是岂禄命家所能知乎?)故古之言知命者,谓知其不可如何,而非谓其机祥算数也。要之一人际遇,非能自主,合群图事,则成败视其所措。故一人有命,而国家无命。荀子曰:人之命在天,国之命在礼,君人者隆礼尊贤而王,重法爱民而霸,好利多诈而危,权谋倾覆幽险而尽亡矣。(《天论》篇。)此以见一人之命有定限,而一国之命无定限也。又曰:从天而颂之,孰与制天命而用之。是则以天为不足称颂,而国命可自己制,其何有天哉？曰:天者自然而已。曰:命者遭遇而已。从俗之言,则曰天命,夫岂以苍苍者布令于下哉？嗟乎！愚者之颂天,宋偃之射天,上官安之骂天,其敬慢不同,而其以天为有知,或则哀吁,或则怨望,其愚一也。汉世之儒,勿信祸福感应而独言命者,惟王仲任耳！然执泥小数,至谓项羽用兵,实过高祖,其兴亡亦由天命。若国之安危,亦不能不出于此者,是亦固矣。若夫大儒之说,天无威庆而人有报施,一人则成亏前定,而合群则得丧在我,斯所以异于阴骘下民之说也。

右三事,儒术所以深根宁极,无出其范者。神怪之教,婴之自溃,昧此而言儒,汉后所以无统纪也。非儒有抵诬孔子语,则所举儒说,亦必不可尽信。其驳昏丧诸礼,又皆小节,故勿论。

尊　荀①

　　使文质兴废，若画丹之与墨，若大山之与深壑，虽骤变可矣。变不斗绝，故与之莎随以道古。荀子之道古：声，则凡非雅声者举废；色，则凡非旧文者举息；械用，则凡非旧器者举毁。以是不过三代，不贰后王。法后王矣，何古之足道？曰：近古曰古，大古曰新。綦文理于新，不能无因近古。曰后王。所谓后王者，上非文武，下非始皇帝。何者？一栖七雄，共和之令废。秦虽得陈宝，六国未一拱揖，未斠郊号，未称帝，彼天下之君安在？仲尼有言：夏道不亡，商德不作；商德不亡，周德不作；周德不亡，《春秋》不作。《春秋》之作，以黑绿不足代苍黄，故反夏政于鲁，为新王制，非为汉制也。其所规摹，则政令粲然示于禘矣。故荀子所谓后王者，则素王是；所谓法后王者，则法《春秋》是。《春秋》作新法，而讥上变古易常。

　　使文质兴废，若画丹之与墨，若大山之与深壑，虽骤变可矣。变不斗绝，故与之莎随以道古。古也者，近古也，可因者也。汉因于秦，唐因于周、隋，宋因于周，因之曰以其法为金锡，而己形范之，或益而宜，或损而宜。损益曰变，因之曰不变。仲尼、荀卿之于周法，视此矣。其傃古也，禔以便新也。

---

① 此文选自1900年《訄书初刻本》。

自东周之季以至禹,《连山》息,《汩作》废,《九共》绝。绝政虽在,不能无小觯。节奏无觯,惟近古之周。苟作新法而弃近古,刬以夏为萬。夏,大古之属也,名不尔雅,政不乐易,其所谓新者,民无与为新矣。墨翟眩于是,故师禹誓。李斯眩于是,涤荡周旧,而一从秦制,厉其唇吻,以为法泰皇。夫泰皇诚古也,畔周世之随俗雅化,而以殊瑰临民;其傺古也,其傺新也。其傺新也,禔以害新也。

是以君子行政若钧匠然:熔冶自京室,而卝埴自胜国。由是则治,不由是则乱。后有改作者,虽百世可知也。

公 言[①]

上

大明若弹丸而力四帀,胁驱其侍从八行星,以从于轨道,而形体亦宵之。是故道重学于日之侍从之地,以为圜倚转,转亦倚圜,则万物以为公言,俔也。

天河之大群,为日万秭,其形若蒴刀与并夹,县而无丽,亦能无转乎?娄转而体不能若五粲,则必复有如蒴刀与并夹者持之,使不绕己无以得岐径。然则言圜与转之相倚,出乎日畿,其尚为公言乎?

由是以观,浮屠言世界种者,自大圜以外,或如须弥山、如云、如江河,及回转、旋流、轮辋、坛墠、树林、楼阁、山幢、普方、胎藏、莲华、佉勒伽、众生体、诸佛体、珠网门闼与诸严饰具者(见《华严经·华藏世界品》),必不谩也。

夫舍日,而重学不可以为公言,则无公言乃公言矣!今吾犹不能遁于照临之外,其焉能越是范乎?

中

求朝夕于大地,而千岁不定,横赤道之带是也;藉假吾手所左

[①] 此文选自1900年《訄书初刻本》。

右以期之,而上下于半球者异言矣;是以一方之人为公者也。黄赤、碧涅、修广,以目异;徵角、清商、叫啸、喁于,以耳异;酢㽷、甘醝、苦涩、隽永百旨,以口异;芳苾、腐臭、腥臊、膻朽,以鼻异;温寒、熙湿、平棘、坚疏、枯泽,以肌骨异;是以人类为公者也。生而乐,死而哀;同类则爱,异类则憎;是以生物之类为公者也。公有大小,而人不营役,公其小者,其去自私,不闲以白氂。是故至人谓之"累傀之智"。

虽然,以黄赤碧涅之异,缘于人之眸子,可也;以目之眚者,视火而有青炎,因是以为火之色不恒,其悖矣。取岐光之璧流离,蔽遮之于白日,而白者为七色,非璧流离之成之,日色固有七,不岐光则不见也。火之有青炎,火者实射之,不眚目则亦不可见也。烛炧钧冶之上,七色而外,有幻火变火,可以镕金铁,而人目不能见。不见其光,而不得谓之无色;见者异其光,而不得谓之无恒之色。虽缘眸子以为艺极,有不缘者矣。(右论色。)

大鱼始生,卵割于海水,久渍而不知其咸。苟以是论咸味之无成极,而坐知咸者以舌朦之妄缘。(《荀子·正名》篇已言"缘天官",又言"验之所缘,无以同异而观其孰调",儒家言"缘"在佛书未入之前者始此。)夫缘非妄也,虽化合亦有其受化者也。且人日茹饮于酸素之内而不知其酢,及其食醯梅,则酢者觉矣。苟日寝处于醯梅而噍之,虽醯梅亦不知其酢也,乃酢于醯梅者则知之。是故分剂有细大,而淡咸无乱味。以忘微咸者而欲没咸之达性,固不厌也。(右论味。)

单穆公曰:目之察色,不过墨丈寻常之间;耳之察清浊,不过一人之所胜;故制钟大不出钧,重不过石,过是则听乐而震,观美而眩。声一秒之动,下至于十六,高至于三万八千,而听不逮。日赤之余颣(《说文》:"炎,火光上也";"颣,炎光也"。按:炎光,即今所谓光线。光自发点以至人目,皆顺线行,至目则成圆锥形,即炎光上锐之义),电赤之余颣,光力万然蒸,而视不逮。余尝西登黄鹤山,瞻星汉阳,闪尸乍见,屑屑如有声。以是知河汉以外,有华藏焉,有钧天广乐之九奏万舞焉,体巨而吾耳目勿能以闻见也。以不闻见,毅言其灭没,其厌人乎?(右论声、色二事。)

夫物各缘天官所合以为言,则又譬称之以期至于不合,然后为大共名也。虽然,其已可譬称者,其必非无成极,而可恣膺腹以为拟议者也。今茈事不下于簟席,不出于屏摄,其不能从大共以为名者,数也。若夫宗教之士,刓其一陬,以杜塞人智虑,使不获知公言之至,则进化之机自此阻。吾与之陟灵台,曰:道型乎域中,而智周九天之上。

下

自释迦文之未生,而西域有二十六师。(一曰地论师,服水论师,火论师,风仙论师,空论师,无因论师,为一界。次曰方论师,时论师,声论师,非声论师,为二界。次曰识论师,阿赖耶论师,知者论师,见者论师,内知论师,外知论师,能执论师,所执论师,摩纳婆论师,常定生论师,补特迦罗论师,瑜伽我论师。右十二师,亦通称主观学,为三界。次曰数论师,胜论师,尼犍子论师,若提子论师,为四界。其说皆在佛前。)大小乘之说,素具矣。

倚于地者,倚于水者,倚于火者,倚于风者,各持其端以为教。(《楼炭经》言:持地大神言,但有地,无有水,亦无有火,无有风。持水大神言,但有水,无有地,亦无火、风。持火大神言,徒火,无有地、水、风。持风大神言,徒风,无地、水、火。皆发恶见。此即地论诸师说,变言神耳。)于百物之秒枝,又举其秒枝,令持良知者得滕空言以冲折之,则主内主外之说,又自是裂矣。

古之言虚,以为两垆之闲,当其无垆,百家虺踬而拾之,韱触尢协。释迦贯之以垆闲,琐者一其言归于公,非特制之,亦不曰因袭也。《大般涅槃经》佛言:"我说诸外道等,先已得断四禅烦恼,修习煖法、顶法、忍法、世第一法,观四真谛,得阿那含果。"是则外道已得声闻第三果也。尼犍之说真空,以为无常乐我净。亦与声闻所见不异。盖具此学术，复能信佛精进，则许之授记。若遂贡高自满，则斥曰"外道"。而其所得，初无异也。至阇提首那与佛辩论，生因了因之旨，则彼此密合，殊途同归，不谓之不二法门，不得矣。)

世徒以大乘用珊斯克利古文，小乘用波利书，释迦不得以古文更当时字，故疑大乘出于龙树以后。苟如是，而释迦未觌四世之文学，壹何其鄙浅也？

上古以来，百王有政教，各持一端，而仲尼通之以三统，耘刈其缪戾，曰"为贤者讳"，非爱其人也，去其足以害教而已。是故道莫帨，而言曰公。

汉之东建，有争古今文，今益炽。苟徒以隶书、史籀书为辨，其争则珊斯克利与波利之属也。苟订以法制，以新经之告成于赤爵，权舆眇虑，帝王不素有，壹不知因袭其垆，而垆之闲乃特制矣！是故其陈于九《雏》者为一代，其陈于《后仓曲台》者为一代，其陈于《周官》者为一代。三统之既通，则政法何异同之与有？

彼其不知仲尼与释迦之统纪，杂糅其异端而比同之。其贤者又持一事，以攻其百事者。斯蒙于色者之议丹素也已。

天　论[①]

古者以天为积气。彼未尝有气也,果有气以生物邪?是则日星与地球,皆受气于天,天气必蓩于万物。其浸远天者,气亦浸薄矣。今自地体咫尺以上,累高而气益微,以是知其未尝有天也。下民之见苍苍者,何也?恒星皆日,日皆有地,地皆有蒙气。自蒙气中视物,溟涬若氛云之薄积。京垓之地,蒙气坌萃,鱼鳞杂沓,而望之若苍苍矣。在地曰气,仰瞻则曰天,犹之云与雨也,非有二质,顾其所见异尔。

王充曰:"天诎西北为无。"西北者,妄言也。惟天未尝有,故"无"之为字,从"天",诎之以指事。天萃于气,气生于地,地生于日。凡大块之成,品庶之所以每生,惟日是赖。故曰郊之祭也,大报天而主日。圣王知天之未尝有,顺民之意,而从其主名,其志所昭事则日也。是故天有郊丘,而日有宾柴,一物而殊祭之,从民所见形焉尔。日以王宫,而星辰以布,同类而重轻之,崇一本焉尔。

今夫知恒星之为日。日既骈衍,则必以为有自出者,其明命以上帝也亦宜。及其求上帝所自出,而卒不可得也。于上帝不能求其所自出,则虽谓日无所自出也可矣!何必上帝?古之言明堂者,

---

[①] 此文选自1900年《訄书初刻本》。

以北辰为燿魄宝,其余曰灵威仰、赤熛怒之属,谓之六天,而皆为上帝。夫北辰与大微者,皆恒星而日者也。以日为天,以天为帝,其数千万,而略举以六,斯殆知微哉?

自景教之兴,则宠神上帝,以为造万物。盖《淮南·说林》之言曰:"黄帝生阴阳,上骈生耳目,桑林生臂手。"而高诱以造人说之。(高曰:"黄帝,古天神也,始造人之时,化生阴阳。""上骈、桑林,皆神名。")王充曰:是犹鱼之于渊,虮虱之于人,因气而生,偶自生也。(《论衡·物势》篇:"儒者论曰:'天地故生人。'此言妄也。夫天地合气,人偶自生也。犹夫妇合气,子则自生也。夫妇合气,非当时欲得生子,情欲动而合,合而生子矣。且夫妇不故生子,以知天地不故生人也。然则人生于天地也,犹鱼之于渊,虮虱之于人。因气而生,种类相产,万物生天地之间,皆一实也。传曰:'天地不故生人,人偶自生。'"又《自然》篇:"或曰:'凡动行之类,皆本无为。有欲故动,动则有为。今天动行,与人相似,安得无为?'曰:天之动行也,施气也。体动气乃出,物乃生矣。由人动气也,体动气乃出,子亦生也。夫人之施气也,非欲以生子,气施而子自生矣。天动不欲以生物,而物自生,此则自然也。施气不欲为物,而物自为,此则无为也。")或又以为天生动植以为人用。而王充驳之曰:如是则以天为农夫桑女之徒也;且虎狼、蝮蛇、蜂虿之虫,皆贼害人,而天曷为生之?(《论衡·自然》篇:"天地合气,万物自生。""万物之生,含血之类,知饥知寒,见五谷可食,取而食之,见丝麻可衣,取而衣之。或说以为天生五谷以食人,生丝麻以衣人,此谓天为人作农夫桑女之徒也,不合自然。故其义疑,未可从也。"又《物势》篇:或曰"天生万物,欲令相为用,不得不相贼害也。则生虎狼、蝮蛇及蜂虿之虫,皆贼害人,天又欲使人为之用邪"?)然则夸诞之儒,淮南之九师,其说固然。微《论衡》,而几使人酲眩!

夫大火之动,一栿一格,佐以风霆,以槱物于下。故庶物之生者,以智愚尪健相乘踤。大蝙蝠之为龙也,大蜥易之为鼍鳄也,其类不殊,而智愚以殊。是故大形大智,细形细智。且物之含智,非独五虫也,虽植物亦然。木石之为夔、罔两,丰水之梓欸而为大特,非其为祟也,当其萌芽,智细若童稚,未能自行,及为乔木,而智大矣。

物之生者，有知则无勿动，是以能腾跃，若有号翼。《涅槃经》论五因及十二因缘，说虽与儒者少异，然可参观。其说五因曰："因有五种。何等为五？一者生因，二者和合因，三者住因，四者增长因，五者远因。云何生因？生因者，即是业烦恼等，及诸外草木子，是名生因。云何和合因？如善与善心和合，不善与不善心和合，无记与无记心和合，是名和合因。云何住因？如下有柱，屋则不堕，山河树木因大地故，而得住立；内有四大，无量烦恼，众生得住；是名住因。云何增长因？因缘衣服饮食等故，令众生增生，如外种子，火所不烧，鸟所不食，则得增长；如诸沙门、婆罗门等，依因和上、善知识等而得增长；如因父母，子得增长；是名增长因。云何远因？譬如因咒，鬼不能害，毒不能中；依冯国王，无有盗贼；如牙依因地、水、火、风等，如水钻及人为酥远因，如明色等为识远因，父母遗体为众生远因；如时节等，悉名远因。复有二因，一者作因，二者了因，如陶师轮绳，是名作因；如镫烛等照阇中物，是名了因。"其说十二因缘曰："十二因缘，一切众生等共有之，亦内亦外。何等十二？过去烦恼，名为'无明'。过去业者，是名为'行'。现在世中，初始受胎，是名为'识'。入胎五分，四根未具，名为'名色'。具足四根，未名触时，是名'六入'。未别苦乐，是名为'触'。染习一爱，是名为'受'。习近五欲，是名为'爱'。内外贪求，是名为'取'。为内外事，起身口意业，是名为'有'。现在世识，名'未来生'。现在名色、六入、触、受，名'未来世'，老病死也。是名十二因缘。"其说惟主夙业，有异六艺。余论知识所缘生，皆精眇无闲，具疏之以观会通云尔。又答狮子吼问正因缘因之说曰："如日垂没，山陵堆阜，影现东移，理无西逝。众生业果，亦复如是。此阴灭时，彼阴续生，如镫生阇灭，镫灭阇生。如蜡印印泥，印与泥合，印灭文成；而是蜡印，不变在泥；文非泥出，不余处来，以印因缘，而生是文。现在阴灭，中阴阴生。是现在阴，终不变为中阴、五阴。中阴、五阴，亦非自生，不从余来。因现阴故，生中阴阴，如印印泥，印坏文成，名虽无差，而时节各异。是故我说中阴五阴，非肉眼见，天眼所见。是中阴中有三种食，一思食，二触食，三意食。中阴二种，一善业果，二恶业果。因善业故，得善觉观；因恶业故，得恶觉观。父母交会判合之时，随业因缘，向受生处，于母生爱，于父生瞋。父精出时，谓是已有，见已心悦，而生欢喜，以是三种烦恼因缘。中阴阴坏，生后五阴，如印印泥，印坏文成。生时诸根，有具不具，具者见色，则生于贪；生于贪故，则名为爱；狂故生贪，是名无明。贪爱无明，二因缘故，所见境界，皆悉颠倒，无常见常，无我见我，无乐见乐，无净见净。以四倒故，作善恶行，烦恼作业；业作烦恼，是名系缚。以是义故，名五阴生。"是亦深悉遗传胎教之义，而终不能夺。其言中阴，其实阴阳形气之外，固无所谓中阴也。）由日以观，其所孳乳，人与草木一也。由人以观，异其形性者，必异其族，虽蛮貉之胄，犹别生分类而视之，何有于甲乇？

然则物生于日，而其为祸福，则日勿与焉。若夫天与帝，则未尝有矣。六经之言天道，犹得数冥合也。言帝之临下，与其所耆恶，犹民志所喜怒也。言精爽之在天，犹散布于大气也。故曰：知禘之说者，其于天下也，若视诸掌。

五无论[1]

今之人不敢为遁天之民,随顺有边,则不得不有国家,亦不得不有政府。国家与政府,其界域固狭隘,故推其原以得民族主义,其界域亦狭隘。以民族主义为狭隘而不适于国家者,斯谓有法,自相相违,不成比量。(如三支法,彼先立一量云:民族主义是狭隘见,于无界中强分界故。喻如宗法思想,此亦可立一量云:国家主义是狭隘见,于无界中强分界故。喻如村落思想,两因两后陈皆同,则前者所以破敌,亦即所以自破。若作三段法亦得。)夫于恒沙世界之中而有地球,无过太仓之有稊米。今于其间分割疆域,葆为己有,而命之曰国家;复于其间建设机关,区分等级,而命之曰政府。则蛮氏触氏之争,不足喻也。其所守本狭隘,惟相应于狭隘之民族主义而为之。诚欲广大,固不当分种族,亦宁得分国家。民族主义随感情而有,国家主义宁非随感情而有。以彼为固葆此者欲何为耶?嗟乎!莽瀁平原,入其域而视之,始见土地,次见人民,乌睹所谓国家者?国家者,如机关木人,有作用而无自性。如蛇毛马角,有名言而非实存。究其成此虚幻妄想者,非民族之为而谁为乎?易族既非所争,卖国亦应无责,而劳心以控抟此国家何为者?将其借兹遣日,如毁瓦画墁者所为耶?若曰国家者所以利

---

[1] 此文原载1907年9月25日《民报》第16号。

一群,则与利一族也何异?同此芥子牛迹之微,而二者何以相难?是故随顺有边,既执着国家矣,则亦不得不执着民族主义。然而其中有广大者。吾曹所执,非封于汉族而已。其他之弱民族,有被征服于他之强民族,而盗窃其政柄,奴虏其人民者,苟有余力,必当一匡而恢复之。呜呼!印度、缅甸灭于英,越南灭于法,辩慧慈良之种,扫地尽矣!故吾族也,则当返;非吾族也,孰有圣哲旧邦而忍使其遗民陷为台隶?欲圆满民族主义者,则当推我赤心救彼同病,令得处于完全独立之地。有效巨憝麦坚尼之术,假为援手,借以开疆者,著之法律,有诛无赦。然则爱无差等,施由亲始,墨者之道然也。若夫民族必有国家,国家必有政府,而共和政体于祸害为差轻,固不得已而取之矣。爵位废而兼并行,其乱政又无以异于美利坚氏。于是当置四法以节制之:一曰,均配土田,使耕者不为佃奴;二曰,官立工场,使佣人得分赢利;三曰,限制相续,使富厚不传子孙;四曰,公散议员(凡议员有贪污事,平民得解散之。议院本由民间选举,自当还付民间解散。然诸政法得失,问罪于政府可也。至于议员受贿,则罪有专属矣),使政党不敢纳贿。斯四者行,则豪民庶几日微,而编户齐人得以平等,亦不得已而取之矣。无是四者,勿论君民立宪,皆不如专制之为愈。所以者何?议院者,受贿之奸府;富民者,盗国之渠魁。专制之国无议院,无议院则富人贫人相等夷。及设议院,而选充议士者,大抵出于豪家。名为代表人民,其实依附政党,与官吏相朋比,挟持门户之见,则所计不在民生利病,惟便于私党之为。故议院者,国家所以诱惑愚民,而钳制其口者也。且议士既出于豪家,则与捐纳得官无异,其志固为利而已。官吏受贿,议院得弹劾而去之;议院受贿,谁弹劾而去之?一议士受贿,他议士得弹劾而去之;尽议院皆受贿,谁弹劾而去之?近观日本郡制废止一案,议院得赃,明见踪迹者七人,而其他三百余员皆有隐昧受赇之事。(见《黑龙杂志》。)日本立国,非专以重商拜金为务。且议院之设,才二十年,其腐败已如是。然则有议院而无平民鞭棰于后,得实行其解散废黜之权,则设议院者,不过分官吏之赃以与豪民而已。近观专制之国,犹无斯紊乱也。(按:世人常语,谓多一监察者,即多一受贿者。今议院所以监督官吏,乃适便其受贿之私,斯言犹信。)专制之国,商人无明与国家分权之事,及异于专制者则不然。夫钱刀金币,实使民扰攘之阶。然黄金、白金、赤金三品,视之有光,击之有声,取之甚艰,藏之不朽,其质性诚有可宝者。因其可宝而以为币,犹民之公心也。及夫径寸赫蹄,与故纸初非有异,而足以当百金,则政府所以愚弄其民者至矣。犹不知止,使牙侩设银行者,得公为之,而常民顾不得造。是则牙侩之权,得与政府相等,其与齐民非有天泽之分乎?反观专制之国,钱币一出于国家,然民间犹得以碎银贸易;至于楮币,则国家尚鲜为之,况于牙侩?(今上海中国银行亦许自造楮币,斯实揣摩欧化,非其本有。)是故有共和政体,而不分散财权,防制议士,则犹不如专制政体之为善也。虽然,是四制者,特初级苟偷之法,足以补苴衅隙而已。欲求尽善,必当高蹈太虚,然非有共和伪政,及其所属四制以为之基,宁有翔躟虚无之道,随顺有边,期以百年,然后递见五无之制。

五无者,超过民族主义者也。云何五无?一曰:无政府。凡兹种族相争,皆以有政府使其隔阂,假令政权堕尽,则犬马异类,人犹驯狎而优容之,何有于人类?抑非专泯种族之争而已。有钱币在,则争夺生而阶级起。于是以共产为生,则贸易可断,而钱币必沉诸大壑矣。有军器在,则人将借是以为杀掠之资。于是熔解铳炮,椎毁刀剑,虽未足以绝争心,而争具则自此失矣。其他牝牡相交,父子相系,是虽人道之常,然有所昵爱则妒生,有所摄受则争起。于是夫妇居室、亲族相依之事,必一切废绝之,使人民交相涉入,则庶或无所间介矣。凡此诸制,皆所以平人民嫉妒之心,而非以为幸福。幸福本无,惟少害故。二曰:无聚落。政府之成立,本以争战为其始原。争战不绝,则政府不可以一日废。是故政府者,非专为理民而设,实与他国之政府相待而设。他国有政府在,即一国之政府不得独无。今日无政府,固必与他政府同时俱尽。国界之当先破,语言文字之当先统一者,斯尽人所知也。国界虽破,而聚落犹未破,则惨烈之战争未已。何也?人类本平等,而所依之地本不平等;人类之财产可以相共而容,而地方之面积不能相共而容。夫共产者,以为自喻适志矣。然地有温润寒苦之不同,处寒苦者尽力经营,以化其地为膏腴,孰与攘夺膏腴之便?况气候之燥润惨舒,其难齐有百倍于地质者。自古温润之国,率为苦寒人所兼并,顾温润国则未有蚕食苦寒国者。无他,苦寒国人视温润国为乐土,驱于欲望,则不惮断胫摩顶以争之。悦以使民,民忘其死。温润国人于苦寒地,素无欣羡之心,则其不能兼并也亦宜。夫两地皆有政府,而苦寒必胜温润者,知其胜非政府所成,乃自然界所役使矣。今观欧洲诸国,侵略印度以南之地,其始岂假借帝力、挥其天戈耶?一二农商,规利远涉,招集亡命,挟捕兽之器以杀人,而其地遂为所据有。斯与政府何与?及其殖民既就,上之政府,以著领土之名,无旧无新,悉为一国矣。而旧土民之厚利,犹为征服者恣意侵渔,讨伐生蕃,逞情残杀,斯于国界何与?是故政府与国界破,而犹有聚落之存,则温润地人必为苦寒地人所杀掠。近则如白人之侵略南方,远则如原人之覆灭他族,可决知也。夫俄人所以敢言无政府者,何也?地素苦寒,有己国人之侵食他方,而不虑他方人之侵食己国。法人所以敢言无政府者,何也?土虽膏腴,面积非甚广大,有狭乡人之侵略他温润地,而不虑他温润地人之侵略狭乡。故实践之而无所惧。若泰东诸国则不然……与俄国同时无政府,东亚之民犹为俄人所蹂躏也。……是何也？既依聚落地着而居，则气候之相较有温寒，面积之相较有广狭，非法制契约所能平也。夫无政府者，以为自由平等之至耳。然始创自由平等于己国之人，即实施最不自由平等于他国之人。在有政府界中言之，今法人之于越南，生则有税，死则有税，乞食有税，清厕有税；毁谤者杀，越境者杀，集会者杀，其酷虐为旷古所未有。……此法兰西，非始创自由平等之法兰西耶？在有政府界中，法人能行其自由平等者于域内，而反行其最不自由平等者于越南。以此相推，虽至无政府时，犹渔猎他人可知已。或者以为语言文字有殊，迭相视为异种，故无含容包覆之心，既统一则无斯虑。夫以利相争，虽兄弟至亲，犹有操戈之衅，况故为路人耶？今人震矜无政府说，以为典型。然纵令政府尽亡，国界尽破，而因仍固有之聚落以相什伍者，犹未化熔，合旅相争，其势仍不能已。则效其术者，正为创其说者所鱼肉耳。是故欲无政府，必无聚落。农为游农，工为游工，女为游女。苦寒地人与温润地人，每岁爱土易室而居，迭相迁移，庶不以执着而生陵夺。斯则无政府者，必与无聚落说同时践行也。三曰：无人类。世人以政府为众恶之源，国家为群污之府，宁不谓尔？虽然，政府云，国家云，固无自性。此政府与国家者，谁实成之？必曰，人实成之。夫自人成之，自人废之，斯固非绝特可惊之事。而成之之根不断，有其废之，终必有成之者。不然，则原人本无政府国家之累，何以渐相埃积以有今日之穰穰者也？且人之相争，非止饮食牝牡之事；人之争具，宁独火器钢铁之伦。睢眄小忿，则憎怨随之；白刃未获，则拳力先之。纵大地悉无政府聚落，销兵共产之制得以实行，而相杀毁伤，犹不能绝其愈于有政府者。昔鲍生有言曰："细民之争，不过小小匹夫校力，亦何所至。势不能以合徒众，威不足以驱异人。孰与王赫斯怒，陈师鞠旅？推无雠之民，攻无罪之国，僵尸则动以万计,流血则漂橹丹野。"(按:鲍生好老、庄之书,治剧辩之言,以为古者无君胜于今世,与抱朴子相难。中国言无政府者,前有庄子,后有鲍生,为其最著。语见《抱朴子·诘鲍》篇。)若是,而已使人类返于犬豕,不使人类进于修罗,其术虽善,而犹非圆满无缺之方。是故一二大士超人者出,诲之以断人道而绝其孳乳,教之以证无我而尽其缘生。被化虽少,行术虽迂,辗转相熏,必有度尽之日,终不少留斯蠹以自祸祸他也。四曰:无众生。自毛奈伦极微之物,更互相生,以至人类,名为进化,其实则一流转真如。要使一物尚存,则人类必不能断绝。新生之种,渐为原人,久更浸淫,而今之社会、今之国家又且复见。是故大士不住,涅槃常生,三恶道中,教化诸趣,令证无生,而断后有,此则与无人类说同时践行者也。五曰:无世界。世界本无,不待消灭而始为无。今之有器世间,为众生依止之所本,由众生眼翳见病所成,都非实有。六十四种原质,析至邻虚,终无不可复析之量。既可复析,即不得强立原子之名。若云原子本无方分,互相抵触而后见形者。既无方分,便合浑沦为一,何有互相抵触之事?故知原子云者,徒为妄语。其他或立伊太,或立伊奈卢鸡,斯皆超出经验之外,但有假名。要之,空间尚无,岂彼空间所容受者,而可信其为有?然现见此器世间,宛尔存在,则以众同分业,错乱其明故。是则众生既尽,世界必无豪毛圭撮之存。譬若病眼者死,而眼中所见之空华与之俱死。虽然,此未可为常人道也。常人所信,惟有覆谛而已。世界初成,溟濛一气,液质固形,皆如烟聚。佛谓之金藏云,康德谓之星云,今人谓之瓦斯气,儒者则以太素目之。尔后渐渐凝成,体若熟乳,久之坚硬,则地球于是定位,次是乃有众生滋长。而有机物之最始,果自无机物出乎?则生物学家所不能断定者。若如覆谛世界不亡,仍有产出群生之日。是故众生悉证法空,而世界为之消弭,斯为最后圆满之期也。此五无者,非能于一时成就。最先二无,同时成就,为一期;其次二无,渐递成就,为一期;最后一无,毕竟成就,为一期。前二次二,其时期亦有互相错杂者,以非普遍,故不得以成就为言。若自明者观之,序次秩然,推行不乱,孰后孰急,若指果于掌中。然而俗昧远理,僧滞近教,事之常也。今之在宗教者,以盛衰强弱为素定,徒执因缘,不知以增上缘辅其为治。又乃情存诡曲,以强有力者为护法之宗,抑盛辅微,耳不欲听。顾沾沾焉以慈善事业资助穷民,适为豪强者保其令闻长世。其有贤者,甘趋寂灭,而万善方便之法不行,所谓财施无畏,施者竟安在耶?若夫俶傥愍世之材,以无政府为至极矣。坚信性善之说,则谓利用厚生,与夫男女隐曲之事,果无少缺,虽无法律而不为非。不悟人心好事,根于我见,我见不除,虽率尔掆目相视,犹有并命同尽之心,岂专由利害得丧而已。以无政府主义中道自画,而不精勤以求其破碎净尽者,此亦乏于远见者也。佛说郁单越洲,人无妻妾、田宅、车马、财物、资具诸摄受,清宁耆寿,殊胜三洲。而佛亦不于是洲出世,此其事岂非明验于今耶?

何以云性善之说,不可坚信,人心好争,根于我见耶?答曰:人之本性,所谓藏识无善无恶者,勿论也。而末那意根,虽无记而有覆,常执藏识以为自我,以执我之见见于意识,而善恶之念生。人心固非无善,亦非不好善。如孟子、路索、索宾霍尔,皆以恻隐之心立极,诚非夸诞。然如希腊学者,括人心之所好,而立真、善、美三,斯实至陋之论!人皆着我,则皆以为我胜于他。而好胜之念见之为争,非独人尔,一切动物皆然。若鸡者,若鹌鹑者,若蛙与虾蟆者,若蟋蟀者,多以无事相争,而不必尽为利害得丧之事。索宾霍尔立意志世界之说,谓意志常自相竞。证以蚁子下指甲而断之,蚁子既死,其身与首犹相斗,此岂为利害得丧而然乎?婴儿始能言时,两不逊则举手相扑,及至壮夫,亦有以嘲骂瞬视之微,而怀怨以终其世者。杯酒失意，白刃相仇，盖前世所常睹。此又岂为利害得丧之事也？然世多以利害得丧而生竞者，以好胜是其天性。涉于利害得丧之事，则发之愈烈耳。宁得谓人之相杀者，止于生存竞争、牝牡竞争而已乎？今使人无私藏，亦无家室，其为财产妃色而生争者，固少息矣。然斯之社会，在兽类固有之，兽类无一夫一妇之事，两性相逐，天下为公，而以字尾之故，相噬啮者犹众，何独于人类而能外是？兽类言语既简少，惟以声气呼召排摈，而峭刻之调讥无有焉，其知耻之心亦寡，故无以言语而起竞争之事。人则不然，有喙三尺，其利甚于刀矛，报之者亦率以刀矛从事。乱之生也，则言语以为阶。萧同房中之一笑，嵇康锻灶之两言，其祸至于丧师断首。此犹曰报之者有势借也。纵无势借，一身之股肱固在，凡彼勇夫，不忍恶声以至相死者，多矣。然未至于甚溃裂者，何也？有法律以闲之，有利欲以掣之也。人情莫不怀生而恶死，非饥寒交迫，铤而走险者，严刑在侧，常有以挫其好胜之心。抑或遁逃法外，而令名既损，民所不与。攻难剽暴之徒，与社会既不相入，则无穷之希望自此而终。此所以惮于猝发也。然以二者相衡，则法律之惩戒，其力微，并利欲之希望，其力厚。今无政府，法律有无且勿论，共产同内，则一身无利之可损，亦无利之可增也。希望既绝，伪道德以此廓清，而好胜之良能，将于是轩豁呈露。盖处今时之社会者，非无好胜之心也，而常为利欲所制。故近世欲作民气者，在损其好利之心，使人人自尊，则始可以勇猛无畏。及无政府主义成就以后，其所患又在彼不在此。或者以为今时风气驵戾，好杀者已居少数。他时政府虽亡，而习惯犹因仍不没，无患其遽裂者。吾则以为不然。今之习惯，非能使天性迁移，特强制之使不发耳。谁无嗔心，谁不屠杀有情以供餐食。是好杀之习惯由性成，而不杀之习惯为强制也。藩篱既彻，则向之弹力复生。纵有力能强制者，必其尝

五无论 | 225

处今之社会,而后处无政府之时代者耳。再世以往,其子孙不见今之社会,安有不杀之习惯哉？或者以为恻隐之心,人所素有,虽甚好胜,必能强自制裁。吾又以为不然。恻隐之心,孟轲举孺子入井为例,此最为密切者。人之所怜,在彼弱小于我,而所憎在其敌对于我。即彼恻隐心者,亦与好胜心同一根柢。虽其凶戾,无不怜弱者；虽甚仁慈,无不憎怨家。观夫任侠之居心,即可见矣。上世人兽争战之时,常杀其长者而豢其稚者；其次部落争战之时,常屠其丁壮而遗其妇女弱儿。此宁有政令发征期会哉！诛其强者,本乎好胜心；全其弱者,本乎恻隐心。人之良能然也。纵令人人不傲无告,不侮鳏寡,而体力智勇与我相若者,一有小忿,常存必杀之心。此必不能去者也。或者以为无政府时,既无争具,虽欲相杀,而有不可得者。吾又以为不然。人之异于禽兽者,在其体力有差。世固有力能扛鼎,亦有不举一雏者。此则强弱相形,或足以动其哀怜之念。至乎常人相视,力有余而形不逮,亦数有之。攘臂相争,犹足断命,况于长竿白梃,犹有可借乎？且夫兵器虽销,而资生金铁,犹不可废。农夫发地,则必有犁锄矣；疱人割截,则必有刀匕矣；大匠伐木,则必有斧斤矣；女红制帛,则必有翦刀矣。举此数者,无不可资为杀人之具,安在其赤手无借也？虽然,必谓人将相杀,当以法律治之,而愿政府之存者,是则甚谬。原政府之初设也,本非以法律卫民而成,乃以争地劫人而成。今者法令滋章,其所庇仍在强者。贫民以为盗受诛,宁止亿兆？其或逻候森严不得恣意,则转死于煤坑中耳。至于帝国主义,则寝食不忘者,常在劫杀。虽磨牙吮血,赤地千里,而以为理所当然。夫窃钩者诛,窃国者为诸侯,此庄生所为愤嫉。今无政府,虽不免于自相贼杀,必不能如有政府之多。且平人相残,视其膂力,非夫以强凌弱、以众暴寡者之可悲也。昔鲍生有言曰:"使夫桀纣之徒得燔人,辜谏者,脯诸侯,葅方伯,剖人心,破人胫,穷骄淫之恶,用炮烙之虐。若令斯人并为匹夫,性虽凶奢,安得施之?使彼肆酷恣欲,屠割天下,由于为君,故得纵意也。"综观今世所谓文明之国,其屠戮异洲异色种人,盖有甚于桀、纣。桀、纣唯一人,而今则合吏民以为之;桀、纣无美名,而今则借学术以文之。独一桀、纣,犹不如去之为愈,况合群策群力以为桀、纣矣。夫斗殴杀人者,其心戆;计谋杀人者,其恶深;独力杀人者,其害微;聚众杀人者,其祸剧。今政府固尽知此,法律所治,轻重有殊焉。而政府自体,乃适为计谋、聚众以杀人者,则乌得不舍此之重而就彼之轻耶?古之言性恶者,莫如荀卿,其见非不卓绝,犹云当以礼法治之。荀卿之时,所见不出禹域,七雄相争,民如草芥,然尚不如近世帝国主义之甚。随俗雅化,以建设政府为当然,而自语相违实甚。何者?既知人性之恶,彼政府者亦犹人耳,其性宁独不恶耶?检以礼法,而礼法者又恶人所制也。就云礼法非恶,然不可刻木为吏,则把持礼法者,犹是恶人。以恶人治恶人,譬则使虎理熊,令枭将獍。熊与獍之恶未改,而适为虎与枭傅其爪牙。然则正以性恶之故,不得不废政府。庄生云:"唇竭则齿寒,鲁酒薄而邯郸围,圣人生而大盗起。"纵令有新政府者出,能尽反近世文明政府所为,而其幅员不能遍于大地。且机关既设,众慝日滋,终足以为大盗之藉。故余以设新政府者为无政府之阶,而永世守之,则不可。无政府者,虽有平人相杀,其酷犹愈于有政府,终当使其趋于寂灭,而以为圆满,则不可。

所谓无人类、无众生、无世界者,说虽繁多,而无人类为最要。以观无我为本因,以断交接为方便,此消灭人类之方也。然世人多云:天地之大德曰生,阴阳匹偶,根性所同,不应背天德而违人道。嗟乎!人在天地,若物之寄于康瓠耳。器非同类,则无德之可感;体无知识,则何物之能生?且原始要终,有生者未有不死。既云天地之大德曰生,何独不云天地之大德曰死乎?天地不仁,以万物为刍狗，乃老子已知之矣。夫名色五阴，是为苦聚。人生三苦：一依内苦，二依外苦，三依天苦。此则《金七十论》师犹明其义。而近世学者亦云：苦为积极，乐为消极。其说近《成实论·问受品》云：又种种乐，少苦能胜，如人具足受五欲时，蚊蚋所侵，则生苦觉。又如存百子乐，不如丧一子苦。夫尽世间之上妙乐具，无益于我秋毫，而只足以填苦壑，则人生之为苦聚可知。故《世亲百论释》云：福有二相，能与乐，能与苦。如杂毒饭，食时美欲消时苦，福亦如是。复次，有福报是乐因，多受则苦因。譬如近火止寒则乐，转近烧身则苦。是故福二相，二相故无常，是以应舍。然则若苦若乐，终之为苦一也。本未生时，非有苦乐可受而生者，忽以苦府锢之。使人果天地所生，则对之方为大怨，而何大德之有焉？或窃海格尔说，有无成义，以为宇宙之目的在成，故惟合其目的者为是。夫使宇宙而无所知，则本无目的也；使宇宙而有所知，以是轻利安稳之身，而倏焉生成万物以自蠹。譬诸甘食不休，终生蛲蚘之害，其卒必且自悔，或思得荛华巴豆以下之矣。然则宇宙目的，或正在自悔其成，何成之可乐？调御丈夫，当为宇宙之忏悔者，不当为宇宙所漂流者。"且人之在斯世也，若局形气以为言，清净染污，从吾志耳。安用效忠孝于宇宙目的为？若外形气以为言，宇宙尚无，何有目的？"世之论者，执着有生，而其终果于行杀，曷若生杀两尽之为愈也？至其所谓人道者，不知以宇宙目的为准耶？抑以人类天性为准耶？若以宇宙目的为准者，已如前驳；若以人类天性为准者，人之天性不能无淫，犹其天性不能无杀。以淫为人道不可断者，何不以杀为人道而不可断乎？何以知其然也？人之情性可见者，莫如诗；其次莫如小说、神话。中国之《诗》，风以道淫，雅、颂以道杀。而言淫者，以窈窕好逑文之；言杀者，以神武耆定文之。屈原、相如之作，哀则言思美人，见佚女；壮则言诛风伯，刑雨师。虽一往寓言，若非淫杀则不足以为美者。乃如常行小说，非以恋爱表淫，即以侦探表杀，此为中外所同。至于神话，希腊、印度皆立男女二神。而疾风骤雨，则群指为天神战斗之事。以及刑天干位，修罗争帝，天魔诱人，波旬娆佛，凡诸杀事，神话中往往有之。而湿婆苇纽之教，则公言淫；天方之教，则公言杀。故知淫云杀云，皆人之根性也。若人性果不好杀者，何以勇果刚毅等名，至今不为恶词，而以之为美德？观其所美，则人性大可见矣。善乎！太史公曰：自含血戴角之兽，见犯则校，而况于人怀好恶喜怒之气，喜则爱心生，怒则毒螫加，情性之理也。小亚细亚学者海逻克梨提之言曰：争者群生之父，万物之王，一日息其争战，则宇宙将自灭亡。其言虽悖，而适合于事情。万物无我见则不生，无我见则不杀。生与我见俱来，而杀亦随之。非直此也，芸芸万类，本一心耳。因迷见异，以其我见自封，而无形之外延，因以张其抵力，则始凝成个体以生。是故杀机在前，生理在后。若究竟无杀心者，即无能生之道。此义云何？证以有形之物，皆自卫而御他，同一方分，不占两物，微尘野马，互不相容。虽以无形之分别心，一刹那间，亦不容俱起两念。斯皆排摈异类，互相贼杀之征。一切法我人我法尔，以杀为生，无杀则三界自然绝纽。以是推观，则人为万物之元恶，断可知矣！今据天性以为准，而云淫为人道，则杀亦独非人道耶？夫妇公有，既纵淫矣；法律废弛，既听杀矣。所以为此者，岂以纵淫、听杀为当然？谓如是而后合群，相杀者可以衰止，较诸有政府时为犹愈尔。夫所恶者杀也，而杀根终不可断；欲断杀者，不得不先断我见；而我见断则生亦断，安可以男女匹偶为当行哉？问曰：若生当断，曷若杀之之为愈？且既以人为元恶，则杀之也何害？答曰：断生者，谓断后有之生，非断现有之生。若现有之生可断，斯即杀矣；而不断杀者，即亦不能断生。何以故？能杀所杀，我见皆未尽故。且人为万物之元恶，是则然矣。子元恶也,我元恶也,均之元恶,而二者何以相治?若欲听命于摩醯首罗、大梵帝释、耶和瓦等,彼实虚无,不可信其为有;纵令有之,既有生矣,则是与尔我同为元恶也;同为元恶,即亦弗能相治。言无人类者,不欲以是人杀他人,犹之言无政府者,不欲以是政府灭他政府。非直不欲,且痛恶之。所以者何?为恶杀故,为平等故。是故断生之道,任人自为,而不得以行杀为断生矣。问曰:人之有淫,有政府时且不能以法律断之,况无政府而可以是强遮人之情欲耶?答曰:断淫者,固任人为之,非他人所能强制。惟然,故辗转相熏,其收效至为阔远。若可以强制者,不过六七十年而大地可无噍类,安得此径易事也?人之不可强制者,非独淫尔,虽杀亦不可强遮也。真遮杀者,不仅于动物遮之,虽至草木苔藓之微,所谓种子村、有情村者,犹不得有意毁坏。(村者,是依止义。种子村,即果核等为种子所依止;有情村,即丛草等为蚊蚋所依止。)微菌湿生,则有青衣白醭之属,欲去之者,惟得起洁净心,不得起损害心,斯岂尽人能然者?惟以同志自为契约,而辗转及于他人,斯有度尽之日已。问曰:若淫杀皆为天性者,何以人皆恶杀?若淫杀皆可厌恶者,何故于淫则习而忘之,顾反以为人伦之始?答曰:人若不恶淫者,纳采问名,既公布婚姻之礼,何以夫妇隐曲,当在屏蔽之中,不如犬豕之遵大路?而又先知蔽前,继知蔽后,露生支而行者,则人人举以为羞。下至麋鹿狸狌,牝牡相逐,则牝者犹遁逃不暇,岂非交会之情,虽禽豕亦知隐避乎?(近人说尤谬者,以为交会无关廉耻,若生支出于面颊,则与衔吻等耳。不知根器所依,心念即缘之而起,不得假设迁移之想。若如彼说,胡不曰,使谷道与口同处,则便秽亦不知其臭乎?或又谓:卫藏风俗,常使老妪教男女行淫之法,未尝屏蔽。故知屏蔽者,乃习惯使然,非本性也。然斯巴达人之俗,以善窃盗为美谈。若如彼说,胡不曰,自讳言窃盗者,亦习惯使然,非人之本性乎?)人有偶为诳语,虽于利害无关者,乍被发觉,无不忸然见色,彼淫者亦其比尔。而人之于杀,顾有悍然矜伐其能者。上者铭之钟石,著之史书,虽穷而在下者,亦因是得称为好汉。法律只足以制其行事,然人心尊崇之念,虽严刑莫能遮。谁谓恶杀不恶淫耶?故就好美好胜之心以言,则淫杀皆人所好矣;格以好善之心,而淫杀又皆为人所恶矣。要之,性中种子,本以真如无明,更互相熏。由无明熏真如,而天性有好淫好杀之心;由真如熏无明,而天性亦有恶淫恶杀之心。二者具存,在人所自择耳。问曰:生物进化,未有尽期。今之人虽多贼杀,千百世后,或为道德纯备之人,何必以灭绝人类为志也?答曰:望进化者,其迷与求神仙无异。今自微生以至人类,进化唯在智识,而道德乃日见其反。张进化愈甚,好胜之心愈甚,而杀亦愈甚。纵令进化至千百世后,知识慧了,或倍蓰于今人,而杀心方日见其炽。所以者何?我见愈盛故。吾友北辉次郎,尝期化学日精,则人人可以矿物和为饮食,而动植皆可恣其自生。乃至便利道断,交会路绝,则人与天神无二。夫矿物供餐之说,容有其期,而杀心终不以饮食有余而止,此前所已言者。若夫断便利,绝交会,则与辟谷还丹相似。大药既成,入腹不腐,神仙之说固然。而我见不亡,淫根必无自断之道。老子云:"吾所以有大患,以有身故。"法与之貌,识与之形,五作根既开洞穴而发枝茎,则非掉动以遂所欲不已。故曰:"有欲以观其徼。"徼之不亡,而求其自然无欲,乌可得哉?纵令证得四空,形质已销,我见犹未伏灭,因缘外界,其种得以更生。故余以为我见在者,有润生则淫必不可除,有好胜则杀必不可灭。夫耽于进化者,犹见沐浴为清凉,而欲沉于溟海。所愿与卓荦独行之士,勤学无生,期于人类众生,世界一切,销熔而止,毋沾沾焉以进化为可欣矣。呜呼!人生之智无涯,而事为空间时间所限。今日欲飞跃以至五无,未可得也。还以随顺有边为初阶,所谓跛驴之行。夫欲不为跛驴而不得者,此人类所以愈可哀也!

四惑论①

昔人以为神圣不可干者,曰名分。今人以为神圣不可干者,一曰公理,二曰进化,三曰唯物,四曰自然。有如其实而强施者,有非其实而谬托者。要之,皆眩惑失情,不由诚谛。章炳麟读《易传》曰:呜呼!伏曼容见之矣。《传》曰:"蛊者,事也。"伏曼容曰:"蛊,惑乱也。万事从惑而起,故以蛊为事。"二经十翼,可贵者此四字耳。呜呼!伏曼容见之矣。作《四惑论》。

背私谓之公,今以为众所同认之称;治玉谓之理,引申为鰓理条理,今以为界域之称。公理者,犹云众所同认之界域。譬若棋枰方卦,行棋者所同认,则此界域为不可逾。然此理者,非有自性,非宇宙间独存之物,待人之原型观念应于事物而成。洛、闽诸儒,喜言天理。天非苍苍之体,特以众所同认,无有代表之辞,名言既极,不得不指天为喻。而其语有疵瑕,疑于本体自在。是故天理之名,不如公理,可以见其制之自人也。骤言公理,若无害矣。然宋世言天理,其极至于锢情灭性,烝民常业,几一切废弃之。而今之言公理者,于男女饮食之事,放任无遮,独此所以为异。若其以世界为本根,以陵借个人之自主,其束缚人亦与言天理者相若。彼其言

---

① 此文原载1908年7月10日《民报》第22号。

曰：不与社会相扶助者，是违公理；隐遁者，是违公理；自裁者，是违公理。其所谓公，非以众所同认为公，而以己之学说所趋为公。然则天理之束缚人，甚于法律；而公理之束缚人，又几甚于天理矣。盖人者，委蜕遗形，倏然裸胸而出，要为生气所流，机械所制；非为世界而生，非为社会而生，非为国家而生，非互为他人而生。故人之对于世界、社会、国家，与其对于他人，本无责任。责任者，后起之事。必有所负于彼者，而后有所偿于彼者。若其可以无负，即不必有偿矣。然则人伦相处，以无害为其限界。过此以往，则巨人长德所为，不得责人以必应为此。长国家者，责其民以从军应役，乃至医方工技，悉为有司所材官。此承封建之余习则然，混一久者即异是。信神教者，以为天公巨灵，特生人类以蕃其种，以润色其世宙。故非独死生不能自主，屏居遁世，不与社会耦俱，则已背上神之命。此误认万物为有作者，从而演为法戒，以根本之谜谬，及其枝条。若夫独觉、声闻、数论、老庄之说，则异是也。即实而言，人本独生，非为他生。而造物无物，亦不得有其命令者。吾为他人尽力，利泽及彼，而不求圭撮之报酬。此自本吾隐爱之念以成，非有他律为之规定。吾与他人勠力，利泽相当，使人皆有余，而吾亦不忧乏匮，此自社会趋势迫胁以成，非先有自然法律为之规定。有人焉，于世无所逋负，采野稻而食之，编木堇而处之；或有愤世厌生，蹈清泠之渊以死，此固其人所得自主，非大群所当诃问也。当诃问者云何？曰：有害于己，无害于人者，不得诃问之；有益于己，无益于人者，不得诃问之；有害于人者，然后得诃问之。此谓齐物，与公理之见有殊。欧洲诸国，参半皆信神教，而去封建未远。深隐于人心者曰：人为社会生，非为己生，一切智能膂力，当悉索所有，以贡献于大群。因政教则成风俗，因风俗则成心理。虽瑰意琦行之士，鲜敢越其范围。有视国家与神教如虺蛇者，徒沾沾焉与其形式相攻，而因是所成之心理，已执藏于其髓海。如布鲁东氏之说，则曰："天下一事一物之微，皆将有而非现有，转变化成，体无固定。而百昌之在恒沙世界，节族自然，盘旋起舞，合于度曲，实最上极致之力使然。有此极致，故百昌皆乡此极致，进步无已，是虽必然，而亦自由。是故一切强权，无不合理。凡所以调和争竞者，实唯强权之力。"此以互相牵掣为自由，其说已暗昧难知矣。原其立论，实本于海格尔氏，以力代神，以论理代实在，采色有殊，而质地无改。既使万物皆归于力，故持论至极，必将尊奖强权。名为使人自由，其实一切不得自由。后此变其说者，不欲尊奖强权矣。然不以强者抑制弱者，而张大社会以抑制个人。仍使百姓千名，互相牵掣，亦由海格尔氏之学说使然。名为使人自由，其实亦一切不得自由也。今夫人不与社会相扶助者，是势所不能也。虑犹细胞血轮，互相集合以成人体。然细胞离于全体，则不独活。而以个人离于社会，则非不可以独活。衣皮茹草，随在皆足自存，顾人莫肯为耳。夫莫肯为，则资用繁多，不得不与社会相系。故曰，人不与社会相扶助者，是势所不能也。既已借力于人，即不得不以力酬人。有其借而无其酬，则谓之背于公理云尔。若诚肯为衣皮茹草之行者，既无所借，将安用酬？虽世不数见其人，而不得谓绝无其事，即不可以虚矫之公理齐之。非直此也，鸟之哺养其雏，人之乳食其子，特爱情流衍则然。诚有生子不举者，苟未至于戕杀侵陵之界，即不可以放弃责任相稽。所以者何？本未借力于此婴儿，则不必有其酬报，宁当以责任言之。律有不慈之刑，有子不收，法所不宥。此为国家待人而立，故开其蕃育之端，而重其弃遗之罚。名曰亲对于子之责任，实乃人民对于国家之责任。法律本浮栖之物，无可索其本根，类如是矣。若非强执国家万能之说，而问其所谓责任者，则绝无责任可言。必曰人类对于世界之责任，则人类本不为世界而生；必曰人类对于人类之责任,则人类亦非互为他人而生。徒曰公理当然,可乎?凡有害于人者,谓之恶人,凡有益于人者,谓之善人。人类不为相害而生,故恶非人所当为,则可以遮之使止;人类不为相助而生,故善亦非人之责任,则不得迫之使行。善与恶之间,必以"无记"为之平线,责人以"无记"以上,而谓之曰公理,则束缚人亦甚矣。今夫隐遁者,犹未至与社会相离也。一人之力,足以耕十亩,十亩之入,馆饘有余,以其赢易麻枲竹木,足以御寒暑、庇风雨。复有他长,取以自乐,而不以是利人,斯谓隐遁之士。其不以是利人,诚凉薄寡恩矣,然而不得以背违公理责之。所以者何?人类非为世界而生,非为社会而生,非为国家而生,非互为他人而生,虽凉薄少恩,非他人所能干预也。若夫有机、无机二界,皆意志之表彰,而自迷其本体,则一切烦恼自此生。是故求清凉者,必在灭绝意志,而其道始于隐遁。若为灭绝意志而隐遁者,即不惮以道授人,亦不得不以道授人。何以故?隐匿良道,专以自利,则我痴我见,愈益炽然,必不能灭绝意志故。其次,或为深求学术,必避嚣尘而就闲旷,然后用意精专,所学既就,出则膏沐万方。是二者,辅益他人,为用至广,与专求自乐者异撰。然则尺蠖不屈则不伸,龙蛇不蛰则不现,无冥冥之志者,无昭昭之明,作止语默,其致一也。顾可以市间期会相稽哉?自裁者,爱身之念,自我主之,不爱身之念,亦自我主之。我既绝对,非他人所得与其豪毛。昔希腊哲学家在那氏,尝躬蹈之矣。其他宗教哲学诸家,或有取舍,皆称心而为言。有神教者,以为人禀精灵于帝,躯命非我有也。故必恪恭将事,以待日月,无或自擅。无神教者,以为人类本由识根迷妄,流转生死之中,死固苦也,生亦不可谓非苦。徒绝其生,而他日之生卒不可断。故自裁者,与求长生者,其愚则同。德人庵卢知说之曰:"世界最污垢也。故有志于道德者,必先弃捐躯体。弃捐躯体者,非就于自裁之途,勤修苦行,严持淫戒则可矣。若夫自裁而死者,能断生命,而不能断其求有生命之心。求有生命之心云何?即意志是。虽自裁而意志犹在,他日且复转生于世界中,独其郭廓异耳。是故欲免世界之苦者,不在形体根器之消亡,而在自断其意志。断意志者云何?曰以求断生命之意志,与求有生命之意志,自相格斗而已。此二虽异,在人自择之。择之者,非如世俗所谓本心之自由,乃法界意志之自由。"此则反对自裁矣。然有人论撰法理,而曰:人果有自裁之权否?则庵卢知答之曰:"人身所有之权,与其身共归于消灭,复何问焉?"无神教中,亦言"杀自身无有罪。何以故?我身由我故。若身由我得罪果者,蔑爪伤指便当得罪。何以故?自伤身故。"(《文殊师利问经·杂问品》)然则反对自裁者,就胜义而计之;认可自裁者,就恒情而计之。一于胜义,则自裁与求生皆非;一于恒情,则自裁与求生皆得。今之持公理者,本不越恒情界域,而汲汲与自裁以厉禁,何所执持而得有此无上高权耶?明其虽诋谇神教,而根柢实与神教同也。吾土有陈天华、姚宏业、陈天听者,以愤激怀沙死。彼则又诋之曰:自裁者,求生天宫与极乐国土耳。不为社会增进福祉,唯一身就乐之为,故可鄙也!不悟汉土之自裁者,自颠连无告而外,皆以谋画不行,民德堕丧,愤世伤人,以就死地,未有求生天宫、求趋极乐者。当其就死,实有所不忍见闻,亦冀友朋之一悟,风俗之一改也。而人亦高其风义,内省诸己,而知其过,负此志士,卒令发愤沈渊,则悔悟改良者众,其为益于社会亦巨矣!顾以兜率净土相嘲,何其反也?求生天者,固迷妄矣;求生极乐国土者,亦无过怯弱短气之士所为,泯绝死生,斯为至耳!是故庵卢知之说涅槃曰:"乔答摩氏以涅槃之名词,表示寂灭,可谓豁然确斯矣。涅槃者,纯无而不与少有相杂之谓,质言则世界消灭是也。既到涅槃境界,则世界意志复其本来,而表彰之物,无有纤悉存者,亦无一物可以形状涅槃。故托义于无，以示消极，无非断空，独与幻有相对而谓之无。"庵卢知者，非纯为佛学者也。犹知涅槃与极乐国土，判然殊绝。循是以观，果求涅槃，则必不徒消形体矣；果求极乐国土，亦必无弃现在之生、而望将来之愉快矣。彼以是诮汉土之自裁者，未达汉土人心本不尔也。借令世有其人，亦彼自发愿耳。彼非世界之佣奴，而安得以公理检柙之？综此三者，所持公理，皆以己意律人，非人类所公认。人类所公认者，不可以个人故，陵轹社会；不可以社会故，陵轹个人。若如公理之说，无益于社会者，悉为背违公理。充其类例，则有法人之俗，虐老兽心，以为父既昏耄，不能饬力长财，为世补益，而空耗费衣食之需，不如其死，则自载其老父，沉之江水。是则持公理者，乃豺狼之不若，狸貙所不为耳。世之残贼，有数类焉。比较其力，则有微、甚之分。宁得十百言专制者，不愿有一人言天理者；宁得十百言天理者，不愿有一人言公理者。所以者何？专制者其力有限，而天理家之力，比于专制为多。言天理者，独于臣之事君，子之事父，操之过蹙，父之尽期，率先于子，而出身事君，亦得恣意去留。是故天理缚人，非终身不能解脱。言公理者，以社会常存之力抑制个人，则束缚无时而断。言天理者，谓臣子当受君父抑制，而不谓君父当抑制。君父以不道遇其臣子者，非独天理家非之，一切社会亦非之。故见屈于一人，而常受怜于万类，是尚有讼冤之地。言公理者，以社会抑制个人，则无所逃于宙合。然则以众暴寡，甚于以强凌弱。而公理之惨刻少恩，尤有过于天理。乃知庄周所谓"齐物者，非有正处、正味、正色之定程，而使万物各从所好"。其度越公理之说，诚非巧历所能计矣。若夫庄生之言曰："无物不然，无物不可。"与海格尔所谓"事事皆合理，物物皆善美"者，词义相同。然一以为人心不同，难为齐概；而一以为终局目的，借此为经历之途。则根柢又绝远矣。

四惑论

进化者,以常识论之,必有所处,而后能进;若无所处,则必不能进。虽然,进者必动,而动与处相反。是故伊黎耶派哲学之言曰:"空间者,自极小之尘点成;时间者,自极小之刹那成。所谓动者,曰于极小之时间,通过极小之空间耳。然当其通过空间也,不得不停顿于空间。第一刹那,停顿于空间也;第二刹那,亦停顿于空间也;第三刹那,犹之停顿于空间也。始终停顿,斯不得谓之为动。飞箭虽行,其实不行也。"(按:此与《庄子·天下》篇所引名家说同。)然则所谓进者,本由根识迷妄所成,而非实有此进。就据常识为言,一切物质,本自不增不减,有进于此,亦必有退于彼,何进化之足言!且有机物界,世见其进化之幻象也。而无机物界,并此幻象亦不可睹。借观地球,无时而不绕日,乃其所旋轨道,惟是循环周转,非有直进之途。譬若户枢常动,不能有分寸过于规外。夫既循环周转,则方见为进,即见其为退矣。又观月魄与海水者,终日折旋,而今月之明,不能加于古月,今潮之盛,不能过于古潮。安得所谓进化者?唯仅就有机物界以言进化,则幻象略可睹耳。虽然,进化者,由外缘牵引以成,而人心所向,不悉在是。幸福增进,一部人类所盲从也,他部人类,则或有反对此者。以善恶言,求增进幸福者,特贪冒之异名。所以者何?有所进者,不得不先有所处,而最初所处之点,唯是兽性。循其所处之点,日进不已,亦唯是扩张兽性。始之兽性,鼹鼠、陵鱼若耳;积久而扩张其兽性,乃若狻猊、白虎。兽性则同,而反愈加之厉。是则进化之恶,又甚于未进化也。以苦乐言,资生养形之事,必由操作致之。人人自宝爱其朽骨,无可奈何,而忍形以就苦,斯已勤矣。更求增进,则乐必不能与苦相偿。而不见之耕稼之骊牛乎?藜蒿布野,足以疗饥,横为人伦牵引,喘息流汗,以服劳于陇上,所得稻粱,不为牛啖。纵令牛自耕田,牛自啖之,牛之所需,本不在此。苦身以求稻粱之美,曷若自放而食藜蒿矣。人求进化,必事气机,欲事气机,必先穿求石炭,而人之所需,本不在此。与其自苦于地窟之中,以求后乐,曷若樵苏耕获,鼓腹而游矣。夫乐不与苦相偿,谁有白痴,甘为此者?若曰,以是利益后人,则无异牛之为人耕稼也。后人生计,自有后人任之,安用前人为之尽瘁于百年以上?或有出其余力,以扶病字孤者,此于道德为能然,非于责任为当然。独以人类同根,必不忍他人之冻饿,乃率由悲性以为之,而非他人所能强迫。若夫后人者,朕兆未形,惫萌未现,则悲性无自而生,乃为之劳形自苦,不太多事耶?世有其人,计虑深远,以其所已见者,推之其所未见,鞅掌贤劳,为后昆谋安乐,固任侠事,而不可以是遍责恒民。若更有知幸福之妄者,则当为人类断其追求无已之心,使归安稳。而竭能尽智以谋形质者,其可以已矣。或曰:劳动者,人之天性,循其天性而谋进化,易若水之转轮。此亦不然。动者人之天性,劳者非人之天性。惟好动也,故其心掉举不安,乍动于此,辄弃而转动于彼,必无坚忍以就一事者。有之,则父师所督率,生计所驱使云尔。虽然,动至于劳,亦未有不思休息者。农者知不耕则不食,自节其性,以服先畴,此为形累,非其天性然也。虽自耘其陇亩者,一日得休,亦未尝不自欣幸。谁云劳为秉彝之好乎?若诸文艺技巧之事,劳与乐俱,则安肆而行之;以劳求福,则竭蹶而行之。劳与乐俱者,虽以黄屋之尊,有时厌弃万几,愿自侪于梓匠,若明熹宗之喜刻木,是也。此非好劳,顾行乐耳!以劳求福者,敦迫为之,犹必尔然疲役。今有二人,一事刻印,一事磨针,非由外铄,皆自勉以就功者。若其程功终日,刻印者犹自喻适志,而磨针者则吟呻欲卧矣。又有三人,一画花木,一操会计,一编谱表,终日程功,其劳相等,绘画者犹诩诩自得,操会计者,编谱表者,则遒然思欲脱离矣。是何也?一即劳以为乐,当其劳时,即其乐时;一行劳以求福,而见前所操之业,皆枯槁鲜味者,故其趣不同矣。且夫人心好动,以掉举之心为依,不以坚忍之心为依,故好动正与好劳相反。近世资生之计,农耕为急,渔猎则不足重轻也。然人有素未习耕,亦素未习猎者,与之出而驰骋射弋,虽不能,犹踊跃趣之;与之出而犁草掊土,则未有乐从者。借观贵游之子,以暇日钓鱼弹雀者多,有以暇日发土舂米者乎? 夫乐于猎者,非为给鲜;不乐于农者,亦非为仓廪有余也。猎者作姿骏逸,本乎掉举之心;农者所事拙钝,本乎坚忍之心。人心依掉举而不依坚忍,故非饥寒所迫,则未有舍此就彼者。然则人之天性,以动为趣,不以劳为趣;以劳而现乐者为趣,不以劳而求福者为趣,章章矣。而求进化者,不在行乐之劳,而在求福之劳;不在掉举之动,而在坚忍之动。若人皆自私其产,斯亦可也。既和合众产以为一丸,而欲其忍性就劳,则势所不行,亦明甚。乃曰: 劳动为人之天性,是则为诬天性者。余谓进化之说,就客观而言之也。若以进化为主义者,事非强制,即无以使人必行。彼既标举自由,而又预期进化,于是构造一说以诬人曰:"劳动者人之天性。"若是者,正可名进化教耳。本与人性相戾,而强为训令以笼愚者曰:"尔之天性然。"若是而主持强权者,亦可为训令以笼人曰:"服从强权者,尔之天性然。"此与神教之说,相去几何? 如上所说,皆就人之感性言也。若严密言之,明日有无,必非今日所能逆计。所以者何? 未至明日,而言明日之有,即无证验。虽昨日之视今亦为明日,所更明日已多,而今日非昨日,则无比例。故明日尚不能知其必有,离于明日,何进化之可言? 此则徒为戏论而已!

唯物者,自物而外,不得有他。应用科学者,非即科学自体;而科学之研究物质者,亦非真唯物论。是何也? 言科学者,不能舍因果律。因果非物,乃原型观念之一端。既许因果,即于物外许有他矣。真持唯物论者,在印度有斫婆迦师,在欧洲有吼模耳。乃若

《胜论》之言阿耨,伊壁鸠卢之言阿屯,黎布尼之言毛奈陀,汉语译之,皆云原子。然彼实轶出经验以外,以求本根于无方分者。况其所谓原子,非独物有,亦许心有,则仍是心物二元也。斫婆迦说,以为现量诚谛,比量虚妄。此即断绝因果矣。又谓地水火风,任运流转,自斯而外,更无心量。即彼地水火风者,亦但有现行,初无种子。此又断绝本质矣。吼模之言曰:"弄球者先转一球,进而击触他球,则他球亦转,其势流注相迁,而不可以先转为后转之因,后转为先转之果。诸言因者,非五根所能感触,得一现象,而归之于不可见之因,谬矣。因云,果云,此皆联想所成。联想云何?凡同一事而屡见者,即人心之习惯所由生。初见一事,前有此,后有彼;继见一事,前有此,后有彼。如是更十百次,皆前有此,后有彼,遂以此为彼因,彼为此果。其实非有素定也。且夫白日舒光,爝火发热,亦其现象则然。以为日必舒光,火必发热,则不可。惟根识所触证者,有日与火之现象,必有光与热之现象随之。以吾心之牵联,而谓物自牵联,乃豁然定为因果。若就物言,日自日耳,何与于光;火自火耳,岂关于热。安见有日必有光,有火必有热者?"余谓吼模之说,犹未究也。正感觉时,惟有光相热相,非有日相火相。日与火者,待意识取境分齐而为之名。故光与热为现象,光上之圆形锐形,亦为现象,而日与火为非现象。若专信感觉者,日、火尚不可得,况可言其舒光发热之功能哉?夫既遮拨因果,则科学所证明者,一切不得许为极成,非独遮拨因果而已。科学之说,既得现象,亦必求其本质。而吼模之说,唯许现象,不许本质,则原子之义自摧。由是观之,唯物论成,则科学不得不破。世人之矜言物质文明者,皆以科学揭橥,而妄托其名于惟物,何其远哉!斯宾塞尔著综合哲学,分可知、不可知为二篇。曰:时间空间不可知,力不可知,物质不可知,流转不可知。而又崇重科学,以为最上。然力与物质且不可知,则科学之根已绝。虽有所建立发明,如海市寻香城耳。物质既不可知,则唯求之现象。而现象与现象之因果,于此心界虽可知,于彼物界诚有此因果否,亦不可知。则名言堙绝,无可为趋入之途矣。即实而言,唯物之与唯心,其名义虽绝相反,而真唯物论,乃即真唯心论之一部。所以者何?不许因果,不许本质,唯以现所感触为征,此则所谓"现见别转,远离一切种类、名言、假立,无异诸门分别"者,是正唯心论之见量。吼模有言:"触寒而生寒觉,触热而生热觉,当是时,无寒热之名言也。名为寒热,必在感觉已灭之时。若充其例,当有寒觉与热觉时,唯于自体觉有寒热,未有寒热外来之想。更充其例,掷贝珠顷,以青色对向眼识,掷贝珠顷,眼识与青色俱生。是时分别未形,但觉眼之与青,泯合非二,未有青在眼外之想。"故专以感觉为征者,现象有对,且不得成,况物之本质哉?故曰:唯物论者,唯心论之一部也。或则变转其言曰:感觉本在神经,而神经亦为物质,以物知物,何系于心?是亦可曰:唯心论者,唯物论之一部也。应之曰:心量本非一端而罄。(凡言心者,正当言识,以心本义为心脏,引伸为识之代词,疑于物质也。然今亦随俗言之。正犹魂本是气,精本是液,而言魂、言精神者,亦得引申为无形之名词耳。)今之言感觉者,以为内印神经;言忆念者,以为神经有遗印也。不悟显色形色,虽可以印象为缘,而数量即无印象。如人见三饭颗,若只缘印象者,感觉以后,当惟生饭颗、饭颗、饭颗之想,必不得生三饭颗之想。今有三饭颗之想者,非于尔所饭颗,各各取其印象;亦非以尔所饭颗,和合为一以成一种印象。必有原型观念,在其事前;必有综合作用,在其事后。安得云只以物质对取物质耶?虽然,此犹感觉以后事也。而当其初感觉时,亦有悟性为其助伴。如庵卢知之言曰:"物映眼帘,其形皆倒,而视觉所取则非倒。明感觉亦以悟性为依。"若专就神经对印为言,即无解于倒见之疑矣。又若为印象者,一日接十印象，印已模糊，何以得了了而忆。故知现量感觉，一切惟心，而甄明科学者，必不许现量为究竟。此特相似之唯物论，其于真唯物论，翩其反矣！以物质文明求幸福者，不自量度，而妄尸唯物之名，斯亦厚颜之甚也！夫真唯物论者，既举本质而空之，唯以本质为心所妄念之名，是骎骎与唯心相接。然吼模复不许心有本质者，以心亦念念生灭，初无自性。唯无自性，故一切苦乐，心得感之。若心有自性者，即不为苦乐之境所变。然则求乐者，但求诸心，毋求诸物，亦可矣。若夫啜菽饮浆以愈饥渴，冬毳夏葛以避寒暑，上茨下借以庇雪霜，采艾储药以备疫疠，人之借资于外物者，诚不可乏。过此以往，则安必沾沾物质之务哉？人而执鞭为隶，其行至可羞也。含垢不辞，曰唯存身之故。既存身矣，而复以他种福祉之故，执鞭为隶，其猥贱则甚于向之为隶者矣。不执鞭为隶于人，而执鞭为隶于物，以斯求福，其猥贱又甚于向之为隶者矣。

自然者，物有自性，所谓求那；自由性而成作用，所谓羯磨。故合言之曰自然。知物无自性之说，则自然之说破。或有言本然者，与自然同趣而异其名。或有言法尔者，则以物无自性，一切为无常法所漂流。近人又言自然规则，乃合自然、法尔为一谈。言法尔者，本谓离心不得一法，即此法者，亦心之尔焰迷惑所成。言自然规则者，则胶于自性，不知万物皆辗转缘生，即此辗转缘生之法，亦由心量辗转缘性。虽然，言此者固自托于惟物。若果唯物，此自然规则者，为在物中，为在物外？若在物外，既许物外更有他事，即不容妄托唯物之名；若在物中，有素定者，固得以自然规则名，无素定者，亦得以自然规则名。虽然，火之求那，自然而热；火之羯磨，自然而烧。而死灰沙砾有不可得烧者，则火之羯磨破。人之按火，未有不觉其热，而死灰沙砾，则无热觉。纵令火着死灰沙砾以后，人按之犹生热触，特未知火在死灰沙砾，果热否也？则火之求那亦破。若曰：于此而热，于此而烧，于彼则无热无烧，亦得名为自然规则。然则火但是火，而热与烧者，唯一部物质对火之名，即不得言火本有热、火本能烧矣。循是以推，所谓自然规则者，非彼自然，由五识感触而觉其然，由意识取像而命为然。是始终不离知识，即不得言本在物中也。今若有人问言：世间有法过自然否？则应之曰：知自然者，过于自然。夫就胜义言之，名、相二者，皆由分别妄念所成。若就俗谛言之，相则在物，可认为真；名乃在心，唯认为假。故纵不说物为心造，而不容不说自然等名为心造。物若非心造耶？知物者，或未能过物。自然之名，既为心造，则知自然者，必过于自然矣。故真唯物论者，亦不得不遮拨自然，而托之者至谬妄也。虽然，今亦且置斯事，就人间社会言之，凡所谓是非者，以侵越人为规则为非，不以侵越自然规则为非。人为规则，固反抗自然规则者也。昔希腊王子有别封于新头河者曰弥兰，问那伽犀那曰：智者作恶，愚者作恶，此两人殃咎谁多得者？那伽犀那曰：愚人作恶，得殃大；智人作恶，得殃小。王曰：不如那伽犀那言。我国治法，大臣有过，则罪之重；愚民有过，则罪之轻。是故智者作恶得殃大，愚者作恶得殃小。那伽犀那问王曰：譬如烧铁在地，一人知为烧铁，一人不知为烧铁，谁烂手大者耶？王曰：不知者烂手大。那伽犀那曰：愚者作恶，不知自悔，故其殃大；智者作恶，知不当为而自悔过，故其殃小。盖弥兰所说者，人为之法，故知而触之者咎重，不知而触之者咎轻。那伽犀那所说者，自然之法，故知而触之者咎轻，不知而触之者咎重。就此回答，足以知二种规则之不同矣。且黠者之必能诈愚，勇者之必能陵弱，此自然规则也。循乎自然规则，则人道将穷。于是有人为规则以对治之，然后烝民有立。若别有自然规则，必不可抗，而人有恣意妄抗之者，此亦任其自为耳。蚊欲负山，蚯欲驰河，讥其不量力可也，责其不合义则不可也。夫阑入人之邸舍者有罪，而阑入大火聚中者无罪。谋斩关越塞者有罪，而谋超越星球者无罪。纵有非笑之者，惟得斥为顽愚，不得指为过恶。以自然规则本无与于人道，顺之非功，逆之非罪云尔。今夫进化者，亦自然规则也。虽然，视入火必热、入水必濡，则少异。盖于多数不得不然，非于个人不得不然。个人欲自遏其进化，势非不能。纵以个人之不进化，而风靡多数，使一切皆不进化，亦不得为个人咎。以进化者，本严饰地球之事，于人道初无与尔。然主持进化者，恶人异己，则以违背自然规则弹人。吾则诘之曰：人之有死，亦自然规则也。病革而求医药者，将以遮防其死，曷不以违背自然规则弹之耶？昔庄氏载子来有病，喘喘将死，曰，父母于子，东西南北，唯命之从；阴阳于人，不翅于父母，彼近吾死，而我不听，我则悍矣。郭象说之曰："自古或有能违父母之命者，未有能违阴阳之变，而距昼夜之节者也。死生犹昼夜耳，时当死而横不听之，则适足捍逆于理。"此明以死为自然规则，不可旅距矣。而今之尊信自然规则者，一则废之，一则举之，自为矛盾而不悟。若曰：自然规则虽有死，而吾得暂缓其死，独不可曰，自然规则虽有进化，而吾得暂缓其进化乎？呜呼！昔之愚者，责人以不安命；今之妄者，责人以不求进化。二者行藏虽异，乃其根据则同。以命为当安者，谓命为自然规则，背之则非义故；以进化为当求者，亦谓进化为自然规则，背之则非义故。自我观之，承志顺则，自比于斯养之贱者，其始本以对越上神，神教衰而归敬于宿命，宿命衰而归敬于天钧，俞穴相通，源流不二。世有大雄无畏者，必不与竖子聚谈猥贱之事已！

信　史①

上

儒有好今文者谓章炳麟曰：玄圣没矣，其意托之经。经不尽，故著微言于纬。不知纬，乃以经为记事。诚记事，迁、固优为之，安用玄圣？且夫识五帝之盅事者，谁乎？骨骼腐于三泉，方策蚀于蟫蠹。就有遗绪，遭秦火又毁坏，存者缦不可理。别欲实事求是者，当桴视地藏，得其遗迹，谓之石史，又无以六籍为也。章炳麟曰：诸微言者，眇万物而为论，立意造端，异于恒众，非捶其文使不可句度，隐其词使不可解诂，若方士之为神符也。老、庄之书，此为微言矣，悉明白可籀读。今秘书完具者，莫如《易纬》，文不可理，自余类此者众。郑玄、宋均犹不能离其文曲也。有可解者，而皆附会天官，旁摭形法，灵保之词，委巷之辩，又不足当微言。且经籍毁于秦，何故纬书不见燔蓺？其传在汉，又近起哀、平间，无有授受，公执今文，以其有师法。今纬书者，诚田何、伏胜、申公、辕固、高堂生、胡母子都所传耶？诚传其书，而迁、固皆不为录，蘗然独起于哀、平之间。公以孔子所著授之大师，其以为左验者云何？或曰：自周末已有秦谶。秦谶者，梦书之伦，本不傅六经。今之谶纬，即

---

① 此文原载1910年《学林》第1册。

与秦谶异,实不可引援。假令纬书授之口耳,不在竹帛觚椠之间,故秦火弗能烧。夫可以诵习者,非固韵语,则必语近易知者矣。《诗》有韵,《礼记》《春秋传》语近易知,故假唇舌以为书府,则积薪不能燎。《尚书》多三古旧言,而《礼经》节族繁碎,不为韵则诘诎而难诵,故残余者无几何。今图纬之难知,非直《尚书》也。其涉及星历者,节族繁碎,非直《礼经》也。安得在口耳间乎?方士之为道藏,旧无其书,而今著录,则曰自天府飞越以至。是故老、墨之书,尽于《诸子略》中,而汉、晋间方士,复传老子《玉策》《左契》诸篇,及墨子《枕中五行记》。(皆见《抱朴子》。)公以老、墨微言在是耶?且固伪也?诚以《玉策》《左契》《枕中五行》为真,则纬书必自天府飞越以至矣。诚知《玉策》《左契》《枕中五行》之伪,顾且崇信纬书,斯可谓不知方类矣。公以经典非记事,又不记事以起义也,欲张其义,故假设事类应之。即如是,公言《周官经》《左氏春秋》悉刘歆作伪者,乃不足以消歆也。等之造事,焉知刘歆不假以张义?以孔子圣人故可,刘歆非圣人故不可,圣与非圣,我与公又不能质也。以知来物定圣名,颜回掇鹜,宰予昼寝,犹弗能踊知之,况百岁以下乎?自《春秋》记护麟,而言经者多惑。挽世宋翔凤辈称述《论语》,各往往傅以奇邪,名字相似,不复理辞气。吾非不能,固知其违也。诚令附会二十一篇致之内事,犹不必如翔凤破析文义。按《论语》言"有朋自远方来"。朋者,古文凤字,凤凰出于东方君子之国,翱翔四海之外,过昆仑,饮砥柱,濯羽弱水,暮宿风穴,故曰自远方来。子曰:"凤鸟不至,河不出图,吾已矣夫!"推此以言,有凤自远方来,乐可知也。下学而上达,知我者其天乎?此则血书下鲁端门,为其明效,故人不知而不愠也。舞雩者祀赤帝,与曾点之风,善樊须之问,皆系舞雩。此不为汉家赤精发乎?韶者舜乐,陈氏受之,王莽之宗也。闻之三月不知肉味,此不为新室代汉发乎?周南、召南者,在南阳、南郡间，舂陵及宛，至于新市、平林，则其地也。不诵其《诗》，犹正墙面而立。此不为伯升兄弟反正发乎？司马者，晋之氏也，忧无兄弟。此不为伦、同、颖、父戕贼宗室发乎？仲弓者，冉氏也，方以犁牛之子多其骍角，此不为冉、闵养于石氏发乎？可使南面，此不为冉、闵代石氏发乎？若然者，不诡章句而事义以就，犹愈翔凤诸家。然不以是更师说者，以圣人固不能测未来。《论语》口说，犹不可曲，况于六籍邦典，可得而迂诬哉？公以记事不足圣，羞称迁、固。近古惇史若迁、固者，其数几何？诚令公簪笔司载，犹俛仰弗能企。元好问、万斯同巧言戋戋，颜色不怍，其未可也，非独公矣！近古之载笔者，固未有若迁、固者矣。以公言为类例，经国致用，萧何、诸葛亮所能也。知天善验，管辂、郭璞所能也。修母致子，异物来萃，黄龙见，凤凰降，麒麟至，河出图，洛出书，汉之宣、章，魏之明帝所能也。顾安用玄圣耶？以经籍非记事，而古史不足征，欲穿地以求石史，斯又惑于西方之说也。碑版款识，足以参校近史，稍有补苴，然弗能得大体。厥诬妄者，汉世有四皓刻石，以东园公为惠帝司徒。徒乱事状，缙绅所不道。世人多以金石匡史传，苟无明识，只自罔耳！五帝以上，文字或不具，虽化肌骨为胸忍，日夜食息黄壤之间，且安所得？夫发地者，足以识山川故处，奇雀异兽之所生长，此为补地志，备博物，非能助人事记载也。往古或有械器遗物，其文字异形不可知。自管仲、孔子去古犹近，七十二家之书，犹弗能识什二。今人既不遍知文、武、周公时书，横欲寻求鸟迹，以窥帝制，岂可得哉？且汉碑隶书易知耳，释文者犹有异同。石鼓钟鼎，则十不能知七八，此犹可以今隶相似，形声相检也。五帝时器，缺泐且大半，其奇文诡形又众，虽张敞、扬雄犹之眩矣。近西学者，悫以旧器求古文字，异国四五千年之书，今人已弗能通，其能者以石刻有数国文字，用相参检。数国之文，语言不一，声音不同，虽假以为重译，得其意固弗能知其文。且远西文字可知者，纮域尽于希腊。先是虽有数国异书，史篇固绝，音义又亡矣。徒以匈臆瞽度，得之固不审。不审于此，贶以检彼，则愈益为夸诬所传。埃及、补提佉尔特亚、巴比伦之事，自希腊前史有成文者，其余虚对冢墓，引不可知之书，以成事状，殆皆妄也。（此不得以汉世古文经典相拟，秦皇烧书，至汉纪元裁七年。汉初诸儒生长七国，固宜知其文字，七年不用，未至忘佚。且诸儒老寿者，或下逮景、武，转以相授。故柏寝铜器，汉武亦得案而知之。若近世远西人，去上古四五千年，则非其比。）中国往古名器，非有他国书，足以参伍，亦不遍刻古文篆隶，无校文之道，何由以知其意？往者红崖刻石，释者酲乱以定其文，夸士乐道，绝智者之口。就得古器，其释文复如此矣。或曰：以地质久近为征，斯尤惑。今之矿人，占形色而知咸淡，铅铁银镂，固易辨矣。然犹尚有差违，望之若有，而凿之俄空者，况于地质高下，仍岁淀淤，差之弥刌，失之弥年，可信其谰言耶？且夫地质之论，察今者从同同，稽古乃往往殊异。或以遂古之初，氛雾轮困，炽若烟炭，后稍凝聚，若牛羊乳汁者，以为大地。或言太初其热焦火，久之复寒如冰。甲言始有天地，至今二三十万岁矣。乙言且四五万岁矣。此皆学者拟度所成，非有明表。始纣其想以成其说，终介其说以断其事，此犹立朝夕于员钧之上，终古不定，辩人事者，且安取此？诸辩人事，当审谛如法吏，证不悉具，则不敢成狱。以地质征者，斯犹探汤而验虚实，刺血而质亲疏，愚者持以为证，非其证也。由是言之：今既无术足以遍知，欲知之，乃穿凿无验。然则主以六籍，参以诸子，得其辜较，而条品犹不章者，是固不可知也，非学者之耻也。及夫成周以降，事有左验，知不可求之堀穴瓦砾，因摭纬谶以改成事。下及魏、晋，纬谶又不足用，乃弃置不一道。且曰史官皆曲笔道谀。夫曲笔道谀则然矣，政有经制，国有大故，固弗能以意损益。今一切以为诬罔，其非诬罔者当云何？曲者又好举异域成事,转以比拟。情异即以为诬,情同即以为是。或云:太古二族交关,汉以来复受其化。盖昔慎到有言:"治水者茨防决塞,虽在夷貉,相似如一,学之于水,不学之于禹也。"(《列子·汤问》篇张湛《注》引)今徒见一事相类,则曰异域之人传相教授。或曰:固同种,斯已愚矣。乃若迥辟草昧,致之广明,地不一时,事不一法,犹稻熟有早晚,果实有甘酸也。以为一致,何其迂阔而远于物情耶?不稽他书,不详同异,猲猲以诬旧史,人之利晻昧而憎明察也,固如是哉!信神教之款言,疑五史之实录,贵不定之琦辞,贱可征之文献,闻一远人之言,则顿颡敛衽以受大命,后生不悟,从以驰骤,废阁旧籍,鬻为败纸。人之彦圣,而违之俾不通,以不能保我子孙黎民。枳句来巢,空穴来风,悲夫!昔者吾友,尝从事于斯矣。

下

昔之说三统者曰:夏之政忠,殷之政质,周之政文,三王之道若循环。近世金鹗非之,以为械器服用,代益雕丽,其势不由文反质。言进化者又曰:世皆自乱以趋治,言一治一乱者,非也;自质以趋文,言一质一文者,非也。章炳麟曰:治乱之迭相更,考见不虚。质文之变,过在托图纬,顾其所容至广。政化之端,固有自文反质者矣。昔者六国并立,游说者务为辩丽。穷阎著书之士,则有儒、墨、道、名四家,义至闳远。汉兴而反,萧、曹皆文法吏,一于敕谨无害。其他卿相,起自介胄,木强人也。卒汉之世,士大夫憙阴阳谶记,以傅经法,其情屈钝,求如六国诸子者几亡一二。相如、子云之赋丽矣,不辩也;王充之论辩矣,不能自名其家也。魏、晋以降,稍旁理诸子,玄言之士,次六国而起。讫隋、唐又反钝。转得两宋,经术衰,儒释相渐,分捭凑理,虽不逮魏、晋,亦足珍怪。然此数代,君臣之间,主文温厚,不懻直以相评,其致一也。及明世学术坏烂,求欲如汉博士,且不可得。殿堂之上,君臣相诟,乃与妾呼击柱者等,斯亦文质往复之数矣。械器之端,古拙重而今便巧,非古者质、今者文也。登降舟旋,不及日中奏百,乃韩非固以知之矣。讫于今日,舳舻轺车,烟火万里,半日越两都,旬月挟九垓,虽冯夷、大丙之御弗与也。兵则鉴铁饼丸,弹射数里,人不及避,马不及驰,曲阛俾倪,应声崩陁,古之溪子、巨黍弗与也。(古无火器,短兵以外,所恃弓弩。弓所及者,亦才百步,而弩最为利器。苏秦言溪子、巨黍,射六百步外。则古之二里,今之一里有少半也。《会稽典录》:钟离牧谓朱育曰:大皇帝以中国多骑,欲以当之。然吴神锋弩射三里,贯洞三四马,骑敢近之乎?此汉之三里,今之二里七十步也。据唐李筌《太白阴经》:其时绞车弩射七百步,攻城拔垒用之,与神锋弩射远相等。又苏秦为连弩,一弩十矢俱发。诸葛亮亦依用之。所至不为不远,所入不为不深,所中不为不多。张弩颇迟,故不如火器也。然据《练兵实纪》,明时所用佛狼机炮,亦才中一里余。则神锋、绞车之弩,射远过佛狼机矣。)家人什器、门首洒潅之伦,势如转规,出如飞兔,古之桔槔、鹿卢弗与也。此皆便巧拙重之较,不与文质数。文质之数,独自草昧以逮周、秦,其器日丽,周、秦之间,而文事已毕矣。其后文质转化,代无定型。古之宫室,楼阙轩辕,尊严若神。《尚书大传》曰:"天子堂广九雉,则二十一丈。"(今十三丈余,五架屋也。)楚灵王为章华台,三休乃上。秦始皇为阿房宫,东西五百步,南北五十丈,上可坐万人,下可建五丈旗,今之宫殿无有也。古之兵车,六尺有六寸,而王城经涂九轨,小者至于郑国皇门之中,犹有逵路,逵广五丈九尺四寸(今三丈六尺余),今之市衢无有也。古之饮食,王日一太牢,酱用百有二十瓮,醢用百有二十品,下逮诸侯之士,祭祀犹以三鼎,今之饮食无有也。古之服物,千八百诸侯,皆执圭璧,县藜、结绿、垂棘、和氏,自天产良宝也。夏后氏之璜,鲁之璠与,则成于良梓良雕。小者至于纪、鄣,犹有玉甒玉磬。常赐则金百斤、珠二斗,而春申君之客,多蹑珠履。古之葬者,含珠鳞施,鳞施者,玉枊是也。汉世虽夫余王葬，犹付玄菟赐之，他属国宜准此，今之服物无有也。古之细布，幅广二尺二寸（约今一尺四寸），而三十升，升八十缕，则分几十一缕。（今一分则十七缕。）故麻冕之直，贵于纯丝，今之布无有也。然此皆道其庄丽，未及眇意妍技之事也。昔纣为旋室倾宫，魏世依之为陵云台，先平众木，轻重无锱铢相负，揭台高峻，常随风动摇，终无倾倒。（见《世说·巧艺》篇。）此匠人之精也。六国时，有为周君画荚者，筑十版之墙，凿八尺之牖，而以日始出时，加之其上，望见其状，尽成龙蛇禽兽车马，万物之状备具。（《韩子·外储说左上》。）此画人之精也。钟子期闻击磬，声甚悲，因得其母子入官事；蔡邕取炊薪以治琴，荀勖闻牛铎以定律。此乐人之精也。蜀蒲元为诸葛亮造刀三千口，以竹筒实铁珠，举刀断之，如薙生刍，命之曰屈耳环；北齐綦毋怀文为宿铁柔铤之刀，浴以五牲之溺，淬以五牷之脂，斩甲至三十札。此冶人之精也。魏马钧为木人，能令跳丸掷剑，缘絙倒立，出入自在，此巧者所能也；使木人击鼓吹箫，吹箫虽巧者弗能为。（此见《魏志·杜夔传注》引《傅子》。事既众著，为傅玄所目睹，非若《列子》所称偃师幻人出于寓言者。）此梓人之精也。是诸良技微难之事，今皆无有；求之异域，亦有不可得者。辄云古不逮今，何言之唐大也？又诸言社会学者皆云：太古石器，其次骨器，其次铜器，其次铁器。吾常求域中书，肃慎氏则有楛矢石砮矣。《释器》曰：金族剪羽谓之锬，骨族不剪羽谓之志矣。《越绝书》曰："轩辕、神农、赫胥之时，以石为兵；黄帝之时，以玉为兵；禹之时，以铜为兵；当今之时，作铁兵"矣。其言盖几密合，亦诚任信之也。伏枕仰宇察之，而得其谬数事。太古之民，非若匈奴、西羌也。匈奴、西羌虽畜牧，无冶铸，得因商贾，市诸中国、西域，故匈奴有剑（《苏武传》有匈奴剑斩虞常事），而西羌负铁铠。（《晋书·马隆传》：隆夹道累磁石，贼负铁铠，行不得前。隆卒悉被犀甲，无所留碍。）民之初生，东海、西海侗愚相若也，固无所购矣。百工始作,莫如陶,垆土所在而有,烧冶又易,不陶则炉捶不成,无以熔铸,故有陶然后有冶。不冶则耒耜不成,无以发土,神农之时,既有耕稼,必不以白棓朽株划地,则宜有金岐头,故有冶然后有耕。事业可叙者如此。石砮之用,古者主以肃慎,今辽东徼外犹时有得之者。或曰:木液入地所化,而《夏书》梁州亦贡砮。《华阳国志》说之曰:"台登县山有砮石,火烧成铁,刚利。"此则砮本铁属,前世省之不孰,以为石耳!夫切磨石器,令锐细有锋芒,足以深入兽革。不以金器先之,非旬月固弗就。矢者往而不返,人之所施易,非若刀剑可以常御也。旬日治之,一瞚失之,射猎之民,当何所恃哉?矢无弧,则弗能以及远,弧之弦,非丝即牛马筋。太古未知蚕桑,独任筋为相应。金器刀翦不素具,则不制割,牛马革不解者筋不擢,虽欲得弦无由。将古之射猎者,皆以徒手发耶?则十发而不护一兽,空以浃旬治石,比猎,已顾颔而欲死矣。发又不中,是太古之民终无孑遗也。以刀铍戈戟皆用石耶?削石可以斫人,微金固不任,虽有金,亦弗能致之犀利。故以石器先铜器者,非愚则诬也!古之骨族,以为明器,示不可用,故送葬有志矢一乘。《夏官·司弓矢》曰:"恒矢用诸散射",谓礼射、习射也。推此以校域外,其情宜等。今发土得石骨器者,盖皆明器讲肄之具,非杖以射击者矣。且夫斩木为兵,剡竹为枪(见《通俗文》),此皆秦、汉之间,铜铁已备,犹有杖以自助者。徒以良兵空匮,仓促遝乏,然亦素有锄櫌斧斤,以伐竹木,不徒手斩而剡也。纵太古用石兵,要以襢接金刃,为之扶左,其势不先有石兵。金器未作,桀石以投人所有矣,厉石以为兵所无矣。独古者兵用铜,春秋吴、越既盛,而兵以铁,为得其情。若然,必以古无铁器,复粗绪之论也!《禹贡》道九州贡品,而"梁州有镠铁、银镂、砮磬"。镂者刚铁,可以刻镂。员舆之上,产铁相属也,铜稍阔稀。《管子·地数》曰:"出铜之山四百六十七,出铁之山三千六百九。"虽其大会则然,铁固视铜为盛。以冶铸有难易,故兵器多任铜,而什器多任铁。《管子·海王》道铁官之数曰:"一女必有一针、一刀,耕者必有一耒、一耜、一铫,行服连轺輂者,必有一斤、一锯、一锥、一凿。不尔而成事者,天下无有其验也。"铜铁之齐,亦不足以类文野,是何故? 曰:吴、越之国,古所谓蛮夷,兵器用铁,乃自吴、越始,中原徒帅行之。以中原文物视吴、越,则不可同日语矣。且泰始之得金者,岂有刃以穿地耶? 葛卢之山,雍狐之山,水出而金从之,民以是得铤朴,种之不生,陶之薜暴,熔之涣若也。胹如液泽,民以是知辟炼。此皆逢遇得之,不豫校利钝而得之。社会学以辨文野,其说难任,其持之亦无故。乃若姓有兴废,政有盛衰,布于方策者,回复相易,亦不可以空言诬矣。或言往古小康,则有变复。今世远西之政,一往而不可乱,此宁有图书保任之耶? 十世之事,谁可以匈臆度者? 观其征兆,不列颠世已衰,法兰西则殆乎灭亡之域矣。后有起者,文理节族,果可以愈前日乎? 则不能知也。其大齐可知者,惟独后生智巧,贤于前民。然非可征之数百年内也。上观皇汉,智慧已劣于晚周,比魏、晋乃稍复。远西中世,民之齐敏,愈不逮大秦。时越千载,然后反始。差校之节,亦甚远矣。徒局促于十世以内,以为后必愈前,亦短于视听者也!

官制索隐[①]

九服崩离，天地既闭，吾乃感前王之成迹，而为《官制索隐》四篇。盖古今言是者多矣，高者比次典章，然弗能推既见以至微隐。其次期于致用，一切点污之迹，故非所晓，虽晓亦不欲说。吾今为此，独奇觚与众异，其趣在实事求是，非致用之术。乃亦不待排比，推迹经脉，尽于孙络，相其阴阳，尝其臭味，其作始至微眇，而终甚巨，为佣众所弗能理者，乃著之于篇。其微旨，在使人周知古始，以兴感慕，耿然识旃裘引弓之非吾族。思古人也，而非期于取法，故不欲掩其点污。与胡伯始、杜君卿诸公，尚殊其意，况若端临之伧伧者乎？或曰：凡事之使人兴慕者，在其可崇可贵。今子为《天子居山》《宰相用奴》诸《说》，适足酿嘲，而起鄙夷宗国之念，毋乃其自刺谬耶？曰：吾曩者尝言之，以为祖宗手泽，虽至佇拙，其后昆犹宝贵之。若曰尽善，则非也。昔顾宁人丁明绝胙，发愤考帝王陵寝，彼蒿里中陈死人，岂有豪末足用于当世？然识其兆域，则使人感怀不忘。且今之观优者，求其事迹，盖负惭德而奸恶可綦者众矣。优人固未尝为掩讳，且暴露愈甚，则观者愈益奋兴。岂非以汉官威仪，于此得其放物，故弗计事状之淑慝耶？若徒就官制言，吾

[①] 本文原载 1907 年 6 月《民报》第 14 号，后收入《太炎文录初编》文录卷一。

中国专制之世，宰相则用近臣，其乐为近臣者诚丑。然欧、美君主共和之政，抑岂有以愈是乎？凡为代议士者，营求入选，所费金无虑巨万，斯与行贿得官何异？民主立宪，世人矜美、法二国以为美谈。今法之政治，以贿赂成，而美人亦多以苞苴致贵显。夫佞悦众人，与佞悦一君者，其细大虽有异，要之，猥贱则同也。然则承天下之下流者，莫政府与官吏议士若。行谊不修，赇赂公行，斯为官吏议士，而总其维纲者为政府。政府之可鄙厌，宁独专制？虽民主立宪，犹将拨而去之。借令死者有知，当操金椎以趋冢墓，下见拿破仑、华盛顿，则敲其头矣。凡政体稍优者，特能拥护吏民，为之兴利，愈于专制所为耳。然其官僚，犹顽顿无廉耻，非是，则弗能被任用。故尝论政府之于生民，其犹干矢鸟粪之孳殖百谷耶？百谷无干矢鸟粪不得孳殖，然其秽恶固自若。求无政府而自治者，犹去干矢鸟粪而望百谷之自长。以生民之待政府而颂美之者，犹见百谷之孳殖，而并以干矢鸟粪为馨香也。吾侪所志，在光复中国而已。光复者，义所任、情所迫也。光复以后，复设共和政府，则不得已而为之也，非义所任、情所迫也。以是反观，则无欣厌于甘辛黑白矣。

　　神权时代天子居山说。惠定宇作《明堂大道录》，考明堂者，经师所有事，其言大道则夸也。明堂、清庙、辟雍之制，古今兴废虽不同，然丽王公奠天位者，其实、其名，大抵不出山麓。古之王者，以神道设教，草昧之世，神、人未分，而天子为代天之官，因高就丘，为其近于穹苍。是故封泰山、禅梁父，后代以为旷典，然上古视之至恒也。《山海经》云："鼓钟之山，帝台之所以觞百神也。"又云："帝尧台、帝喾台、帝丹朱台、帝舜台，各二台，台四方，在昆仑东北。西王母之山，有轩辕之台。系昆之山，有共工之台。"盖人君恒居山上，虽宫室既备，犹必放而为之。有时亦直营冈阜，以为中都。《说文》云："京，人所为绝高丘也。"《诗》称公刘："乃陟南冈，乃觏于京，京师之野,于时处处,于时庐旅。"此盖在夏衰,戎狄杂居之世。其后则《春秋》以天子所居为京师,亦放物其意而名之。《尔雅·释诂》曰:"林、烝,君也。"林为山林,烝即薪蒸。是天子在山林中明甚。后代此制既绝,而古语流传,其迹尚在。故秦、汉谓天子所居为禁中。禁从林声,禁者,林也。言禁、言籞,皆山林之储胥也。(亡友陈镜泉说。)《五经异义》郑君驳云:"《礼记·王制》:天子命之教,然后为学。小学在公宫之左,大学在郊。天子曰辟雍,诸侯曰泮宫。天子将出征,受命于祖,受成于学。出征执有罪反,释奠于学,以讯馘告。"然则大学即辟雍也。《诗·颂·泮水》云:"既作泮宫,淮夷攸服,矫矫虎臣,在泮献馘。"此复与辟雍同义之证也。《大雅·灵台》一篇之诗,有灵台,有灵囿,有灵沼,有辟雍,其如是也,则辟雍及三灵,皆同处在郊矣。囿也、沼也,同言灵,于台下为囿、为沼可知。众家之说,各不昭晢。虽然,于郊差近之耳,在庙则远矣。郑说虽是,然不悟庙亦在郊。《书说》云:明堂在近郊,近郊,三十里。讲学大夫淳于登说,明堂在国之阳,丙巳之地,三里之外,七里之内。二说远近虽小殊,然同在近郊,则一。明堂宗祀,所以严父配天,古之庙止此而已。其在三代之礼,五庙与明堂各异,则不可以概太古。三灵、辟雍与明堂同处,亦得言庙。在《周礼》言之,则非也,在太古言之,则是也。明堂在郊,郊字古借用蒿(《周礼·载师》注:故书效或为蒿),故郊宫或作蒿宫。然自《大戴礼·盛德》篇,已不识蒿、郊同字,乃曰:周时德泽洽和,蒿茂大以为宫柱,名为蒿宫。诡诞之言,不可为典要矣。虽然,明堂在郊,亦只就三代言也。其在上古,则圜丘正为王宫之地,故附于郊丘者,有王宫祭日之典。《祭法》祭日之坛,而命之曰王宫,明王宫与日坛同处。朝觐于是,祭享于是,治事于是,授学于是。后世既不能继,故犹放物其意,而建明堂、辟雍、三灵于郊野。灵台者,其所以拟群帝之台耶?又寻山字之声类考之，则《说文》云："山，宣也。"以声为训，明古音山、宣不殊，而宣为天子正居。周有宣谢，汉有宣室，此皆因仍古语。彼天子正居，所以名宣者，正以其在山耳。周之宣谢，《汉五行志》以为"讲武之坐屋"。此固未备。据《顾命》路寝所设，大训、天球、河图皆在焉；而蠡鼓、赤刀、兑之戈、和之弓、垂之竹矢，则讲武之具也。蔡邕云："古言天者三家：一曰盖天，二曰宣夜，三曰浑天。"寻谢字古但作射，而射与夜相通。《左氏·文六年经》：狐射姑，《穀梁》作狐夜姑。又《左氏·昭二十五年传》：申夜姑，《释文》云：夜，本或作射。）是宣夜即宣射。天子正室，有观天之器，其在后世，始分观天之处于灵台。然太古灵台、宣室，未始有异，皆在山颠而已。复观《祭法》：夜明为祭月之坛，与日坛称王宫者密迩。至于汉世，而宣夜、夜明之语，转为掖庭。掖也、夜也、射也、谢也、榭也、豫也、序也，此七字皆同音，而义相联者也。又寻《尚书》有纳于大麓之文，古文家太史公说曰："尧使舜入山林川泽。"此读麓为本字，所谓林属于山为麓也。今文家欧阳夏侯说曰："昔尧试于大麓者，领录天子事，如今尚书官矣。"（刘昭注《续汉书·百官志》引《新论》如此。）又曰："入于大麓。言大麓三公之位也，居一公之位，大总录二公之事。"（《论衡·正说》篇。）古文于字义为得，顾于官制失之；今文得其官制，其字义又不合。即实言之，则天子居山，三公居麓。麓在山外，所以卫山也。尧时君相已居栋宇，而犹当纳于大麓者，洪水方滔，去古未远，其故事尚在礼官。初拜三公，当准则典礼而为之，则必入大麓，以为赴官践事之明征。《左传》曰："山林之木，衡鹿守之。"鹿即麓也。衡麓在后世，只为虞衡之官，而古代正为宰相。如伊尹官阿衡，亦名曰保衡，犹是衡麓之故名也。（说者以为阿，倚；衡，平。则望文生训也。）至汉时有光禄勋，为天子门卫。勋者，阍也。（胡广已言之。）独光禄之义，至今未有确解。其实光禄即是衡麓，衡、横古通。又《尚书》今文"横被四表"，古文作"光被四表"。是衡、横、光三字为一也。（古音同在阳部。）汉时为天子主门者，又有黄门。黄门复即横门、衡门。（在水之衡，则曰水衡，系于天象，则有五潢。《天官书》曰："咸池曰天五潢。"《叶图征》曰："咸池五车，天关也。"《合诚图》曰："天潢主河梁。"是潢亦关梁之属，与衡音义皆同。故主门阊者曰黄门，即横字，又即潢字。）衡、光一也。（董巴曰："禁门曰黄阊，以中人主之，号曰黄门令。"此望文生义。）然则古天子居于山林，而卫门者名为衡鹿，亦即宰相。（宰相以近臣为之。见下篇。）至汉时天子虽居宫室，然为之守卫者，犹曰衡鹿，此亦因于古名。后人不解，随义作训。应劭乃曰：光者，明也；禄者，爵也。劭生汉末，去武帝才三百岁，而已不知其义矣。（汉武时去古甚近，其名号多有取法。《史记·乐书》云："今上即位，作十九章。通一经之士，不能独知其辞，皆集会五经家，相与共讲习，读之乃能通知其意，多尔雅之文。"是汉武时所用古名古训，当时经师已不能解，无论东汉以后矣。）然证之以郎官，郎者，光禄勋之属，亦天子守门之官也。《汉书·杨恽传》云："郎官故事，令郎出钱市财用，给文书，乃得出，名曰山郎。"张晏曰："山，财之所出，故取名焉。"此未必得其本义也。大抵古天子端居冈阜，而从官以射猎为事，多得其饶，故汉世因之，犹名财之所出为山郎。斯语虽见于汉，然自殷、周时已有此意。《周语》曰："夫周，高山广川大薮也，而幽王荡以为魁陵，粪土沟渎，其有俊乎？"又曰："夫旱麓之榛楛殖，故君子得以易乐干禄焉。若夫山林匮竭，林麓散亡，薮泽肆既，民力雕尽，田畴荒芜，资用乏匮，君子将险哀之不暇，而何易乐之有焉？"是则天子在山，取其饶用，从官得以干禄。至殷、周虽已居城郭，犹必宅于高山旱麓之地。汉代因之，遂有山郎之名，其所从来远矣。综考古之帝都，则颛顼所居曰帝丘，虞舜所居曰蒲阪，夏禹所居曰嵩山。（夏都阳城，阳城即嵩山所在。古无嵩字，但以崇字为之。故《周语》称鲧为崇伯鲧。《逸周书》称禹为崇禹。）商之先，相土居商丘。其后又有适山之文。（《盘庚》曰："古我先王将多于前功，适于山。"）周之先，公刘居京，其后又处旱麓之地。夫曰山、曰丘、曰阪、曰京，皆实

官制索隐 | 259

地而非虚号。上古橧巢，后王宫室，其质文虽世异，而据山立邑则同。《左氏》言"三坟、九丘"，贾侍中云："三坟，三皇之书；九丘，九州亡国之戒。"言坟、言丘，并以都山为义。及其亡灭，宫室邑里，皆已泯绝，惟丘陵之形独存。甚者或夷为污泽。故伍员哀吴之亡，则言吴其为沼。而屠灭者，至于潴其宫室。盖以为高丘者，君上之所居，通于神明；洿泽者，亡虏之所处，沦于幽谷也。然则天子居山，其意在尊严神秘，而设险守固之义，特其后起者也。

专制时代宰相用奴说。《尚书》载唐、虞之世，与天子议大事者，为四岳贵族世侯，去共主不过咫尺，议有怫忤，亦无以面折廷争为也。直持之使不得遂其行耳。小者卿尹之属，虽贵不及岳牧，其势常足以自植。于是专制之君厌之，则为己心腹者，惟奴仆与近侍，此义至易明。观今时州县，不任佐贰吏员，而独任己之阍人。以佐贰有官位，吏员有世及，皆不能曲从己意，故惟阍人为可恃。昔之人主，其心岂异是耶？盖伊尹尝为阿衡《《商颂》》，亦为保衡。《《书·君奭》》衡之义前已发之，所谓衡鹿，即光禄也。而阿保为女师之称。《《后汉书·崔寔传》："或因常侍阿保，别自通达。"《注》："阿保，谓傅母。"》阿之为名，见于《礼记》，称为"可者"，《说文》阿字作娿。然则《吕览·本味》篇，称"有侁氏以伊尹媵女"，斯不诬矣。孰谓其躬耕乐道耶？汤既引伊尹为腹心，而阿保之名无改，其后相袭，遂以阿保为三公。周有太保，王莽置太阿、少阿，皆自此出。而说者以为阿，倚；衡，平，则不寻其本柢矣。又《本味》篇云："伊尹说汤以至味。"然则割烹要汤之说，亦不诬也。《曲礼》述夏、商之制，太宰尚卑，是其职本在治膳。然自伊尹任政，而冢宰之望始隆。孔子言高宗以前，"君薨，则百官总己，以听冢宰"。明冢宰之贵，商时已然。至《周礼·天官》，太宰遂正位为五官长。然其所属冗官，犹是宫中治膳之职。若膳夫、庖人、内饔、外饔、亨人、兽人、渔人、鳖人、腊人、酒正、酒人、浆人、笾人、醢人、醯人、盐人，皆治庖宰之事者也。又伊尹能治汤液，故《周礼》沿之，医师、食医、疾医、疡医、兽医等官，亦隶太宰。伊尹本为女师，故《周礼》沿之，使小宰治王宫之政令，而宫正、宫伯、宫人、内小臣、阍人、寺人、内竖皆属之；以至九嫔、世妇、女御之属，皆以太宰为其长官。后儒不审沿革，谓特使官掖冗官，隶于冢宰，使不得阻挠外政，所谓宫中府中，皆为一体者。不知周制实由沿袭而成，非别有深意也。宰夫之官，于《周礼》为左右太宰者，掌治朝之法，群吏之治，百官府之征令，以治法考百官府、群都县鄙之治，乘其财用之出入，其职崇矣。然见于《春秋传》者，则列国之宰夫，犹是庖人。而汉世奉常属官有雍太宰，专主熟食。由夏、商本是一官，其后分之，或从本职，则为庖人；或从差遣，则为执政。相沿有宰相之名，其源委至暧昧也。相之为名，本瞽师之扶掖者耳。稍进而赞揖让、槃辟之礼者，亦名为相，其本皆至贱矣。然自尧时举十六相，已渐崇贵。仲虺为汤左相，召公为周伯相，遂以其名被之执政。即观孔子之在夹谷，本赞正服位之相耳，而《史记》言由大司寇行摄相事，则以执政归之。盖昵近之臣，易得君旨，故二者往往相兼。此又相国、丞相之名所由起矣。御之为名，《诗》言"暬御"，是也。周之御史，本居柱下，乃亦出巡邦国。至秦世遂以御史监郡。盖其始，本以天子近臣，刺探邦国密事，犹后世以中贵人衔命也。秦之御史，已较周时为贵，其长官御史大夫，则遂在三公之列。按《大雅·崧高》篇："王命傅御，迁其私人。"郑云："傅御者，贰王治事，谓冢宰也。"是周世宰相，既以御名，而秦特沿袭其制耳。仆射者，亦贱官之名也。《礼记·檀弓》言："君疾，仆人师扶右，射人师扶左。"此近臣最微末者。自春秋时，以仆人通书札，《左传》言魏绛授仆人书，此犹近世投刺者，必由阍人传入耳。秦时，谒者掌宾赞受事；尚书，属少府；博士，通古今；与侍中皆天子近臣，而皆有仆射以领之。由是仆人、射人之名，始合为一，其被名非无故也。(《汉书·百官公卿表》言："古者重武，有主射以督课之。"其说不合。近孙仲容始以仆人、射人之说正之。)汉时有尚事令一人，承秦所置。武帝初用宦者，其后更为中书，司马迁尝为之。后汉有尚书令、尚书仆射①为国政之大凑，三公备位而已。至汉以后，中书又任朝政。及唐则尚书令、尚书仆射、中书令，皆为真宰相。奄竖之称，施于执政，而世不以为耻者，由其习惯然矣。侍中者，又贱官之名也。汉初侍中，非奉唾壶，即执虎子。至东汉，则侍中比二千石。元魏以降，渐益显著。唐时亦以侍中为真宰相。然其所居犹曰门下，斯与阍豭之徒何异？形迹之不可掩如此。综此数者，则知古之宰相，皆以仆从小臣，得人主之信任。其始权藉虽崇，阶位犹下，最后乃直取其名以号公辅。然至于正位之后，而人主所信任者，又在彼不在此。汉之丞相、御史，权位皆至重也。东汉谓之司徒、司空，而国政已移于尚书矣。唐之尚书令、仆射、中书令、侍中，权位皆至重也。其后只为虚衔，而谋议国事者曰平章矣。明初，亦置中书省左右丞相，自胡惟庸谋反以后，禁不得设，而天子所与论道者，归之内阁矣。明之大学士，秩不过正五品，至满洲乃以此为公辅之正名，而政权复移于军机处矣。是知正位居体之臣，为人君所特恶，必以近幸参之，或以差委易之，然后能得其欢心，知其要领。彼与奄人柄政，固未有以大殊也。其他古之言寺者，本为寺人。至汉而百官治所，皆称为寺。(近人或谓寺人本当作诗，此拘泥《说文》之过。)古之言官者，本即馆字。《周礼·遗人》言"候馆有积"，《诗》言"适子之馆，授子之粲"，《孟子》言"帝馆甥于贰室，亦飨舜"。此馆字所以从食，至今犹谓卖酒食家为馆子，其义取此。乃汉时有太官令丞，主治膳食。足明官、馆同

---

① 校勘记："尚书仆射"下，原脱三十二字。据坊间石印本《章太炎文钞》增补。

字。(《周易》:"官有渝",蜀本官作馆,亦其证。)官本食舍,引伸之则以官为版图文书之处。(《曲礼》在官言官《注》。)而《礼记》言官师,《荀子》言官人失要,犹为府史之称。最后引伸乃为吏事君者。古之言臣者,《书》言"臣妾逋逃",《说文》谓"臣象屈服之形"。(卧字从臣,正象其伏。)臧获之臧,亦从臣字。(《说文》训臧为善,非本义。)最后引伸乃训为事君者。观于寺字、官字、臣字之得名,而知古代所贵,唯天子与封君,其非有士子民之臣僚,则皆等于奴隶陪属。观于太阿、太保、冢宰、丞相、御史、仆射、侍中之得名,而知侍帷幄、参密议者,名为帝师,或曰王佐,其实乃佞幸之尤。世之乘时窃权,而以致君尧舜自伐者,可无愧耶?

古官制发原于法吏说 上述神权专制之世,所以藩王室、建公辅者,梗概略具。乃夫卿尹百司,非以阉奴备位,其始作者为谁耶?曰:本于法吏。自三苗作五虐之刑,而皇帝哀矜庶戮,其时法吏已贵矣。余寻古之言士者,《说文》云:"士,事也。"是士、事本为一字。事字,从史,之声。事、史本亦同部。是其声义相禅,原一而流殊。史官之文,或借里字为之,则《左传》史克,《鲁语》作里革,是也。或借李字为之,则老聃为征藏史,称为李耳,是也。(按李耳之李,本借为史。春秋史官,皆以史为氏。)而刑官名士师,亦或名理。《月令》:命理瞻伤。郑云:治狱官,有虞氏曰士,夏曰大理,是也。士、理同部,以声相通。《晋语》曰:昔隰叔子违周难于晋国,生子舆为理。韦昭曰:子舆,士芳字,理,士官也。士芳既以官为氏,则知士、理不殊。理官亦借李字为之,《管子》云:皋陶为李。(《法法》篇。)《汉书·胡建传》引黄帝《李法》。此皆假借之字也。而吏从史声,使之复从吏声,行人之官,其名曰使,亦或借理为之。《周语》云:行理以节逆之,是也。亦或借李为之,《左氏》云:"行李之往来",是也。理官受罪人之语,则谓之辞。《书》称"狱之两辞",是也。籀文辞字从司,《说文》:"司,臣司事于外者。"又吏,亦从史声,为百官之通号。吏、事或有相通，则《诗》言三事大夫，《左氏》言王使委于三吏。三事、三吏，并即三公。是吏、事为一也。大凡士、事、史、吏、使、李、理、辞、司九字，古本一言，声义无二。是故观其会通，则有密移之迹。盖太古治民之官，独有士师而已。士任其职，斯之谓事；士听其讼，斯之谓辞。讼辞繁而不杀，不得徒以结绳为断，于是初造书契，百官以治，万民以察。而记录讼辞者谓之史。邦国有狱，士师遣其属官就地听之，亦时有密行以调察者，谓之行理、行李。而变其文谓之使。观《周礼》大行人之官，属于司寇，其贰有小行人，复书邦国之犯令作慝为一书。斯又史官之职与御史为官联者。由是而泛记国事者，皆以史名；由是而泛通聘问者，皆以使及行李名。由士师而分其权，凡长民者皆谓之吏，凡治事者皆谓之司。而群吏之长谓之三吏、三事，稍次者谓之卿士。夫史以载籍，吏以长民，使以宣情，而原皆出于士师者，何也？曰：法吏未置以前，已先有战争矣。军容、国容，既不理析，则以将校分部其民。其遗迹存于周世者，《传》曰："官之师旅。"又曰："师不陵正，旅不逼师。"是官秩之崇卑，因部曲以为号也。将校自马上得之，本无待文史册籍之纷纷者。然自黄帝既有《李法》，申明纪律，执讯丑虏，不得无刑狱事，而听辩受辞，必有待于书契。其事繁碎，非躬擐甲胄者所能兼辨，于是乎有军正、元尉，以司刑法。及军事既解，将校各归其部，而法吏独不废，名曰士师。征之《春秋》，凡言尉者，皆军官也。及秦，而国家司法之吏，亦曰廷尉。此因军尉而移之国中者也。况上古官制未备，宁得不转相推移耶？士师者，所谓刀笔吏也，其务在簿书期会。于是分裂，而史职始兴。借观秦世，程邈之造隶书，本为吏事作也。汉初，萧何自主吏起，而独留意图书之事，时大篆已不行，萧何独明习之，以题未央前殿。故知书契文史，本法吏所有事。其分而为史官者，用在是也。士师既建，其属吏遍布寰内矣。然所掌止于两家讦讼,其无主名控告者,则士师所不与闻。必将有发奸摘伏之吏,以弥其阙。于是乎置小行人,于是乎置御史,既掌刺探,亦兼记录,且其人又必明习文字者也。故属瞽史谕书名,则行人职之。既而邦国相联,互有聘问,言之无文,行而不远,则惟辞令之务。有草创者,有讨论者,有修饰者,有润色者,此又非法吏不能为也。是故行李交驰,结轨千里,亦不得不由法吏分裂而成也。治民之官,其始独有法吏,以主讼狱。自馀赋税䌛役,人自供给而已。及夫奸伪萌兴,自占不实,则经界版籍之事兴,而是非法吏莫能为。于法吏中,又非小行人莫能为。必身历其壤,手写其图,持筹以计之,著籍以定之,上之长官,以知地域广轮、户口多少之数。于是分裂其职,而始有邦国都鄙之官也。是故司徒、司空之职,亦不得不由士师分裂而成也。夫法字从廌,谓讼有不直者,则神羊触之。斯固古之神话,然以斯知法字本义,独限于刑律而已。乃其后一切制度,皆得称法,此非官制起于士师之明证乎?铺观载籍,以法律为《诗》《书》者,其治必盛;而反是者,其治必衰。且民所望于国家者,不在经国远猷,为民兴利,特欲综核名实,略得其平耳。是故韩、范、三杨为世名臣,民无德而称焉。而宋之包拯、明之况钟、近代之施闰章,稍能慎守法律,为民理冤,则传之歌谣,著之戏剧,名声吟口,逾于日月,虽妇孺皆知敬礼者,岂非人心所尚,历五千岁而不变耶?

古今官名略例 从一官言者用定名,从数官之相联相属言者用假名。从职守言者用定名,从阶位言者用假名。从经制之实职言者用定名,从特殊之差遣言者用假名。此古今所不能外。今时司法者,有刑部都察院、大理寺、按察司;行政者,有布政司、知府、知州、知县。此一官而用定名者也。然自其相联相属言之,则前者皆可云风宪官,后者皆可云地方官。此用假名者也。今时碑版,皆书死者所官,此职守而用定名者也。然自其阶位言之,则三品以上,虚拟以古之三公,而称为公;三品以下,虚拟以古之封君,而称为君。此用假名者也。明时兵部侍郎、副都御史、佥都御史之属,此实职而用定名者也。然自其特殊差遣言之,则治军、治漕、治河者,亦可直称为总督、巡抚、总漕、总河。此用假名者也。不明斯旨,则说古者,或多陵乱,而滋疑殆。《立政》有常伯、常任、准人,此皆《周礼》所无,说者遂以是疑《周礼》。不知《周礼》自一官言,从其定名;《立政》自数官之相联相属言,从其假名也。《史记·十二诸侯年表》言"上大夫董仲舒",《佞幸传》言"邓通官至上大夫。"按《百官公卿表》,但有大中大夫、中大夫、谏大夫诸官,无所谓上大夫者,说者遂以是疑《汉表》。不知《汉表》自职守言,从其定名;《史记》自阶位言,从其假名也。商、周有冢宰而无相,春秋时以卿将中军、上军、下军,而无将军,《顾命》称召公为伯相,《左氏》称仲虺为汤左相,《老子》言偏将军、上将军,《左氏》言魏舒为将军。说者遂以是疑《顾命》《老子》《左氏》。不知宰云、卿云,自实职言,从其定名;相云、将军云,自差遣言,从其假名也。夫数官之相联相属,与夫阶位,易明也。其特殊之差遣者,则古今尤多变乱。大率官制以实职为定者,前有《周礼》《汉官》,后有明制而已。而春秋、六代、唐、宋之世,则差遣著而实职微。宋时官名,几无实职可道,此稍习历史者所周知。然历代相沿之制,往往于前代则为差遣,易世而后,则就其差遣以为实职之名。如明代总督、巡抚,皆差遣也,而清以为实职。明代总兵、副参将、游击守备、千总,皆差遣也,而清以为实职。武员之沿明实职者,独有都司,而权藉官位,已大殊绝。彼与布政、按察二司,参列而居,一省戎事,靡不统之。而此特为微末小校,斯名存而实殊矣。若夫明代所谓道者,其官为参议佥事,而非直以道为官名。至清中叶,乃直名之为道,此于名义皆不可通。虽然,尚论古初,亦非绝无其例。盖有以官名号其地者,若汉之京兆尹、左冯翊、右扶风、司隶校尉、河南尹,是也。(明时称某省为某布政司,亦同此。)有以国名号其君者,《管子》言斩孤竹(《大匡》篇),《左氏》言杀斟灌,及后汉人以青州、豫州、荆州等名,称其刺史,是也。有以治所号其官者,《史记·酷吏传》言:"小吏畏诛,虽有盗不敢发,恐不能得,坐课累府,府亦使其不言。"直称太守为府。又卫候天子廊屋之官,直称为郎,是也。有以疆域号其君者,如汉世称天子为县官(县即寰宇,所谓天子之县内也),是也。有以古人姓名号其官者,如王莽置羲和,本于古占日者羲和;周初置师尚父,本于古占月者尚仪;汉置佽飞,本于古善射者佽飞,是也。有合古之二官以号一官者,如周时仆人、射人本二官,秦合仆射为一;楚国连尹、莫敖本二官,项楚合连敖为一,是也。有取于古之典礼以号其爵者,如《周礼》公侯执圭,孤卿执币;战国、项楚则有执圭执帛之爵,是也。综此七例,而名号辗转变迁者,略具于斯。今之称参议佥事为道,则从第三、第四之例也。抑余谓实职、差遣转相禅者,三代、秦、汉,其制相因。魏、晋、唐初,又因秦、汉。中唐变制,宋世因之。明室创制,清因之。盲儒不察,辄于三代、秦、汉间,划分畛域。因封建一统之制有异,而谓百度皆殊,转以唐、宋至今,上同秦、汉。斯诬妄之甚者也!秦、汉官名,多循周制。若内史、太史、御史、太仆、大行、司隶、中大夫,同为实职,固勿论已。其有职掌稍殊者,若衡鹿转为光禄,与周时侯国之法少殊,而转近唐、虞帝制。十亭一乡,置啬夫,以理讼狱,与《左氏》言掌币者有殊,而合于《管子》之人啬夫、吏啬夫。此非无所受也。外吏建置,天子使其大夫监于方伯之国,国三人,谓之三监。此差遣也。其君亦得称监,《天官·太宰》云:乃施典于邦国,而建其牧,立其监。郑云:监谓公、侯、伯、子、男,各监一国。此假名也。秦因之以御史监郡,《汉书》直称平为泗川监,则差遣而为直称矣。周名大国之相为守,故管仲称高、国为天子二守;

栾盈称士匄为王之守臣。此差遣也。(大国之卿,命于天子。与汉时王国傅相同,故言差遣。)其君亦得称守,故诸侯对天子,称其祖父为先守某公。(《左·襄十二年传》。)此假名也。至晋文置原守,魏时吴起为西河守。及秦、汉,治郡者皆以守名,则因差遣而为实职矣。周名小国之相为令,故楚以子男之国而置令尹。此实职也。其君亦得称令,故屈原称其君为灵修,即是令长。(长字避淮南讳作修,非其本文。长亦周时旧名。《天官·太宰》云:乃施则于都鄙,而建其长。郑云:长谓食采邑者。)此假名也。至魏西门豹为邺令,及秦、汉,治县者皆以令名,或以长名,则因假名而为定名矣。由是言之,见六国、秦、汉之有监、守、令、长,而谓周时未有监、守、令、长,必不可也。彼相与将军者,亦何以异此乎?复以他事例之:元帅之官,秦、汉且未尝置,唐时方显著耳。《春秋》言某某帅师,亦只为差遣,非实职也。然《左氏》已有"子为元帅"之语。政府之官,古今所未尝设,特其语已早著,至今亦尚为通称。其真以政府法定之名者,独李自成而已。(李自成改六部为六政府。)然前此固亦有政府之语。今见秦有相国,六国以来有将军,而谓古所未有,何异见唐时之设元帅,李自成之置政府,而谓古之言元帅、政府者,皆唐人及李自成所改窜耶?是故不辨定名、假名之异,而强以实职相稽,则疑古者自此始。得其会通,能无爽然自失耶?余每恨王伯厚作《汉制考》,徒能比附事状,而沟通古制者希。近世经师,又鲜以秦、汉事通之六艺。夫胡广解《汉官》,多原周制;康成说《周礼》,又附汉仪。明其俞脉相通,非苟为皮附而已。近人陈澧亦教人观《历代职官表》。《历代职官表》之为书,固差可推见沿革,然其学识肤浅,未知贯穿之法。乃如《周官》冢宰,于汉、唐为尚书令,而今之吏部,在《周礼》特为司士之官,此则杜君卿已明言之。然自唐至今,皆以吏部上比冢宰,作《表》者亦未能是正。异者则强为同,同者则见为异,其不可为典要亦明矣。因论假名、定名之事,而类及之。

非　黄[①]

　　世乱则贤愚捆。黄宗羲学术计会，出顾炎武下远甚，守节不孙，以言亢宗，又弗如王夫之，然名与二君齐。其所以自旌式，散在《明儒学案》，陶诞而哗，非忮者莫之重。其言政在《明夷待访录》，靡辩才甚，虽不时用，犹足以偃却世人。按其言有治法无治人者，文辩类韩非，孰若与孙卿相距，顾不自知其龃龉也。孙卿者，韩非之师。韩非任法，而孙卿亦故隆礼，礼与法则异名耳。独言有治人无治法者，此为抑扬之论。法者非生物，人皆比周，则法不自用。孙卿不以智能诡法，期守法于当官之吏，言有波陇，其意则是也。宗羲言似轨物，而始卒不能自持其论。何者？诚听于法，当官者犹匠人，必依规矩。藉令小有差跌，而弹治者谁也？害及齐民，民故走诉之；守未及齐民，则监刺史摘发之，以告选部御史台，而议其过。夫情态则已得矣。今欲使学校奸其事，学校诸生非吏也，所习不尽刑名比详。虽习之，犹未从政，辍业不修，以奸当途之善败，则士侵官而吏失守。士所欲恶，不尽当官成，又不与齐民同志。上不关督责之吏，下不遍同列之民，独令诸生横与政事，恃夸者私见，以议废置，此朋党所以长。盖昔郑公孙侨不毁乡校者，期其私议横舍

[①]　本文初刊1910年《学林》第2册，后收入《太炎文录初编》文录卷一。

之中,以风闻者而理察之,不期其公议于廷。侨虽不毁,当是时校士好议,忘其肄业,不嗣管弦之音,而佻达于城阙,犹《诗》人所诮也。季明之士好权,憙自植其魁,私门之务,挠滑黑白,下倚诸生,以为藩援。故其所谓恶者非恶,而所言之赽,不免于非。观宗羲之论人,好恶跌宕亦甚矣。又欲以是施于后王,斯乃听于乱人,非听于治法也。诚听法者,督责在中朝,而清问收司遍氓庶,曾以一校私言为剂哉!又诸登用吏士,循法者不尚贤,不尚贤者,选举视技能,而迁陟视伐阅年劳。贤不可知,虚论才调度量器宇之属,无为也。技能校乎学官,年劳伐阅省乎计簿,细大不越,以为选格之中,此所谓弃前识,绝非誉。汉世选曹以近臣斡公卿,又无算课之则,诚不可用。今之吏部,其官贵矣,其考课又有法矣,犹不周,则当关于他部,使人与政不相阋。非谓废伐阅之簿,弃年劳之算也。韩非有言:"人臣安乎以能受职,而苦乎以一负二,故明主除人臣之所苦。"(《用人》篇)"使鸡司夜,令狸执鼠;皆用其能,上乃无事。"(《扬权》篇)挽世所以为流别者三:法吏、军将、政长,不相奸也。斯而析之,技巧之官,师儒之位,悉宜与政长分。刘劭为《人物志》,盖分流极于一十二官。亦有郡县循吏绌于公辅,公侯爪牙短于方面,宜令当其格者,相互推择。见择则迁,不见择则疏爵赐金,复任其故,终不违格而诬授之矣。若夫管仲、商鞅、诸葛亮、王猛之举也,或起囚虏,或在宾旅侁民,事不历试,倏然立之本朝诸臣之上,此宁前期而得之耶?四举虽得,效以踏事者固众。故得管、商、葛、王者无几,而获得之、董贤者连踵,其不为常道,皭然也。(资格用人之法,非行用贵族者所得借口。贵族亦非有历试之资也。)今宗羲深慭吏部,欲一朝去之,如拨薤。然吏部可去,其法固不可废。废吏部之法者,徒便流行而已矣。何谓流行?韩非有言:"人主者,固壅其言谈,希听论议,易移以辩说;为人臣者,求诸侯之辩士,养国中之能说者,使之以语其私,为巧文之言,流行之辞,示之以利势,惧之以患害,施属虚辞,以坏其主。"(《八奸》篇。)此悃愊之士所以日壅,而邦倗所以得志也。(《韩非·八奸》又有云:"四方者,谓人臣虚其国以事大国,而用其威求诱其君。大国之所索,小国必听。"此则今日所有,黄宗羲时尚无是事,故不论。)吏部虽循循称功授官,不离竿牍,难以应猝,其选拔犹十得五。不听吏部则请谒行,请谒行而奸人进,此为主法乎?且主人乎?明制:"分职于部,部失职则科纠之。"其法可循也。其后长官不亲校理,而听之文选司,吏科亦以掌印擅场。故选举陵迟者,释法之弊也。宗羲徒见吴昌时之伦,增损伐阅以便其私,因恶吏部如仇雠。迹昌时所以恣行者,朋党植私之失,非吏部选格之罪明矣。韩非曰:"明主使法择人,不自举也;使法量功,不自度也。"(《有度》篇。)曩者孝文知贾谊深,犹先试以小国傅相;绳美李广,而不命以将率。故曰形名之学,玄默之主。宗羲又尝欲置丞相,而歎于张居正。寻明太祖废丞相,其情奸也,其以从事则便。何者?士无兼材,情不能无偏轻重。六部之事,郎官辐凑而治之,犹有遗漏,况以一相总挈,欲不失无繇。古者政令朴略,郡国专断于外,九卿之府,文书希阔,故立丞相以引维纲可也。(如汉初,陈平不知一岁刑狱钱谷都数。乃至周勃、灌婴、申屠嘉、陶青之伦,以武夫勋族居相位,不忧不理。知丞相无事也。贾谊言大臣以簿书期会之间为大故,当时诸相实无其事。意者张苍近之。谊为张苍弟子,必不自非其师。殆以孝文本好形名之言,不欲明刺,故归过于大臣耳。汉初,丞相亦已可废,其不废者,以九卿秩二千石,未为甚贵,故虚置丞相以监之也。)挽世法令一统,科条日密,虽萧何、诸葛亮任是,犹患不给,况其稍易简者?(如唐时名相虽多,然其所善,无过一部之事。然则分部已足,何用虚设令仆、平章为耶?)且夫国之初建,规摹未定,主一相者,所以持经纬。平世,文牒相属也,匦箧相稽也,百工相交也,器长相别也,相无百能,而亦不可和齐。藉令相府复置六曹,领录其事,则是以六官之重,决策于少吏也。不置六曹,以一相制之,其所废失又多。因六官成议而可其奏乎？则是犹附赘县疣也。总大政，定方略，六部以官联平议，尽其短长，奚待于大录？（或言奉职循理，不能有余于法之外。此则不然，孙叔敖、郑子产、召信臣、黄霸皆在《循吏传》，岂徒识刀笔而已。因时变法，亦具有之矣。若夫分部之官，汉世如耿寿昌之为司农，赵过之为搜粟都尉，兴作甚多，而不得不称循吏也。）夫单则精专，兼则疏失，诚已委政六部，分理其牍，交为其资，事以法断，而无上请，手诏中旨，皆不得出也。六官之会，因周置太史、天府，因汉立计相，以藏文书，此足以集事矣。丞相既立，六部承其风指，则职事挠；不承风指，事相瘇曳而不能辑。故立相则朋党至，朋党至者，乱法之阶。明自孝宗以上，内阁轻而政事理；武世以降，内阁益重，朋党益竞，其政慢于前世。张居正虽任综核，内则比刑余，外觖成法而去异己，其失侯度滋甚。诚欲任法，虽内阁当剗去之，况于置丞相？丞相者，赘余之官，内阁者，便嬖之别也。政不便，固当废。从便于政，犹曰听于人，不曰听于法矣。（宗羲又谓明废中书，故阉寺窃柄。夫宫刑本无人理，阉寺固可废耳。如犹不能，要令政归六部，中旨不行，阉寺安得干之？阉寺之横，由权未归六部，不在废中书也。《周礼》小宰掌建邦之宫刑。汉、魏以降，亦以御史中丞统治宫禁。假令专设中丞，黜陟诛赏，行乎阉寺，亦何能恣行乎？或言后汉尝无丞相，而阉寺专管政柄，复以外戚贵臣为名。然此直由推戴功耳。若素定立嗣之法，掌在三司之府，虽欲推戴无由。明制：外戚不得豫政，母后不得涑朝，其患犹轻于汉。诚令七卿当国，政无旁出，阉寺之祸自消，不在设相以防之也。）尝试论之：宗羲本以党人之末流，夸言议法，藉名司契，阴憖心于英雄。英雄之为言，与鬼神等，世有其名，本无其实也。知鬼神之妄，而不悟英雄之虚，故其议自陷者众。庄生有言："终身道人，终身谀人，合譬饰辞聚众也。是终始本末不相坐，垂衣裳，设采色，动容貌，而不自谓道谀，与夫人之为徒，通是非，而不自谓众人，愚之至也！"《天地》篇）近世言新政者，其本皆附丽宗羲，斯犹瞽师之道苍赤已。凡政恶武断，武断与非武断者，则听法、尚贤为之分。诚听法，虽专任与武断奚比？诚尚贤，虽任众与武断奚分?远西之为政者,分争辩讼,不以非法黜民命;隶官行政,不以非法免吏职。其言听法近之也。及其谁差一相,而左右柄国者,惟相所好恶处之。举总统者又踊是,大政革选,下及茸骑驺伍,亡不易位,斯非尚贤之弊耶?且众选者,诚民之同志哉?驰辩驾说以彰其名,又为之树旗表,使负版贩夫皆劝誉己,民愚无知,则以为诚贤。贤否之实,不定于民萌而操于小己,此犹出之内府,取之外府。求良田大宅者,持人短长,而辞苟夺之名。使人署券以效其地也。既选,又树其同己者,以为陪贰,不考功实,不课疲能,而一于朋党。下者乃持大赂名琛,田之租赋,市之币余,适妻荐席,外妇奉匜,以求得当。议官司直,交视而莫敢议其后,非武断则何事乎为?说者曰:"以不尚贤,故妄举不为负,用私不为阿。"应之曰:"不尚贤者,谓远前识而贵参验,执前之有以期后之效也。"是故其术尽于课功,藉不课功,刻竹为筹,令探者自得大官,犹愈于比周宾正,以得尊势便位者矣。以刻竹为不可,则众选者愈不立,则何也?事有前效,虽一人犹知之;事无前效,虽众人不豫知也。故萧何任淮阴侯也,得于独断;诸葛亮任马谡也,以独断失之。唐尧用虞舜也,得于众举;其用伯鲧也,以众举负之。故释技艺、便习功、比积絫而尚贤者,任己、任众,其于眩乱,均也。中国政度虽阔疏,考课有官,除授有法,超于尚贤党建者犹远。诚欲任法,由此简练其精,淘汰其粗而足。然而犹有滥者,政专于主,人主见采,则下释法而从所好;政委于民,人民靡风,则吏去实而修其声。故韩非曰:"去喜去恶,虚心以为道舍,参之以比物,伍之以合虚,根干不革,则动泄不失矣!"《扬权》篇。章炳麟曰:举世皆言法治,员舆之上,列国十数,未有诚以法治者也。宗羲之言,远西之术,号为任法,适以人智乱其步骤。其足以欺愚人,而不足称于名家之前,明矣!

思乡原[①]

上

孔子曰:"不得中行而与之,必也狂狷乎?"当是时,辞章之士犹少,经礼三百,威仪三千,人服其化,而陋于知人心,故乡原得自利。狂狷者,有进取一概之操,虽阔略杪小哉,然不舍人伦之际,百姓当家之务,父子耘瓜,华冠缊袍,以自肆志,不求其名,故不崇伪;不歆其得,故不耀世。今即反是矣。不得中行,宁置狂狷,思乡原。古之狂狷者,自才性感概至;自唐以降之狂狷者,自辞章夸诞至。辞章于人也,教之矜伐,予之严饰,授之抵谇,致之朋党,野人持此以游市朝,朝士又以是延进野人也。更相塓墀,而忘其才之朽,故有敢谏似直,荐贤似忠,搏击似勇,廉察似慧,平反似恕,周急似任,让爵似高,一节才著,其名播于歌咏。及纠察之,流污声色,黩货无厌,内不慈于亲戚,又奸同产,外则卖朋友,其为狂者,不以为誉,即以为权借也。亦有仕宦既达,及借祖父覆露为贵。狷者家有币余,显者又时时顾之,而务刻画野服,台笠枲衣,犕驴乘犊,身自儋囊,其所燕游,犹若贵人,所虑画者,犹若府库发敛之事也。布衣者,身无斗石,而为贵人弹棋鼓琴,领校图书,名在佚民,更为佞幸。此其

[①] 此文原载1910年《学林》第1册,后收录《太炎文录初编》卷一。

形能似狷,性乃至庳,然往往章闻于世。乡党之议,故人之言,粗足摘其伏矣。不如其文辞广,其朋党众,故奸人乐行而无惮也。虽或近诚,狂者不可与久处约,太上贵德,其次务施报,非狂者所知也。狷者不振,弃王公而傲凡民,曹耦相处,动作屑屑,遇人非礼。夫狂狷有伪,于今则宁予乡原矣。乡原者,多持常训之士,高者即师洛、闽。洛、闽之学,明以来稍敝蠹,及清,为佞人假借,世益视之轻。然刁苞、应扨谦、张履祥辈,修之田舍,其德无点。至今草野有习是者,虽陋,犹少虘诈。大抵成气类则伪,独行则贞,此廪廪庶几践迹君子矣!虽有矫情,未如饰狂狷者甚也。(此谓师法洛、闽者。若夫歆羡岛国,唯强是从,而托王氏之业,则不足数也。)属之以事体,而无食言,寄之以财贿,幸而无失,期会无妄出入,虽碌碌无奇节,亦以周用。尝试论之:人之文学,多与其行相傅,执礼者质而有科条,行亦匡饬。礼过故矜,平之以玄,玄过故荡,礼与玄若循环,更起迭用,兼之,老聃也,偏得之,孙卿、庄周也。又不能者,至于绝学而无忧矣。文辞者,故以行礼,文灭质,博溺心,转益陵夷。自宋玉下逮相如、张衡,已多轻嬺。是时隆礼之士,犹未乏绝,申公、师丹、杜林、郑众、卢植、郑玄,其著者也。修学者多耿介,好非世主。魏武帝变以乐府、赋颂,文皇业之,明皇接之,使士人钦钦慕功利,哀窈窕,故不阬儒而端自息。然犹承汉余烈,六艺未衰。更永嘉丧乱,讫于齐、梁,玄礼班班,而辞章抒其情。曹摅、陆云则循吏,任昉、江淹于是乎为司直,唯退亦谦谦不竞。何者?名理持之,犹秉士礼,故辞多而行不败,然其以华言饰非者,固已多矣!昔者冯衍,故后宫贤家也,性好内,不能率妇,妇亦悍妒,制不得蓄媵妾。自言醉饱过差,辄为桀、纣房中调戏,布散海外,而更附会。《典礼》云:"士有妻妾,以逐其妇,其坎廪非不幸也。孔融,背诞之士也,其在北海,任用轻剽之才。租赋少缓,一朝杀五部督邮。及奸民污吏滑乱市朝,弗能治也。"(见《魏志·崔琰传注》引司马彪《九州春秋》。)"有遭父丧,哭泣墓侧,色不醮顿,因以诛意之术,枉法杀之。"(见《艺文类聚》八十五引《秦子》。)在朝恶魏武禁酒,以天有酒旗、地有酒泉为对。夫其处官建议,暴戾无则,戮于魏武则幸,诚遭虞舜,其亦流辟于裔土也!到溉,皭白之吏也,单床无侍,冠履十年一易,朝服穿补,梁武帝拟以丧家狗。故任昉之子以葛陂御冬,而溉无所恤者,以己所任处也。刘峻作《广绝交论》讥之,斯不达人情奢俭之异也。由是言之;非者,文士言之则成是;是者,文士言之则成非。至今衍、融有成名,而到溉被讥以为薄,七代之间,既如此矣。及唐,儿僮草隶,悉为歌诗,经术伏息,玄言又寝矣。枝叶盛而根核拨,进士之科,日崇其伪,故其风纪凌迟,下汉、魏、南朝数等。其属辞者,颇托孟子、孙卿、扬雄以自宠,敢为大言,居之不疑。一自以为俊杰,一自以为贤圣,属辞相和,滋以诪世。浸淫及宋,言亦愈庄,辞亦愈不得诚,赖有洛、闽诸师,塞其流溢,亦几绝学,犹弗能崇礼让,濡有衣裘,此之谓也。洛、闽所以拙者,以其生于长吏闻人之间,不更稼穑,不知人情隐曲,故节行不及中庸,徒谨敕寡过,事君以诚,上希萧何,下乃拟万石君。若夫管宁、胡昭、翟汤、朱冲者,无一民尺土之借,政不逮下,而奸佻数万化之,明非程颐、杨时、李侗、朱熹之所至也。然其玄德高行,间世拔生,常人莫能从其步骤,相与駃騠,故犹赖洛、闽以承其乏。(唐亦有阳城、司空图辈,与胡、管相似。此则豪杰之士,不为时俗所限。然继之实难矣。)程、杨、李、朱者,可谓乡原之秀,中行则未也。正德、嘉靖以来,王守仁变其节度,又益巧,足以取世资,及今而衰,衰则少伪。故能得三数乡原,犹愈狂狷之为疢也。

系曰:思乡原者,所以惩昌狂,检情貌,非为色庄者征祸福之论也。世人皆曰:"王、杨、卢、骆以浮艳故,寿终者一人耳!"然按陈子昂为文辞,与四家反,亦系死狱中。至于韩愈,流势益殊绝矣。

王勃水死,而韩愈以饵流黄死,斯何说也?世人皆曰:"何晏粉白不去手,行步顾影;邓扬行步舒纵,坐立倾倚;谢灵运每出入,自扶接者常数人。后皆诛死,貌不恭也。"然按夏侯玄以规格局度称,对簿正色,在狱不可狎而友,亦继何、邓为戮。崔琰有威重,虽为徒隶,辞色不挠;陆机服膺儒术,非礼不动,皆以无罪受刑。又何以称焉?世人皆曰:"王澄见树上鹊巢,解衣上树,探縠弄之,刘琨知澄不得其死,卒为王敦所贼。"然按刘琨幽于段氏,亦陨其命。斯又目睫之论也。且夫宋世朝士,遍为燕乐文章,偷嫷甚于四杰也。欧阳修使属吏弹琵琶,举止动侠,过于何、邓之畴也。然犹身为国老,终保元吉,君子于是知天命之不谌,《洪范》之无验矣。世人皆曰:"杨修、二丁为庶孽谋夺宗,险薄徼幸,故诛。"然按房玄龄、杜如晦为秦王谋陷隐太子,暮夜以方士服入府计事,险薄徼幸亦甚矣,终无悔尤,与管、萧齐名,何哉?世人皆曰:"曹植既黜,能自怨艾,不姗其君,故免于夷戮。"然按植为《九愁赋》,言"时王谬听,忠言见黜"。其辞戆于屈原。(《艺文类聚》三十五引《九愁赋》曰:"恨时王之谬听,受奸枉之虚辞。扬天威以临下,忽放臣而不疑。"又曰:"谓内思而自策,算乃昔之愆殃。以忠言而见黜,信无负于时王。"辞皆戆直,怨且怨矣。)不逮斧质,固适然耳!夫君子正其衣冠,尊其瞻视,饰其辞气,平其怨尤。要以自厉,非畏咎歆福而然也。世人横以祸福为训,辞既不度,又不能得其征。庄周有言:"豹养其内而虎食其外,毅养其外而病攻其内。"万物之情,人伦之传,胡可得而必乎哉?其唯道德之乡乎!

下

桐城人问曰:明用程、朱之道,其小臣能极谏以千君怒,伏白棓、戴土囊而不悔,此所谓奇节也。而先生独以程、朱为乡原,自乡原出者,安得是咢咢者乎?章炳麟曰:猥俗之论,多以晚明方比后汉，此未得其情。后汉可慕，盖在《独行》《逸民》诸传，及夫雅俗孝廉之士而已，其党锢不足矜。（党锢起于甘陵，其后连及天下善士，此乃奄宦所为。终之，甘陵非善士，善士亦非甘陵之党。善士可慕，不得以是并慕甘陵也。）然则孝弟通于神明，忠信行于蛮貊，居处齐难，坐起恭敬，道途不争险易之利，冬夏不争阴阳之和，见利不亏其义，见死不更其守，此后汉贤儒所立，著于乡里，本之师法教化者也。晚明风烈，独有直臣，直臣可式，独有杨继盛，其余琐琐，皆党人矣。党人者，市朝人士，立行于朝，亦各政化文质所致。忿悁之心迎其前，圈属之议驱其尾，虽桀、跖则可以为烈士，非程、朱之化渐之也。明之奇节，近起嘉靖以后，平世窅如也。（靖难时死者虽烈，由成祖残酷致之。彼既知无生理，故感慨以就勠。若少宽假，则无此事。然废兴之际，死士多有，非独明世，故不论。）诚为程、朱所奖蘦者，虽遭世升平，无感慨之用，其醇德宜可观。嘉靖以后，亦宜有修之门内者。今平世才得一二修谨士，晚世虽修谨者亦绝。义色形于在公，流涎彰于退食，骨鲠闻于王路，庸行阙于草茅，何哉？然则平世渐程、朱深，犹回翔乡原间。（明初专为程、朱之学者，莫若薛瑄。瑄之行谊修矣。及身预机务，竟弗能救于谦。盖程、朱之学，修之于家为有余，施于有政则少儒也。）晚世又失程、朱之化，虽欲为乡原不薾也。（东林党人如顾宪成、高攀龙，则托程、朱。邹元标则托王守仁。然皆无行谊可见，徒见其游谈哗世耳。其他则并不言程、朱也。）后汉则不然，自光武、明、章之世，而醇德者已多矣。顺、冲以下，皇纲绝纽，则死节之士作。然诸可称颂者，朝社小小，不过一端，犹以草野为众，此其所以异也。夫含血之性，生而自矜，亟遭挫辱，则壮厉之心生。一加诸膝，一队诸渊，而不平固弥甚。明太祖始尊儒行，又往往暴谴责之。后嗣勋伐，既不如祖宗，其善谴责犹如故。且诸生在乡曲，则恣之拑扈以长其骜；比为邻辅，则呼之先生以尊其礼。一失上意，大谴大诃，诼然出刑书外。以无功之主，遇不平之臣，不为戎首则幸矣！恣上不渫，故假儒言以责难,终以诟厉。主复冯怒,愈摧其臣,佞幸中涓,又假借焉。羣德参会,旋湍宕复,欲不以死怼上,不能也。诸党人者,其始藉众以要君,亢权贵,盟约既成,劫之以势,隐之以陞,怞之以选举,鳅之以捶击,叱咤使其朋,所以要利者,非危言犯上无由,虽少憼者,不得独弛焉。尝见桑门召众陈自燔者,本以求名,非诚甘死如尝荠叶也。薪既积,万人夹道观,妇孺或长跽膜拜,轻薄者附耳相语,拟其怯也。当是时,桑门虽惴栗中悔,惭于众目,不得不赴火。彼无忿恫之心于外,而犹若是,而况忿恫其上者乎?循观其化,启之则太祖,成之则朋党也。盖行商君之法,怯夫可以为贲、育;随明太祖之化,虽下士能为比干、泄冶。岂其内发于悃愊哉,势激则然!太史公曰:"壮士在军,攻城先登,陷陈却敌,斩将搴旗,前蒙矢石,不避汤火之难者,为重赏使也。贤人深谋于廊庙,论议朝廷,守信死义者安归乎?归于富厚也。"夫徒富犹足使民忘死,况以朋党相胁,以戮辱之名相制,虽欲不为奇节,岂可得哉?而世以归厚于程、朱则过矣。二程之化,自季宋已流衍南服。然宋臣不如明臣蝮鸷者,宋政不伤夷搢绅,臣于主无忮心;明政反宋,故臣节亦应之异。且宋亡而降虏相属,明亡而抗兵死节者众,非二程之化,有效有不效也。宋世君相,甘降心于蛮夷,自比仆役。明惩其失,务矜庄自高,宁亡国不肯诎其名,故其下亦应之也。要之,朝庙之行,应于王政,不应于师化。师化所行,齐私室而止。观师化之稠薄者,质以私室,不质以朝庙。方东树之伦不悟,谓近世程、朱道废,故处官者多顽钝。由智士观之,当东树时,私室犹不尽偷,容止多堕,诚程、朱衰息之。以及践朝庙而柔讪无节概者,其本不在废程、朱,顾政化致之耳。曩令清世诸酋,任武断如明帝者,虽废程、朱,其臣何遽不抗厉?(数见督抚有自持威严、陵轹属吏者,属吏或廷折之,遂致元服而去。其事甚多,但以不在朝廷,故史官不载耳。人之慢心,古今同揆,莫激之则不起。激之未有不起者也。)若清主素不抑志于外国,虽废程、朱,其臣将宁为灭国之计,终不言和。乳犬攫虎,伏鸡搏狸,犹明世诸具臣也。且夫建国宰世者,期于百姓得职,不期于孳殖忠臣。忠臣者,自国家昏乱招之。诚令刑赏已谐,仿乎版法,官人守要,君不身践,献言者虽不用,终不得罪,不得罪而直谏,与对策等矣。若君擅其威,臣殉其忿,苟以相复,犹狗豨之斗也。虽宁位之下,攘袂而危言,请室之间,累累而曳死,只以刻华表,醵国殇,为絜人祠官赢其既禀耳,亦何益于烝民乎?若夫礼义之度,授受之际,日用于民,其亟于朝事远矣!是故辅存程、朱者,将以孳乳乡原,上希庸德,令邑有敦诲之贤,野有不二之老,则人道不夷于鹕鹊,利泽及乎百世,非欲苟得狂狷,为史书增华也。

问曰:六经者,记载之文,非为立德也。汉世学者,徒传训诂,训诂既就,则诵文旁及《论语》《孝经》、孙卿之书、七十子后学者之记。又不闷深,或复明习图纬,以滑其智。(徐稚、姜肱、申屠蟠、郑玄皆是。)而所在有至行。程、朱以来,著书则专壹于道行,其笔语又博矣,辩议又繁矣。然身不过为乡原秀,弟子又劣,今诸校悉诵《论语》,竟弗能化。观其得失之故,何了戾而不可知耶?曰:立德自情不自慧,不自慧,故虽智如挈瓶,辩如炙毂,无补益;自情,故忻望怨慕之用多。好德之厚,乃比于士女衽席之私,簋而不见,犹乡往之。且夫琴瑟专一,不可以听,日以道德之辩厉人,亦犹调一弦也。方恐倦卧,何力行之望?六籍之文,皆尔雅翁博,高者可以弦歌,其次亦有宫徵曲折。文皆记载,而述道德者适历分布其间,诵之使人爱慕,又转变而不厌。其渐渍人情深,故可以就至行。继汉之末,得魏、晋、南朝,是时礼乐犹未伏息,玄言虽辩,其芳泽远条,足以动人,是以有振。非独汉、魏、江左也,古之化民者,兴则在《诗》,立则在《礼》,成则在《乐》。《礼》以检式其身,《诗》乃可慕,《乐》或无文辞,徒有声音,此宁有性命之议,仁义之辩哉?知立德依于情,不依于慧,是故其教不肃而成也。今跪拜之节,已异于古,《士礼》无所施,《乐》亦不可得雅声,独《诗》犹在。引《诗》之绪,则魏、晋正音,犹足以兴矣。撼六经之余,则迁、固、寿、晔诸史,犹足以感矣。然后巽以老、庄,法以程、朱,投间而作,庶几可立。若徒诵程、朱者,辩智有余,固不足动五情,使人乐进。虽然,精其业者,反复而不致,比于围棋筹算,亦可以使人寡过。要之,能杜门耳。交游既盛,而浸不自执持,是何也?则无以理其情也。往者程、朱既废古籍,又不恒讽诵,行谊已薄,然野士犹不骀荡昏逾。自顷谈者,以邹、鲁比德蛮俚,谓颜回乞儿,孙卿屠家公,老聃木禺行尸。古籍复尽废不诵,十稔之间,虽总角之僮,鼓箧之子,已狂狡不自摄矣。主者颇欲令人诵经,以尊躬行,然徒欲令敷释《论语》,依附《集注》,郑重不息,使学子厌闻,斯则琴瑟专一,不可以听之效也。夫六籍本以记事,数典不为立德,谈言微中,而往往及德行。(诸史亦尔。)故六籍之化人,犹滑稽之称说,主文谲谏之流。今纵弗能广及史传,而又专于《论语集注》,其不足化民固明矣!

说　林①

上

途说之士羡王守仁。夫学术与事功不两至，鬼谷明纵横，老聃言南面之术，期于用世，身则退藏于密。何者？人之材力有量，思深则业厌也。守仁之学至浅薄，故得分志于戎事，无足羡者。抑守仁所师者，陆子静也。子静剪爪善射，欲一当女真与之搏。今守仁所与搏者，何人也？仲尼之徒，五尺童子，言羞称乎桓、文，犹曰鄙儒迂生所执。观桓、文之斩孤竹，挞荆舒，非峒谷之小蛮夷也。晋文诛子带以定襄王，子带，康回之篡夫，襄王非有罪也。以武宗之童昏无艺，宸濠比之，为有长民之德。晋文而在，必不辅武宗蹶宸濠明矣。其学既卑，其功又不足卲，校功能之高下，而曰：尧、舜犹黄金万镒，孔子犹九千镒。然则守仁之圣，其将浮于万镒者耶？

季明之遗老，惟王而农为最清。宁人居华阴，以关中为天府，其险可守。虽著书，不忘兵革之事。其志不就，则推迹百王之制，以待后圣，其材高矣！征辟虽不行，群盗为之动容，使虏得假借其

---

① 此文原载1906年11月《民报》第9号、1906年12月《民报》第10号，后收录《太炎文录初编》。

名，以诳耀天下。欲为至高，孰与船山榛莽之地，与群胡隔绝者？要有规画，则不得不处都市。王之与顾，未有以相轩轾也。黄太冲以《明夷待访》为名，陈义虽高，将俟房之下问。昔文天祥言以黄冠备顾问，世多疑其语为诬，端居而思，此不亦远乎？以死拒征，而令其子从事于徐、叶间，谅曰明臣不可以贰，子未仕明，则无害于为房者。以《黄书》种族之义正之，则嗒焉自丧矣！

叔世有大儒二人：一曰颜元，再曰戴震。颜氏明三物出于司徒之官，举必循礼，与荀卿相似；戴君道性善，为孟轲之徒。持术虽异，悉推本于晚周大师，近校宋儒为得真。戴君生雍正乱世，亲见贼渠之遇士民，不循法律，而以洛、闽之言相稽。哀矜庶戮之不辜，方告无辜于上，其言绝痛。桑荫未移，而为纪昀所假，以其惩艾宋儒者，旋转以泯华、戎之界。寿不中身，愤时以陨，岂无故耶？

戴望治《公羊春秋》，视先戴则不相逮。中更丧乱，寄食于大盗曾氏之门，然未尝仕。观其缀述《颜氏学记》，又喜集晚明故事，言中伦，行中虑，柳下、少连之俦也。望不求仕，而其学流传于湖南、岭广间，至使浮竞之士，延缘绪言，以成"新学伪经"之说。彼以处士而谴刘歆可也，为胡之国师者，可以讥莽之国师乎？

清初载，皖南之学未兴。顾氏而下，陈启源、朱鹤龄、臧琳之徒，皆起于吴。学虽浅末，然未尝北面事胡人。惠士奇始显贵，其子栋，一举经学。栋之徒江声，亦举孝廉方正，皆未试也。虽余萧客、陈奂辈，犹以布衣韦带，尽其年寿，则嘉道之风广矣。满洲于江南，其奸劫屠夷最甚，故士人耻立其朝。康熙、乾隆之世，贼渠数南下以镇抚之，犹不能扰，则以殿试甲第诱致其能文章者，先后赐及第无算。既醉利禄，彭绍升之徒，为之播扬，则嘉道之风始息。科举废，而士人思以学校出身，惧客籍之占其员数，其持省界始坚。陈启源、朱鹤龄之鬼，不来食矣！

下

昔吴莱有言：今之学者，非特可以经义治狱，乃亦可以狱法治经。莱，一金华之末师耳，心知其意，发言卓特，近世经师，皆取是为法。审名实，一也；重左证，二也；戒妄牵，三也；守凡例，四也；断情感，五也；汰华辞，六也。六者不具，而能成经师者，天下无有。学者往往崇尊其师，而江、戴之徒，义有未安，弹射纠发，虽师亦无所避。苏州惠学，此风少衰。常州庄、刘之遗绪，不稽情伪，惟朋党比周是务。以戴学为权度，而辨其等差，吾生所见，凡有五第：研精故训而不支，博考事实而不乱，文理密察，发前修所未见，每下一义，泰山不移。若德清俞先生、定海黄以周、瑞安孙诒让，此其上也。守一家之学，为之疏通证明，文句隐没，钩深而致之显，上比伯渊，下规凤喈，若善化皮锡瑞，此其次也。己无心得，亦无以发前人隐义，而通知法式，能辨真妄，比辑章句，秩如有条，不滥以俗儒狂夫之说，若长沙王先谦，此其次也。高论西汉而谬于实证，侈谈大义而杂以夸言，务为华妙，以悦文人，相其文质，不出辞人说经之域，若丹徒庄忠棫、湘潭王闿运，又其次也。归命素王，以其言为无不包络，未来之事，如占蓍龟，瀛海之大，如观掌上，其说经也，略法今文，而不通其条贯，一字之近于译文者，以为重宝，使经典为图书符命，若井研廖平，又其次也。虽然，说经者，明是非，无所于党。最上者固容小小隙漏，而下者亦非无微末蚁子之得也。故曰与其过而废之也，宁过而存之。使左道乱政之说，为庱廷所假借，至于锢其人，烧其书，则肉食者之罪，上通于斗极！

甘泉江翁为汉学师承、宋学渊源两《记》，世多病其颛固。《汉学记》与戴君龃龉。江翁受业余翁，余翁之学本吴惠君，坚贞守师，遂擅其门，以褊心訾异己。非直江翁，清光禄卿王鸣盛，自惠君出，为《蛾术篇》，亦嗑嗑詈休宁。巷陌之学，同门相党，异夫惠君之博宥也。其他或趜陹诸师，吐言峭刻，然能甄择，无泛爱不忍者。陈启源说西方美人，一言不善，削其名氏，斯亦谛慎者矣！《宋学记》甚椎略，所录止于穷阎苦行，排摈南方诸浮华士。而仕满洲一命以上，才有政治声闻，即弃不载。诡弹黄、顾，令人人知其非清民。诸言性与天道，诵法尧、禹，捐诸夏，仕貉戎者，始不敢攀扪宋学以矜愚子。故其书见嫉于佞人，适可以嗣《春秋》、方太史也。江翁素行虽夸，近文，尝受学江、余诸逸民，间闻其风烈，没世未尝试府县廷，韦带布衣，以终黄馘，因身为度，故其言噩噩有锋芒。清太傅阮元，学术差愈江翁，在史馆为《儒林传》，说经先顾栋高诸贱儒，讲学亦录诸显贵人，仁鄙儜陋，溷涽无序，顾下于两《记》远甚。故知学术文史，在草野则理，在官府则衰。

仪征刘光汉赠余《字诂》《义府》，明黄生作也。其言精确，或出近世诸师上。夫伪古文之符证，发于梅鷟；周、秦古音之例，造端于陈第；惟小学，亦自黄氏发之，孰谓明无人乎？顾独唱而寡和耳。顾宁人稍后黄氏，始为《易》《诗》作《本音》，以正《唐韵》。讫于江、戴、段、王，分部渐确；外有孔氏，独明东、冬之异。音韵通，文字可以略说，则小学始自名其家。然达者就其声类，以知通转，比合雅诂，穷治周、秦、两汉之籍；而拘者惟分析字形，明征金石，若王筠之徒，末矣！苗夔稍知声音，亦肤浅无心得。莫友芝、郑珍、黎庶昌辈，皆宝玩碑版，用意止于一点一画之间，此未为正知小学者。方之唐人，犹不失为张参、唐玄度也。史官放堕，此曹复不可得。如其上者，通神旨，知义趣，余与刘生所有志也。下之求一点一画之是非，无所望于后生。礼失则求诸野，匠师雕虫，贤于士人远矣！

近代学者，率椎少文，文士亦多不学。兼是二者，惟阳湖之张生，又非其至者也。然学者不习通俗之文，文顾雅驯可诵，视欧阳、王、苏将过之。先戴《勾股割圜记》，吐言成典，近古所未有。迩者黄以周以不文著，唯黄氏亦自谓钝于笔语。观其撰述，密栗醇厚，庶几贾、孔之遗章，何宋文之足道？戴君在朴学家，号为能文，其成一家言者，则信善矣；造次笔札酬对之辞，顾反与宋文相似。故知世人所谓文者，非其最至，言椎少文，特以匪色不足，短于驰骤曲折云尔。史家若章、邵二公，记事甚善，其持论亦在《文心》《史通》间。然史家固无木讷寡文之诮，故不悉论。若通俗不学者，其文亦略有第次。善叙行事，能为碑版传状，韵语深厚，上攀班固、韩愈之轮，如曾国藩、张裕钊，斯其选也。规法宋人，而能止节淫滥，时以大言自卫，亦不敢过其情，如姚鼐、梅曾亮，则其次也。闻见杂博，喜自恣肆，其言近于纵横，视安石不足，而拟苏洵有余，如恽敬辈，又其次也。自放尘埃之外，傲睨万物，而固陋不能持论，载其清静，亦使穷儒足以娱老，如吴敏树辈，又其次也。乃夫文质相扶，辞气异于通俗，上法东汉，下亦彷徨晋、宋之间，而文士以为别传异趣，如汪中、李兆洛之徒，则可谓彬彬者矣。魏源、龚自珍，乃所谓伪体者也。源故不学，惟善说清故事，晚乃颠倒《诗》《书》，以钓名声，凌乱无序，小学尤疏谬，诩诩自高，以微言大义在是，其持论或中时弊，然往往近怪迂。自珍承其外祖之学，又多交经术士，其识源流，通条理，非源之侪，然大抵剽窃成说，无自得者。其以六经为史，本之《文史通义》，而加华辞。观其华，诚不如观其质者。若其文辞侧媚，自以取法晚周诸子，然佻达无骨体，视晚唐皮、陆且弗逮；以校近世，犹不如唐甄《潜书》近实。后生信其诳耀，以为巨子，诚以舒纵易效，又多淫丽之辞，中其所嗜，故少年靡然向风。自自珍之文贵，则文学涂地垂尽，将汉种灭亡之妖耶？孔子云："觚不觚。觚哉！觚哉！"

论六经皆史①

经典到底是什么用处呢？中间要分几派的话，汉朝人是今文派多，不晓得六经是什么书，以为孔子预先定了，替汉朝制定法度。就有几个古文派的，还不敢透露的驳他。宋朝人又看经典作修身的书。直到近来，百年前有个章学诚，说"六经皆史"，意见就说六经都是历史。这句话，真是拨云雾见青天！《尚书》《春秋》固然是史，《诗经》也记王朝列国的政捐，《礼》《乐》都是周朝的法制，这不是史，又是甚么东西？惟有《易经》似乎与史不大相关，殊不知道，《周礼》有个太卜的官，是掌周易的，《易经》原是卜筮的书，古来太史和卜筮测天的官，都算一类，所以《易经》也是史。古人的史，范围甚大，和近来的史部有点不同，并不能把现在的史部，硬去分派古人。这样看来，六经都是古史。所以汉朝刘歆作《七略》，一切记事的史，都归入《春秋》家。可见经外并没有史，经就是古人的史，史就是后世的经。

---

① 此文选自《经的大意》，标题为编者所加。

论读经有利而无弊①

居今而言读经，鲜不遭浅人之侮，然余敢正告国人曰：于今读经，有千利无一弊也。兹分三段论之：

一、论经学之利；

二、论读经无顽固之弊；

三、论今日一切顽固之弊反赖读经以救。

一、所谓经学之利者，何也？曰：儒家之学，不外修己、治人，而经籍所载，无一非修己、治人之事。《论语》"兴于诗，立于礼，成于乐"，又"不学诗，无以言；不学礼，无以立"，皆修己之道也。《周易》爻象，太半言修己之道，故孔子称"五十以学《易》，可以无大过"。夫修己之道，古今无二，经籍载之，儒家阐之，时有不同，理无二致。孔子以后，儒分为八，论其归趣，不相乖违。孟、荀二家，论性有别，而祁向攸同。厥后汉儒重行，宋人尚理，或实事求是，或旁参佛、老，要之，不能不以经为本。是故无论政体如何改易，时代如何不同，而修己之道，则亘古如斯；治人则稍异，古今异宜，习俗不同，不得不斟酌损益，至于尽善。吾人读二十五史《史记》至《清史稿》，法其可法，戒其可戒，非语语尽可取也。《尚书》《周礼》《春

---

① 此文为章太炎1935年的演讲，原载1935年6月15日、16日《大公报》。

秋》，性质与历史为近，读之亦当如是。夫读史之效，在发扬祖德，巩固国本。不读史则不知前人创业之艰难，后人守成之不易，爱国之心，何由而起？经籍之应入史类而尤重要者，厥维《春秋》。《春秋》三传虽异，而内诸夏外夷狄则一。自有《春秋》，吾国民族之精神乃固，虽亡国者屡，而终能光复旧物，还我河山，此一点爱国心，蟠天际地，旁礴郁积，隐然为一国之主宰，汤火虽烈，赴蹈不辞，是以宋为元灭而朱明起，明为清灭而民国兴。余身预革命，深知民国肇造其最有力者，实历来潜藏人人胸中反清复明之思想也。盖自明社既屋，亭林、船山诸老倡导于前，晚村、谢山诸公发愤于后，攘夷之说，绵绵不绝，或隐或显，或明或暗，或腾为口说，或著之简册，三百年来，深入人心，民族主义之牢固，几如泰山磐石之不可易。是以辛亥之役，振臂一呼，全国响应，此非收效于内诸夏外夷狄之说而何？方今天方荐瘥，载胥及溺，诸夏阽危，不知胡底。设或经学不废，国性不亡，万一不幸，蹈宋明之覆辙，而民心未死，终有祀夏配天之一日。且今日读经之要，又过往昔。在昔异族文化，低于吾华，故其入主中原，渐为吾化；今则封豕长蛇之逞其毒者，乃千百倍于往日，如我学人，废经不习，忘民族之大闲，则必沦胥以尽，终为奴虏而已矣。有志之士，安得不深长思哉！要之，读经之利有二：一修己，二治人。治人之道，虽有取舍，而保持国性实为最要。

二、所谓读经无顽固之弊者，何也？曰：经学本无所谓顽固也。谥经学以顽固，盖出诸空疏不学辈之口。彼略识点画，苦于九经、三传之不尽解，而又恧拥皋比，深恐为学子问难所穷，故尽力抹杀，谥以顽固。少年浮躁，利其便己，从而附和，遂至一世波靡，良可愤叹。夫经史本以记朝廷之兴废，政治之得失，善者示以为法，不善者录以为戒，非事事尽可法也。《春秋》褒贬，是非易分，而《尚书》则待人自判，古所谓《书》以道政事者，直举其事，虽元恶大憝所作,不能没也。例如《夏书·五子之歌》序谓:"太康失邦,昆弟五人,须于洛汭,作《五子之歌》。"此文已佚,而伪古文有之,载五子作歌之意,甚见忠正。段玉裁《古文尚书撰异》谓:"《尚书》不当以歌名篇,盖五子者,当时之亡国大夫也。"屈原《离骚》:"启九辨与九歌兮,夏康娱以自纵;不顾难以图后兮,五子用失乎家巷。"《楚语》:"士亹曰:尧有丹朱,舜有商均,启有五观,汤有太甲,文王有管、蔡,是五王者,皆元德也,而有奸子。"韦昭注:"五观,启子,太原昆弟也。"观,洛汭之地。据此,则《五子之歌》者,五子往观耳。之训往,歌、观声通,故讹也。太康为失国之君,五子为致乱之臣,道太康以畋游者,即此五人,史臣书之,一如《晋书》之纪惠帝与八王耳。又《胤征》序谓:"羲和缅淫,废时乱日,胤往征之,作《胤征》。"《史记·夏本纪》谓:"《胤征》仲康时作。"伪《孔传》言:"羿废太康而立其弟仲康。"孔颖达《正义》谓:"仲康不能杀羿,必是羿握其权。"然则《胤征》者,令之羿正也。羲和为掌日之官,故后世有后羿射日之说,此事与曹操之灭袁绍、吕布,司马昭之灭诸葛诞无异。《尚书》录之,一如《后汉书》《三国志》之记曹氏、司马氏之事矣。兴废大端,不得不载,岂尽可为法哉?孟子曰:"吾于《武成》,取二三策而已矣,以至仁伐至不仁,何其血之流杵也。"《武成》今佚,据《汉书·律历志》所引,文与今《逸周书·世俘解》略同。观其所言,知"武王伐纣,杀人盈亿",语虽过甚,要之总不能尽诬,此与后之项羽伐秦何异?秦已无道,而羽之烧宫室、坑降卒,毒螫所及,更甚于秦,此岂可为训,而史官书之。所以然者,兴废大端,不得不载也。苟有是非之心,不至如不辨菽麦之童昏,读之无有不知抉择者,孟子言之甚明,何谓读经必致顽固哉?

若夫经国利民,自有原则。经典所论政治,关于抽象者,往往千古不磨;一涉具体,则三代法制,不可行于今者自多。即如封建之制,秦、汉而还,久已废除,亦无人议兴复者,惟三国时曹元首作《六代论》,主众建诸侯,以毗辅王室;及清,王船山、王崑绳、李刚主等,亦颇以封建为是,此皆有激而然。曹愤魏世之薄于骨肉,致政归司马;王、李辈则因明社覆亡,无强藩以延一线,故激为是论,若平世则未有主封建者矣。余如陆机《五等论》,精采不属,盖苟炫辞辩,而志不在焉,则不足数已。其次世卿之制,自《公羊》讥议以后,后世无有以为是者。唯晋世贵族用事,盖以九品中正定人才,其弊至于上品无寒门,下品无世族,自然趋入世卿一途,然非有人蓄意主张之也。二千年来,从无以世卿为善而竭力主张之者,有之,惟唐之李德裕。德裕非进士出身,嫉进士入骨,以为进士起自草茅,行多浮薄,宜用仕宦子弟以代之,此则一人之私念,固未有和之者也。又如肉刑之法,自汉文帝后,亦无人昌言复古,王符、崔寔、仲长统之流,颇主严刑,诸葛武侯治蜀,亦主严峻,然均未及肉刑也。惟魏之钟繇、陈群,尝议复之,然群制定魏律,终亦不主肉刑,足知一时之论,亦自知其不可行矣。又如井田之制,秦、汉而后,惟王莽一人行之,诏以天下田为王田,禁民间不得卖买,然卒以致乱。若宋时张子厚行之于乡,要为私人之试验,非朝廷之定制。清初,颜、李派之王崑绳、李刚主辈,亦颇有其意。余意王、李辈本以反清为鹄,其所云云,或思借以致乱,造成驱满之机耳。以故清一代,痛恶主张封建、井田之人。总计三千年来,主张封建、世卿、肉刑、井田者,曹元首、王船山、王崑绳、李刚主、李德裕、钟繇、陈群、王莽、张子厚九人而已。此九人者,除王莽外,或意有偏激,或别含作用,固不可尽斥为顽固;就云顽固,二千年来,亦不过九人而已。外此尚有一事足资讨论者,则什一之税是已。按十一而税,《春秋》三传及孟子之书,无不以为善制,《公羊》言什一行而颂声作,《孟子》谓"轻则大貉、小貉,重则大桀、小桀",以为什一而税,乃税则之中。然汉初什五而税一,文、景减赋,乃三十而税一,自兹以还,依以为准,即今苏、松赋税,最为繁重,然与全国轻税之地平均计算,亦无过三十税一者。(其预征田赋至五十年之类之非法行为,破坏国家定制,则未可以为例。)故自汉后税法观之,则什一之税,已为大桀、小桀,前代尊信孟子,不敢昌言驳议,多泛泛释之,然亦从无主张是者,有之,惟王莽一人而已,莽亦卒以致乱,后人引以为戒久矣。举此五事,以见古今异宜,凡稍能观察时势者,盖无人不知,何得谓读经即入顽固哉?且自明至清末,五百四十年,应试之士,无不读经者,全国为县千四百有余,县有学府,州又有学,为数不下一千六百区,假定每学有生员二百名,以三十年新陈代谢,则此五百四十年中,当有五百四十万读经之人。试问其中主张封建、世卿、肉刑、井田、什一之税者有几人哉?上述九人,生明代以后者,仅三人耳。试问此三人之力,能变易天下之耳目耶?能左右政治之设施耶?况其云云,复各有作用在乎?夫无证验而必之者,非愚即诬。今谓读经为顽固,证于何有?验于何有?且读经而至于顽固,事亦非易,正如僧徒学佛,走入魔道者,固不数数见也,何为因噎废食而预为之防哉?

三、所谓今日一切顽固之弊,反赖读经以救者,何也?曰:有知识之顽固者,泥古不化之谓也;有情志之顽固者,则在别树阶级,不与齐民同群,声音颜色,拒人于千里之外也。夫知识之顽固易开,而情志之顽固难料,信如是,则今日学校毕业之士,其能免于顽固之诮者几希!吾观乡邑子弟,负笈城市,见其物质文明,远胜故乡,归则亲戚故旧,无一可以入目。又上之,则入都出洋,视域既广,气矜愈隆,总觉以前所历,无足称道,以前所亲,无足爱慕,惟少数同学,可与往还,舍此,则举国皆如鸟兽,不可同群,此其别树阶级,拒人千里,非顽固而何?昔日士人,涵泳《诗》《书》,胸次宽博,从无此等现象,何者?"君子忧道不忧贫","士志于道,而耻恶衣恶食者,未足与议","衣敝缊袍,与衣狐貉者立而不耻"。(均见《论语》。)此等言语,濡染既久,虽慕富贵、患贫贱之心不能遽绝,而自有以维系之也。若夫盐商子弟,无过人之才,恃钱刀之力,纳赀入官,小则州县,大则道员,顾盼骄人,俨然自命为官长,此最顽固之甚者,而人之嗤之者众矣。然如此者,为数亦不甚多,非若今之学校,每年必铸造数千百人也。非直如是,今者新奇之说,流为格言,日驱人于顽固而不返者,曰发展个性也,曰打倒偶像也。发展个性,则所趣止于声色货利,而礼义廉耻一切可以不顾;打倒偶像者,凡一切有名无形者,皆以偶像观之,若国家,若政治,若法律,若道德,无往而非偶像者,亦无往而不可打倒者。洵若是,则于禽兽奚择焉?世以是乱,国以是危,而种族亦将以是而灭亡矣。今学校之弊,既至如此,而国家岁费巨亿,以育人才,卒造成特殊之盐商子弟。长此以往,宁堪设想!论者不自病其顽固,而反惧经学之致顽固乎?

余以为救之之道,舍读经末由。盖即前者所举《论语》三事,已可陶熔百千万人。夫如是,则可以处社会,可以理国家,民族于以立,风气于以正,一切顽固之弊,不革而自祛,此余所以谓有千利无一弊也。质之诸君,以为然耶、否耶?

国学之统宗[①]

无锡乡贤,首推顾、高二公。二公于化民成俗,不无功效,然于政事则疏阔。广宁之失,东林之掣肘,不能辞其咎。叶向高、王化贞、邹元标、魏大中等主杀熊廷弼,坐是长城自坏,国势日蹙。岂非东林诸贤,化民成俗有余,而论道经邦不足乎?今欲改良社会,不宜单讲理学。坐而言,要在起而能行。周孔之道,不外修己治人,其要归于六经。六经散漫,必以约持之道,为之统宗。余友桐城马通伯,主张读三部书:一《孝经》,二《大学》,三《中庸》。身于三书均有注解。余寓书正之,谓三书有不够,有不必。《孝经》《大学》固当,《中庸》则不必取。盖《中庸》者,天学也。自"天命之谓性"起,至"上天之载无声无臭"止,无一语不言天学。以佛法譬之,佛法五乘:佛法以内者,有大乘、小乘、声闻独觉乘;佛法以外者,有天乘、人乘。天乘者,婆罗门之言也;人乘者,儒家之言也。今言修己治人,只须阐明人乘,不必涉及天乘,故余以为《中庸》不必讲也。不够者,社会腐败,至今而极。救之之道,首须崇尚气节。五代之末,气节扫地,范文正出,竭力提倡,世人始知冯道之可耻。其后理学家反以气节为不足道,以文章为病根,此后学之过也。专讲气节之

[①] 此文为章太炎的演讲,原载1936年《制言》第54期。

书,于《礼记》则有《儒行》。《儒行》所述十五儒,皆以气节为尚。宋初尚知尊崇《儒行》,赐新进士以皇帝手书之《儒行》。南宋即不然,高宗信高闶之言,以为非孔子之语,于是改赐《中庸》。大概提倡理学之士,谨饬有余,开展不足。两宋士气之升降,即可为是语之证。今欲卓然自立,余以为非提倡《儒行》不可。《孝经》《大学》《儒行》之外,在今日未亡将亡、而吾辈亟须保存者,厥惟《仪礼》中之《丧服》。此事于人情厚薄,至有关系。中华之异于他族,亦即在此。余以为今日而讲国学,《孝经》《大学》《儒行》《丧服》,实万流之汇归也。不但坐而言,要在起而行矣。

先讲《孝经》。学者谓《孝经》为门内之言,与门外无关。今取《论语》较之,有子之言曰:"其为人也孝弟,而好犯上者,鲜矣;不好犯上而好作乱者,未之有也。"与《孝经》"先王有至德要道,民用和睦,上下无怨"意义相同。所谓犯上作乱,所谓民用和睦,上下无怨,均门外之事也,乌得谓之门内之言乎?宋儒不信《孝经》,谓其非孔子之书。《孝经》当然非孔子之书,乃出于曾子门徒之手,然不可以其不出孔子之手而薄之。宋儒于《论语》"孝弟也者其为仁之本与"一章,多致反驳,以为人之本只有仁,不有孝弟。其实仁之界说有广狭之别:"克己复礼",狭义也;"仁者爱人",广义也。如云孝弟也者,其为爱人之道之本与,则何不通之有?后汉延笃著《仁孝先后论》,谓孝在事亲,仁施品物;《孟子》谓亲亲而仁民,由此可知孝弟固为仁之本矣。且此语古已有之,非发自有子也。《管子·戒》第二十六:"孝弟者仁之祖也。"祖与本同,有子乃述管子之语耳。宋人因不愿讲《论语》此章,故遂轻《孝经》。不知汉人以《孝经》为六经总论,其重之且如此。以余观之,《尧典》"克明俊德,以亲九族。九族既睦,平章百姓。百姓昭明,协和万邦。黎民于变时雍",即《孝经》"先王有至德要道,以顺天下,民用和睦,上下无怨"

之意。孔子之说，实承《尧典》而来。宋人疑之，可谓不知本矣。且也儒墨之分，亦可由《孝经》见之。墨子长处尽多，儒家之所以反对者，即在兼爱一端。今之新学小生，人人以爱国为口头禅，此非墨子之说而似墨子。试问如何爱国？爱国者，爱一国之人民耳。爱国之念由必爱父母兄弟而起，父母兄弟不能爱，何能爱一国之人民哉！由此可知孝弟为仁之本，语非虚作。《孝经》一书，实不可轻。《孝经》文字平易，一看便了，而其要在于实行。平时身体发肤不敢毁伤，至于战阵则不可无勇，临难则不可苟免。此虽有似矛盾，其实吾道一贯，不可非议。于此而致非议，无怪日讲墨子兼爱之义，一旦见敌，反不肯拚命矣。昔孟子讲爱亲敬长为人之良能，其后阳明再传弟子罗近溪谓良知良能，只有爱亲敬长，谓孔门弟子求学，求来求去，才知孝弟为仁之本。此语也，有明理学中之一线光明，吾侪不可等闲视之者也。诸君试思，《孝经》之有关立身如此，宋人乃视为一钱不值，岂为平情之言乎？《孝经》讲孝，分列为五。其所云天子之孝，爱亲者不敢恶于人，敬亲者不敢慢于人，与墨子之道为近。民国人人平等，五种阶级，不必全依经文，但师其意而活用之，由近及远，逐项推广可矣。

次讲《大学》。《大学》为宋人所误解者不少，不仅误解，且颠倒其本文。王阳明出，始复古本之旧，其精思卓识，实出宋人之上。今按《大学》之言，实无所不包，若一误解，适足为杀人之本。宋人将"在亲民"改作"在新民"，以穷知事物之理解释格物，彼辈以为《康诰》有"作新民"之语，下又有"苟日新""天命维新"诸语，故在亲民之亲，非改作新不可。不知《汤盘》之新，乃洁清身体发肤之谓；其命维新者，新其天命也，皆与亲民无关，不可据之以改经文。夫《书经》人所共读，《孟子》亦人所共读，《孟子》明言三代之学皆所以明人伦也。人伦明于上，小民亲于下，《尚书》尧命契作司徒，敬敷五教，其结果则百姓相亲。《大学》亲民之说，前与《尚书》相应，后与《孟子》相应，不知宋人何以改字也。格物之说，有七十二家之歧异，实则无一得当。试问物理学之说，与诚意正心何关？故阳明辟之，不可谓之不是。然阳明所云致良知以正物，语虽可喜，然加一良字，且语句与原意颠倒，应说致知而后物格，不应说物格而后致知也。阳明之前，郑康成训格为来，谓所知于善深，则来善物；所知于恶深，则来恶物，颇合《论语》"我欲仁斯仁至矣"之义，亦与阳明知行合一之说相符，但文义亦与原文不合。虽能言之成理，胜于晦庵，但均颠倒原文，不足以服人之心。其余汉宋大儒讲格物者，不计其数，而皆讲之不通。明人乃有不读书之灶丁王心斋，以为格物即物有本末，致知即知所先后。千载疑窦，一朝冰释，真天下快事。盖《大学》所讲，为格物、诚意、正心、修身、齐家、治国、平天下。诚意为正心修身之本，此为知本，此为知之至也。上所云云，尤为根本之根本。心斋不曾读书，不知格字之义。《仓颉》篇："格，量度也。"能量度即能格物，谓致知在于量度物之本末。此义最通，无怪人之尊之信之，称为淮南格物论也。刘蕺山谓王阳明远不如心斋，此语诚非无故。其后假道学先生李光地，亦知采取心斋，可见是非之心，人心有同然矣。阳明生时骂朱文公为洪水猛兽，阳明读书不多，未曾遍观宋人之说，故独骂朱子，实则伊川、象山均如此讲。朱子治学，亦未身能穷知事物之理，无可奈何，敷衍了事，而作此说。今之新学小生，误信朱子之言，乃谓道德而不能根据科学者，不是道德。夫所谓道德，将以反抗自然也。若随顺自然，则杀人放火，亦何不可以科学为之根据者。信斯言也，真洪水猛兽之比矣。朱子有知，不将自悔其言之孟浪乎？殷周革命之际，周人称忠殷抗周之民曰殷顽，思有以化之，故《康诰》有作新民之言。所谓新民者，使殷民思想变换，移其忠于殷者以忠于周室耳。新民云云，不啻顺民之谓已。此乃偶然之事,非天下之常经,不可据为典要。夫社会之变迁以渐,新学小生,不知斯义,舍其旧而新是谋,以为废旧从新,便合作新民之旨,不知其非《大学》之意也。要之,《大学》之义,当以古本为准;格物之解,当以心斋为是,不当盲从朱子。《孝经》乃一贯之道,《大学》亦一贯之道。历来政治不良,悉坐《大学》末章之病,所谓好人之所恶,恶人之所好,一也;人之彦圣,媢疾以恶之,二也;长国家而务财用,三也。三者亡国之原则,从古到今二三千年,无有不相应者。反之,即可以平天下。是故《大学》者,平天下之原则也。从仁义起,至平天下止,一切学问,皆包括其中。治国学者,应知其总汇在此。

  讲明《孝经》《大学》,人之根本已立。然无勇气,尚不能为完人。此余之所以必标举《儒行》也。《儒行》十五儒,未必皆合圣人之道,然大旨不背于《论语》。《论语》:"子贡问:何如斯可谓之士矣?子曰:行己有耻,使于四方,不辱君命,可为士矣。""子路问成人。子曰:见利思义,见危授命,久要不忘平生之言,亦可以为成人矣。"士与成人,皆是有人格之意,反之不能为人,即等于禽兽。《论语》所言,正与《儒行》相符。《儒行》见死不更其守,即《论语》见危授命之意;久不相见,闻流言不信,即《论语》久要不忘平生之言之意,可见道理不过如此,《论语》《儒行》初无二致。宋人以"有过可微辨而不可面数也"一语,立意倔强,与子路"人告之以有过即喜"殊异,即加反对,不知骂《儒行》者,自身却坐此病。朱陆为无极太极之枝节问题,意见相反,书函往复,互相讥弹,几于绝交。不关过失,已使气如此,何况举其过失乎?有朱陆之人格,尚犹如此,何况不如朱陆者乎!不但此也,孟子之为人,亦恐其有过可微辨而不可面数者。何以言之?淳于髡言"是故无贤者也,有则髡必识之"以讥孟子。孟子引孔子之事,谓君子之所为,众人固不识也。其悖悻然之辞气，见于文字间，可知其非胸无芥蒂者。余以为自孔、颜外，其余贤者恐皆如此。然而两汉人之气节，即是《儒行》之例证。苏武使于匈奴十九年乃返，时人重之，故宣帝为之图象。至宋，范文正讲气节，倡理学，其后理学先生却不甚重视气节。洪迈之父皓，使于金十五年乃返，其事与苏武相类，而时人顾不重之。宋亡，而比迹冯道者，不知凡几。此皆轻视气节之故。如今倭人果灭中国，国人尽如东汉儒者，则可决其必不服从；如为南宋诸贤，吾知其服从者必有一半。是故欲求国势之强，民气之尊，非提倡《儒行》不可也。《儒行》之是否出于孔子不必论，但论吾侪行己应否如此可矣。其为六国时人作欤，抑西汉时人作欤，都可不问。若言之成理，即非孔子之语，或儒者托为孔子之语，均无碍也。况以事实论之，哀公孱弱，孔子对证发药，故教之以强毅，绝非他人伪造者也。

《丧服经》不过《仪礼》十七篇之一。《仪礼》十七篇，诸侯大夫礼不必论，冠礼不行于今，婚礼六礼，徒有其名而已。士相见礼、乡饮酒礼、特牲馈食礼，亦不行于今，惟士丧礼与丧服有关。然讲丧服，不必讲士丧礼也。丧服至今仍行，通都大邑，虽只用黑纱缠臂，然内地服制尚存其意。形于文字者，尚有讣闻遵礼成服之语。虽是告朔之饩羊，犹有礼意存焉。周代有诸侯世卿之分，故丧服有尊降压降之名。政治改变，诸侯世卿之名已去，汉代虽提倡丧服，即不讲尊降压降，此亦礼文损益之义也。汉儒于《仪礼》尽注十七篇者，惟郑康成一人，其余马融、王肃，只注一篇。三国晋宋间人，注《丧服》者十余家，蜀蒋琬亦曾注《丧服》，可见《丧服》之重要。诸君翻阅杜佑《通典》，即可知丧服丧礼之大概。顾亭林言六朝人尚有优点，诚然。六朝人不讲节义，却甚重丧服。古人在丧服中，不能入内，不能见女人。陈寿遭父丧，有疾，使婢丸药，乡党以为贬议，坐是沉滞者累年。此事明载《晋书》。又晋惠帝之子愍怀太子遹，被贾后毒死，事白，惠帝为之下诏追复丧礼，反葬京畿，服长子斩衰三年，以《丧服》中本有父为长子斩衰三年之文故也。晋惠无道尚如此，可见晋人之重视丧服矣。晋以后，唐人亦重丧服。宋代理学先生，亦知维持丧服。明人则恐不甚看《丧服经》，然皇帝皆以孝字为号，尚知遵行丧服，胜于清人。丧服代有变迁，尊降压降，不适宜于郡县时代。自汉至隋，全遵《仪礼》。唐人稍加修改，尚称近理。如父在为母齐衰期，父没为母齐衰三年，唐人均改为三年。其余修改者尚有四五条，皆几微而不甚要紧。唯经文"妇为舅姑斩衰不杖期"，宋人改妇为舅姑与子为父母同，盖因唐末人不明《礼》意，有妇为舅姑如子为父母之事实。五代时，刘岳作书仪，即改妇为舅姑等于子为父母。至宋初，魏仁浦乃谓夫处苫块之中，妇服纨绮之服，是为不当，乃径改《礼》文。不知苫块在未葬之前，既葬即不在苫块。《丧服》有变除之义，期年入外寝，再期大祥，然后除服。妇已除服，虽不可着有花之纨绮，尚可着无花之青缣（如今之蓝纺绸）。仁浦不知此意，故疑其不当。当时在官者，大抵不学无术，又翕然从之，改妇为舅姑等于子为父母，此宋人之陋也。至明代只有斩衰三年，古礼妇人不二斩，男子亦然。为人后者，为本生父母降，为父母斩衰，为长子亦斩衰。明太祖改之，明人不知古斩衰三年与齐衰三年惟在无缝有缝之别，本不甚相远也。（古人持服，有正服、降服、义服之别。降服者承继、出嫁之子女，为本生父母也。义服者，恩轻而不得不重服，如臣之为君是也。）降至清代，遂为一切误谬之总归宿。今若除去尊降压降一条，其余悉遵《开元礼》，则所谓遵礼成服者，庶不致如告朔之饩羊矣。

上来所讲，一《孝经》，二《大学》，三《儒行》，四《丧服》，其原文合之不过一万字，以之讲诵，以之躬行，修己治人之道，大抵在是矣。